Verhandlungen, Mitteilungen

und

Berichte

des

Centralverbandes Deutscher Industrieller.

№ 126.

Herausgegeben

von

Dr. jur. Schweighoffer,

Generalsekretär des Centralverbandes Deutscher Industrieller,

Berlin W9, Linkstr. 25 (Fuggerhaus).

Telephon: Amt Lützow, Nr. 2527.

Januar 1913.

Berlin 1913.

J. Guttentag, Verlagsbuchhandlung,

G. m. b. H.

Inhaltsverzeichnis.

Seite

Sitzung des Ausschusses des Centralverbandes Deutscher Industrieller am 11. Dezember 1912 5
Eröffnung durch den Vorsitzenden Landrat Rötger 5
Feststellung des Etats für 1913 5
Zuwahl zweier Mitglieder in den Ausschuß 5
Beratung der Tagesordnung der Delegiertenversammlung . . . 5

Delegiertenversammlung des Centralverbandes Deutscher Industrieller am 12. Dezember 1912 9
Eröffnung durch den Vorsitzenden Landrat Rötger 9
Mitteilung vom Ableben Sr. Kgl. Hoheit des Prinzregenten von Bayern 9
Ueberblick über die allgemeine wirtschaftliche Lage 10
Telegramm an Herrn Bueck 12
Antwort von Herrn Bueck 117
Bericht des Geschäftsführers Dr. Schweighoffer-Berlin . . . 13
Diskussion über den Geschäftsbericht:
Vorsitzender 39. 41. 47. 49. 50. 53. 54. 55. 58 59
Dr. von Siemens-Berlin 40. 43
Vorster-Cöln 41. 50
Dr. Schweighoffer-Berlin 42. 50. 54. 58
Rhazen-Cöln 44
Dr. Fellinger-Berlin 47
Dr. John-Danzig 50. 54
Krause-Berlin 53
Dr. Tille-Saarbrücken 54. 59
Steller-Cöln 55. 58. 59
Schlumberger-Mülhausen 57

Der preußische Wassergesetzentwurf. Referent: Dr. von Stojentin-Berlin 60
Diskussion:
Vorsitzender 78. 82. 84
Dr. Kauffmann-Hermsdorf 78. 84
Bitta-Breslau 84

Seite

Werkvereine — ihre Entstehung und Bedeutung. Referent: Dr. Guggenheimer-Augsburg 85

Diskussion:

Vorsitzender 97. 117

Dr. Goldschmidt-Essen 97. 114

Dr. Bovenschen-Berlin 100

Dr. Beumer-Düsseldorf 104

Heuer-Berlin 105

Dr. Arendt-Berlin 107

Scheda-Berlin 111

Dr. Kauffmann-Hermsdorf 115

Dr. Schweighoffer-Berlin 117

Beschlüsse der Delegiertenversammlung 118

Festmahl 120

Liste der Anwesenden in der Ausschußsitzung 122

Liste der Anwesenden in der Delegiertenversammlung 126

Geschäftsbericht für die Zeit vom 9. Dezember 1910 bis zum 12. Dezember 1912 137

Der Deutsche Baumwollgarnkontrakt. Von Dr. Erhard Büttner 164

Eingaben:

1. Zur Ausführung der revidierten Pariser Uebereinkunft vom 2. Juni 1911 188
2. Verkehr durch den Panamakanal 191
3. Pensionsberechtigung der Handelssachverständigen 195
4. Sonntagsruhe im Handelsgewerbe 197
5. Aufhebung des § 270 des preußischen Strafgesetzbuches — Verbot von Verabredungen bei Submissionen 199

Rundschreiben betr. Gegengeschäfte 208

Centralverband Deutscher Industrieller.

Sitzung des Ausschusses
am 11. Dezember 1912, nachmittags 5½ Uhr zu Berlin im Hotel Adlon.

Der Vorsitzende des Direktoriums, Herr Landrat a. D. Rötger, bemerkt in der Eröffnungsansprache, die Tagesordnung enthalte im wesentlichen neben der Erledigung einiger geschäftlicher Angelegenheiten die Vorberatung der Tagesordnung für die Versammlung der Delegierten. Er bedaure, daß es nicht möglich gewesen wäre, auf die heutige Tagesordnung mehr zu setzen, aber die Tage der Woche seien so stark besetzt gewesen, daß eine ganze Reihe von Fragen, deren Erörterung in einer Sitzung des Ausschusses in Aussicht genommen sei, habe zurückgestellt werden müssen. Es sei deshalb beabsichtigt, demnächst den Ausschuß noch einmal zu berufen, um alsdann in Ruhe verschiedene aktuelle Angelegenheiten zu behandeln. Der Vorsitzende erwähnt als Beispiel die Frage von Fabrik und Handwerk und gibt der Hoffnung Ausdruck, daß die demnächstige Sitzung ebenso zahlreich besucht werde, wie die heutige.

Sodann berichtet der Geschäftsführer, Herr Regierungsrat a. D. Dr. Schweighoffer, über den Voranschlag des Centralverbandes für 1913, unter Angabe und Erläuterung der Hauptdaten. Der Etat wird ohne Diskussion genehmigt.

Auf Vorschlag des Direktoriums werden folgende Herren in den Ausschuß gewählt: Herr Fabrikbesitzer Max Clouth, i. Fa. Franz Clouth-Köln-Nippes, an Stelle seines verstorbenen Vaters, und Herr Karl Rösch-Mülheim a. Ruhr, Vorstandsmitglied des Verbandes deutscher Buntwebereien.

Es folgt die Beratung der Tagesordnung für die Versammlung der Delegierten. Es wird zunächst beschlossen, der Delegiertenversammlung zur Wahl in den Ausschuß der Hauptstelle deutscher Arbeitgeberverbände vorzuschlagen die Herren: Dr. Beumer, M. d. A., Düsseldorf; Kommerzienrat Brückner, Calbe a. S.; Fabrikbesitzer Richard Dulon, Magdeburg; Fabrikbesitzer Otto Huesker, Reichenbach; Generaldirektor Karcher, Dillingen; Fabrikbesitzer Laederich, Mülhausen i. Els.; Kommerzienrat Rusch., Greiz; Geh. Baurat Schrey, Charlottenburg; Kommerzienrat Starck, Chemnitz; Senator Walter, Hannover.

Von der Erstattung eines Geschäftsberichts wird der Geschäftsführer mit Rücksicht auf den für die Delegiertenversammlung bestimmten Bericht herkömmlicherweise entbunden. Es werden jedoch die vorgeschlagenen Resolutionen eingehend erörtert und es geht in dieser Hinsicht der Geschäftsführer in seinen Ausführungen zunächst auf den Beschlußantrag betr. die Vereinheitlichung des Angestelltenrechts näher ein. Er hebt hervor, daß, nachdem die Angestelltenbewegung in der letzten Zeit durch die Verhandlungen und Beschlüsse des Deutschen Juristentages in Wien eine gewisse Förderung erfahren habe, es Sache der im Centralverbande zusammengeschlossenen Industrien sei, zu diesen Beschlüssen und namentlich zu den ihnen zugrunde liegenden Gutachten Stellung zu nehmen. Der Centralverband könne seine Berechtigung zu einer besonderen Aktion aus den von ihm in dieser Hinsicht bereits geleisteten Vorarbeiten herleiten und es sei daher beabsichtigt, eine eigene Kommission einzusetzen, welche gegenüber den einseitigen Bestrebungen der Sozialtheoretiker auf dem Gebiete der Angestelltenbewegung in eine objektive, allen Tatsachen gerecht werdende Würdigung der Frage einzutreten habe. An der sich an diese Darlegungen anschließenden Diskussion beteiligten sich die Herren: Kommerzienrat Dr. Goldschmidt-Essen, Generalsekretär Dr. Tille-Saarbrücken, Regierungsrat Dr. Schweighoffer-Berlin, Generalsekretär Frölich-Düsseldorf, Direktor Meesmann-Mainz, Justizrat Wandel-Essen, Abg. Dr. Beumer-Düsseldorf, Kommerzienrat Dr. Gottstein-Berlin, Direktor Dr. Guggenheimer-Augsburg, Geh. Kommerzienrat Vorster-Köln, Kommerzienrat Dr. Kauffmann-Hermsdorf, auf Grund deren Ausführungen der Beschlußantrag mit einigen redaktionellen Aenderungen angenommen wird. Der Geschäftsführer gab sodann noch eine kurze Erläuterung zu dem zweiten Beschlußantrag betr. Einführung eines staatlichen Petroleummonopols. Er erwähnt dabei, daß auch der Deutsche Handelstag sich am gleichen Tage mit der Regierungsvorlage beschäftigt und sein Votum in ablehnendem Sinne gegeben habe. Der Centralverband habe niemals unterlassen, zu Fragen, die, wie die vorliegende, das deutsche Wirtschaftsleben in der einschneidendsten Weise berührten, Stellung zu nehmen. Redner empfiehlt daher, dieses auch bezüglich des von den Verbündeten Regierungen geplanten Petroleummonopols zu tun und begründet den Vorschlag einer in ablehnendem Sinne zu fassenden Entschließung. Nach eingehender Erörterung des Beschlußantrages, an der sich die Herren Justizrat Wandel-Essen, Regierungsrat Dr. Schweighoffer-Berlin, Geh. Finanzrat Müller-Berlin, Kommerzienrat Brückner-Calbe, Abg. Dr. Beumer-Düsseldorf, Landrat Rötger-Berlin, Direktor Meesmann-Mainz und Baurat Beukenberg-Hörde beteiligen, wird auch dieser Antrag mit geringen Aenderungen einstimmig angenommen. Dasselbe geschah ohne Diskussion betr. des Beschlußantrages über den preußischen Wassergesetzentwurf. Das Referat des Herrn Direktor Dr. Guggenheimer über die Werkvereine wurde der Delegiertenversammlung vorbehalten.

Schluß der Sitzung 7½ Uhr.

Versammlung

der

Delegierten des Centralverbandes Deutscher Industrieller

am 12. Dezember 1912, vormittags 10 Uhr, zu Berlin im Hotel Adlon.

Vorsitzender Landrat a. D. **Rötger:** Meine Herren! Ich eröffne die Delegiertenversammlung des Centralverbandes Deutscher Industrieller und heiße die Herren Delegierten herzlich willkommen.

Meine Herren, während wir uns hier heute versammeln, steigen in deutschen Landen überall die Flaggen auf Halbmast. Heute in der Frühe ist Seine Königliche Hoheit der Prinz Luitpold von Bayern, des Königreichs Bayern Verweser (die Anwesenden erheben sich) hochbetagt an den Folgen einer Bronchitis verschieden.

Meine Herren, mit dem Deutschen Kaiser und den deutschen Bundesfürsten steht das gesamte monarchisch gesinnte deutsche Volk trauernd an der Bahre dieses ehrwürdigen deutschen Fürsten, der unter den schwierigsten Verhältnissen vor mehr als 26 Jahren, schon damals in hohem Alter, die Regentschaft in Bayern übernommen hat und sich nicht nur im Bayernvolke, sondern weit über die Grenzen desselben hinaus in deutschen Landen und in der Welt durch seine Herrschertugenden einen Namen gegründet hat, der uns alle in Ehrfurcht zu ihm aufblicken ließ, an der Spitze der Nation unseren Kaiser.

Meine Herren! Sie haben sich von Ihren Sitzen erhoben, um der Trauer um den hohen Verblichenen Ausdruck zu geben. Ich konstatiere das und danke Ihnen dafür.

Wünschen wir dem Bayernvolke und dem Deutschen Reiche, daß sein Nachfolger in dem schweren Amte des Regenten von Bayern von den gleichen Tugenden beseelt ist, wie sein hoher verblichener Vater es war.

Meine Herren, es ist in diesem Jahre bereits die zweite Delegiertenversammlung, die das Direktorium des Centralverbandes einberufen hat. Wir haben gegenüber der Fülle der Vorlagen, die uns beschäftigen, es für richtig halten müssen, vor Jahresschluß noch einmal die Delegierten zu versammeln. Die erste Sitzung der Delegierten fand im Mai dieses Jahres in München statt. Sie war reich besucht aus der Zahl der Mitglieder des Centralverbandes, reich besucht auch aus den Kreisen der Königlich bayrischen Staatsbehörden, und verlief unter besonders angenehmen Auspizien im Zusammenhange mit einem Kongreß deutscher und österreichischer Industrieller, an dem auch der jetzige Prinzregent, Prinz Ludwig von Bayern, regen Anteil nahm, im Zusammenhange mit der schönen bayrischen Landesausstellung, welche in diesem Sommer zahlreiche Fremde und in Sonderheit auch Industrielle nach Bayerns Hauptstadt zog.

Auch die heutige Versammlung ist, wie ich mit Freuden konstatieren kann, rege besucht. Auch an der heutigen Versammlung nehmen Kommissare der hohen Reichsregierung und der hohen preußischen Staatsbehörden teil, und wir haben auch die Freude, Herren aus den Parlamenten unter uns zu sehen. Ich darf den erschienenen Herren den Dank des Centralverbandes aussprechen.

In einem, meine Herren, unterscheidet sich aber die heutige Versammlung von der Versammlung in München ganz wesentlich. Während damals die Welt in tiefem Frieden sich befand, ist heute der politische Horizont Europas dicht umwölkt, und kein Mensch kann heute sagen, was uns die nahe Zukunft bringen wird. Es ist, meine ich, ganz selbstverständlich, daß beim Beginn der Verhandlungen in einer so bedeutsamen Versammlung, wie sie die unsrige darstellt, an dieser Sachlage nicht vorübergegangen werden darf. Aber, meine Herren, es ist auch auf etwas anderes in diesem Zusammenhange hinzuweisen. Trotzdem, meine Herren, vor jetzt mehr als zwei Monaten die europäische Welt und eine große Zahl europäischer Regierenden durch die Feindseligkeiten auf dem Balkan vollständig überrascht wurden und nun seit mehr als zwei Monaten die Balkanfrage angeschnitten ist, trotzdem seit fast zwei Monaten der Krieg auf dem Balkan seine Opfer fordert, trotzdem Europa sich seit mehr als 50 Jahren daran gewöhnt hat, anzunehmen, daß mit dem Anschneiden der orientalischen Frage notwendigerweise eine kriegerische Auseinandersetzung unter den Völkern Europas heraufbeschworen würde, trotzdem heute niemand weiß und wissen kann, ob nicht vielleicht schon die nahe Zukunft diese Besorgnis wahrmachen wird — — trotz aller dieser wirtschaftlich hochbedeutsamen und hemmenden Tatsachen, meine Herren, erfreut sich die deutsche Industrie heute einer Konjunktur, die man wohl ohne Uebertreibung als eine glänzende bezeichnen kann.

Meine Herren, darauf dürfen wir in der heutigen Versammlung mit ganz besonderem Stolze hinweisen, denn es ist ein Zeichen von der Gesundheit der deutschen Wirtschaftsverhältnisse, daß es so ist. Und wenn auch gegenwärtig Geldknappheit herrscht und die Geldknappheit zu manchen Besorgnissen Anlaß gibt, so ist dieselbe doch wohl weniger auf eine Ueberspannung der Verhältnisse zurückzuführen, als vielmehr auf die anderen von mir eben angedeuteten Verhältnisse, und man darf hoffen, daß, wenn der Frieden in Ehren gewahrt werden kann, dann auch dieses unangenehme Moment wieder verschwindet.

Meine Herren, noch ein anderes zeichnet dieses auf der wirtschaftlichen Höhe stehende Jahr aus. Das ist, daß in diesem Jahre eine sehr große Zahl von industriellen Unternehmungen auf eine lange halbjahrhundertjährige, dreivierteljahrhundertjährige und hundertjährige Arbeit zurückblicken konnte.

Es kann natürlich nicht meine Aufgabe sein, meine Herren, nun jeder einzelnen Firma zu gedenken, die in diesem Jahre ein Jubiläum gefeiert hat. Aber aus dem reichen Kranze der Erinnerungsfeiern in diesem Jahre will ich doch die einiger Firmen herausheben. Ich nenne die Maschinenfabrik von Wolf in Magdeburg-Buckau und von Johannes Kleinewefers Söhne, Maschinenfabrik in Krefeld, die seit 50 Jahren bestehen; die Baumwollspinnerei Kolbermoor in Bayern, ebenfalls 50 Jahre, die Firma Franz Clouth, Vereinigte Gummiwarenfabriken, ebenfalls 50 Jahre; dann die Sächsische Maschinenfabrik, vormals Richard Hartmann, in Chemnitz, die Maschinenfabrik A. Borsig in Berlin, die Schiffswerft F. Schichau in Elbing, sowie aus der Textilbranche die Firma Wilhelm Vogel in Chemnitz, alles Weltunternehmungen, die, im Jahre 1837 gegründet, in diesem Jahre ihr 75jähriges Bestehen feiern konnten; die Gute Hoffnungshütte, meine Herren, die im Vorjahre 100 Jahre alt wurde, und endlich die Firma Friedrich Krupp, die zwar auch schon im November vorigen Jahres ihren hundertsten Geburtstag begangen hat, die aber ihr erstes Säkularfest in diesem Jahre mit der Feier des Geburtstages des großen Alfred Krupp, des zweiten Begründers der Firma Krupp, verband.

Meine Herren, es kann nicht meine Aufgabe sein, auf alle diese Firmen und die ungenannt gebliebenen Firmen eine Festrede zu halten. Ich wäre dazu gar nicht imstande. Aber auf zwei Dinge möchte ich aufmerksam machen. Alle diese Werke haben das eine gemeinsam, daß sie aus ganz kleinen Anfängen zu ihrer heutigen, zum großen Teil weltumspannenden Bedeutung gediehen sind, und daß sie in vorbildlicher Weise den Entwicklungsgang der deutschen Industrie überhaupt widerspiegeln. Es ist Industriegeschichte, was uns in den Jubiläumsschriften dieser Firmen entgegentritt.

Noch auf ein zweites möchte ich aufmerksam machen. Ein großer Teil, meine Herren, der von mir genannten Werke hat den besonderen Vorzug, unter der Leitung von nur sich selbst verantwortlichen Männern zu stehen, also noch das persönliche Moment des Unternehmers darzustellen. (Bravo!) Ich nenne hier die Namen Kleinewefer, Clouth, Borsig, Schichau, Vogel und Krupp.

Meine Herren, der Centralverband Deutscher Industrieller und seine Mitglieder haben mit dem regsten Interesse und mit Stolz an diesen Jubelfesten Anteil genommen. Ich möchte mich auch hier zum Dolmetsch der Gefühle derselben machen, indem ich den jubilierenden Werken zurufe: Vorwärts zu immer neuen Siegen, zum Ruhme der Industrie und zum Segen des deutschen Vaterlandes! (Lebhafter Beifall.)

Wir treten nun, meine Herren, in die Erledigung unserer Tagesordnung ein. Zunächst:

Wahl von 10 Mitgliedern in den Ausschuß der „Hauptstelle Deutscher Arbeitgeberverbände".

Da habe ich vorweg mitzuteilen, daß als Mitglieder in den Vorstand der Hauptstelle Deutscher Arbeitgeberverbände das Direktorium des Centralverbandes satzungsgemäß jetzt nach Ablauf eines dreijährigen Turnus gewählt hat die Herren Geheimer Regierungsrat Koenig-Berlin, Kommerzienrat Wiedemann-Augsburg, Kommerzienrat Reusch-Oberhausen-Gute Hoffnungshütte und Regierungsassessor a. D. Emil Pastor-Aachen, Vorsitzender des Vereins Deutscher Tuch- und Wollwarenfabrikanten.

Ich möchte Sie nun bitten, meine Herren, zehn Mitglieder in den Ausschuß der Hauptstelle Deutscher Arbeitgeberverbände zu delegieren nach dem Vorschlage, den gestern abend Ihr Ausschuß Ihnen zu machen beschlossen hat. Es sind das die Herren: Dr. Beumer-Düsseldorf, Kommerzienrat Brückner-Calbe a. Saale, Fabrikbesitzer Laederich-Mülhausen i. Elsaß, Geheimer Baurat Schrey-Charlottenburg, Kommerzienrat Stark-Chemnitz, Senator Walter-Hannover — diese sechs Herren gehörten schon dem Ausschusse an —, und dann neu in den Ausschuß zu wählen die Herren: Kommerzienrat Nusch-Greiz, Fabrikbesitzer Richard Dulon jr.-Magdeburg, Fabrikbesitzer Otto Huesker-Reichenbach und Generaldirektor Karcher-Dillingen.

Ich stelle diesen Antrag des Ausschusses zur Diskussion. — Wenn niemand das Wort wünscht, dann schließe ich die Diskussion und darf annehmen, daß die Herren Delegierten mit diesem Vorschlage einverstanden sind und die Wahl getätigt haben.

Nun, meine Herren, bevor ich dem Herrn Geschäftsführer das Wort erteile zur Erstattung seines Jahresberichts, möchte ich die Herren Delegierten darauf aufmerksam machen, daß heute Herr **Bueck**, unserer früherer Generalsekretär, jetziges Mitglied des Direktoriums, seinen 83. Geburtstag feiert. Er hat gestern an unserer Direktoriumssitzung und an der Sitzung des Ausschusses wegen Unwohlseins nicht teilnehmen können, und hat auch heute hier nicht erscheinen können. Ich möchte Ihnen den Vorschlag machen, dem alten Herrn, der sicherlich heute sehr ungern von dieser Delegiertenversammlung ferngeblieben ist, eine besondere Freude dadurch zu bereiten, daß Sie ihm ein Glückwunschtelegramm zu seinem Geburtstag übersenden. (Lebhafter Beifall.) Ich möchte Ihnen den Vorschlag machen, demselben folgenden Wortlaut zu geben:

„Dem hochverehrten Vorkämpfer der deutschen Industrie senden zur Vollendung seines 82. Lebensjahres in dankbarer Erinnerung der geleisteten Dienste ein herzliches Glückauf
die Delegierten des Centralverbandes."

Sind die Herren einverstanden? (Zustimmung.)

Ich gebe nun das Wort dem Herrn Geschäftsführer Regierungsrat Schweighoffer zur Erstattung des Geschäftsberichts.

Geschäftsführer Regierungsrat a. D. Dr. jur. **Schweighoffer**-Berlin: Meine sehr geehrten Herren! Die letzte Versammlung des Centralverbandes war eine Delegiertenversammlung und hat am 21. Mai d. J. aus Anlaß der gemeinsamen Tagung der deutschen und österreichischen Gewerbetreibenden in München stattgefunden. Ich konnte bereits damals einleitend darauf hinweisen, daß der Centralverband Deutscher Industrieller in der Zeit der abgelaufenen Berichtsperiode eine beachtenswerte Erweiterung erfahren hatte, und darf auch heute wieder mit Genugtuung konstatieren, daß ihm seit jener Tagung außer einer Reihe von Einzelmitgliedern mehrere bedeutende Verbände beigetreten sind, u. a. der Verein Ottensener Industrieller in Altona und der Allgemeine Industrieverband in Hamburg, so daß der Centralverband Deutscher Industrieller gegenwärtig über 200 Verbände mit rund 50 000 Einzelmitgliedern umfaßt.

Meine Herren! Die Zeit von jener Frühjahrsversammlung ab — den Hochsommer und die Herbstmonate — konnte man früher wohl als eine Ruhepause nicht nur in unserem öffentlichen Leben, sondern vielfach auch in der geschäftlichen Tätigkeit betrachten. Hierin ist aber bereits seit geraumer Zeit eine merkbare Aenderung eingetreten. Die Vielgestaltigkeit unserer allgemeinen und besonders unserer wirtschaftlichen Verhältnisse, die Intensität, mit der sich die Interessen von allen Seiten der Beachtung und der Verfolgung ihrer Ziele zudrängen, bewirken es, daß von einer derartigen Ruhepause eigentlich nicht mehr die Rede ist. Die Anfragen bei der Geschäftsführung, die Ersuchen um Auskunftserteilung auf allen Gebieten unseres wirtschaftlichen Lebens haben in der verflossenen Berichtsperiode einen außerordentlichen Umfang erreicht und ich möchte nicht unerwähnt lassen, daß gerade auch die Anfragen ausländischer Werke, vor allem englischer Firmen, nach deutschen Bezugsquellen, die zeitweise fast täglich zu mehreren einzugehen pflegen und zumeist zu vielseitigen Erhebungen Anlaß geben, in der letzten Zeit in erheblichem Maße zugenommen haben. Aber gerade in solcher Kleinarbeit, wie in der fortgesetzten Beratung seiner Mitglieder liegt meines Erachtens eine der Hauptaufgaben eines wirtschaftlichen Verbandes, und dieser Zweig der Tätigkeit spricht, wenn er auch nach außen wenig hervortritt, in erfreulicher Weise für das Vertrauen, das dem Centralverband Deutscher Industrieller nicht nur von seinen Mitgliedern, sondern auch von ausländischen Gewerbetreibenden entgegengebracht wird.

Neben solcher Kleinarbeit, deren Bedeutung wohl auch dadurch gekennzeichnet wird, daß der Geschäftsführung des Centralverbandes Deutscher Industrieller in der verflossenen Berichtsperiode nicht weniger als 144 Erlasse der Reichs- und Staatsbehörden zur Berichterstattung oder weiteren Veranlassung zugegangen und daß aus besonderen Anlässen 30 Eingaben an die zuständigen behördlichen Stellen abgefertigt worden sind, sind aber naturgemäß auch die großen Fragen der Zeit, die für die Industrie, wie darüber hinaus für unsere ganzen wirtschaftlichen und sozialen Verhältnisse von Bedeutung sind, vom Centralverband Deutscher Industrieller nach wie vor aufmerksam verfolgt und behandelt worden, wie Ihnen das, meine Herren, die Ausarbeitungen und Denkschriften gezeigt haben werden, die Ihnen im Laufe des Sommers und der Herbstmonate als Mitgliedern des Centralverbandes Deutscher Industrieller übermittelt worden sind.

Hierbei möchte ich zunächst der Mitarbeit des Centralverbandes Deutscher Industrieller bei der Gestaltung des preußischen Wassergesetzentwurfs gedenken. über dessen nunmehrige Fassung Ihnen heute noch in einem besonderen Referate Bericht erstattet werden wird. Es erübrigt sich daher für mich, hierauf im einzelnen näher einzugehen. Ich möchte es aber nicht unterlassen, hier von dieser Stelle aus dem Deutschen Handelstage, dem Verein zur Wahrung der Interessen der chemischen Industrie Deutschlands und dem Wasserwirtschaftlichen Verbande Dank zu sagen für die Bereitwilligkeit, mit welcher sie die Anregung des Centralverbandes in dieser, für die gesamte wassernutzende Industrie Preußens und ebenso für die großen Gemeinden so überaus wichtigen Frage geschlossen und einmütig vorzugehen, seinerzeit eine Folge gegeben haben. Es wird Ihnen bekannt sein, meine Herren, daß von diesen 4 Korporationen auf den 9. September d. J. eine große Protestversammlung nach Berlin einberufen worden war, welcher Vertreter sämtlicher preußischen Ministerien und zahlreiche Abgeordnete der gesamten bürgerlichen Parteien beiwohnten. Die Einmütigkeit und der Nachdruck, mit denen auf dieser Versammlung die berechtigten Forderungen der Industrie und der großen Gemeinden vertreten wurden, haben erfreulicherweise ihren Eindruck nicht verfehlt und haben wohl im wesentlichen dazu beigetragen, daß das preußische Wassergesetz eine Gestalt gewonnen hat, welche im großen und ganzen als Grundlage für eine gesunde und gedeihliche Entwickelung der preußischen Wasserwirtschaft angesehen werden kann.

Es hat des geschlossenen Zusammenstehens aller beteiligten Kreise, der Industrie, des Handels und der Städte bedurft, um diesen Erfolg zu erzielen, und es wäre zu wünschen, daß auch andere Verbände, die gerade in der letzten Zeit wirtschaftliche Fragen wiederum in erster Linie vom Standpunkt der Interessengegensätze zu behandeln pflegen, aus diesem Beispiele eine Lehre ziehen. (Lebhafte Zustimmung.) Wäre dieses der Fall und würde die Ueberzeugung von der unbedingten Solidarität der Interessen innerhalb der Industrie mehr in Geltung sein, so wäre es vielleicht auch zu erreichen gewesen, daß ein anderes, in Kürze in Kraft tretendes Gesetz, das Versicherungsgesetz für Angestellte, den berechtigten Wünschen und Forderungen der Industrie in ausreichenderem Maße Rechnung getragen hätte. (Sehr richtig!)

Ich will hier nicht weiter ausführen, in welcher Weise bei den parlamentarischen Verhandlungen über diesen Gesetzentwurf die Bestrebungen des Centralverbandes Deutscher Industrieller und anderer wirtschaftlicher Korporationen durchkreuzt worden sind, und wie gerade diejenigen, die sonst über den mangelnden Einfluß der Industrie im Parlament die lauteste Klage zu erheben pflegen, in diesem Falle den Einfluß der Industrie dadurch schwächten, daß sie im Gegensatz zu der weit überwiegenden Mehrheit der industriellen und der Handelskreise der Schaffung einer Sonderkasse für die Angestellten das Wort redeten.

Ich darf daran erinnern, meine Herren, daß der Centralverband Deutscher Industrieller in Gemeinschaft mit dem deutschen Handelstage, dem Bayerischen Industriellenverbande und einigen anderen industriellen Vertretungskörperschaften seinerzeit zwei eingehende Denkschriften ausgearbeitet hat, in denen der Nachweis erbracht wurde, daß es Wege gäbe, auf denen die Frage der Versicherung der Privatangestellten technisch vollkommener, sozialpolitisch gerechter und für die Beteiligten — Angestellte wie Arbeitgeber — befriedigender würde gelöst werden können, als durch die von der Regierung in Vorschlag gebrachte Sonderversicherung, ohne daß die Belastung sich höher gestellt haben würde. Wie überaus zutreffend diese Ausführungen der beiden Denkschriften und vor allem auch die Warnung gewesen sind, Gründe der Parteitaktik und der Wahlagitation nicht maßgebend sein zu lassen für ein gesetzgeberisches Problem, das der gründlichsten und sorgfältigsten Vorbereitung bedurfte, das beweisen zur Genüge die großen Schwierigkeiten, die sich gegenwärtig bei der Ausführung des Privatbeamtenversicherungsgesetzes ergeben. Weder die Direktion der Reichsversicherungsanstalt noch die Versicherungsämter, die für die Beantwortung zweifelhafter Fragen zunächst zuständig sein sollten, vermögen eine authentische Auslegung der Gesetzesvorschriften zu geben, und es macht den Eindruck, als ob gerade diejenigen Stellen, die in erster Linie für die Unzulänglichkeit des Gesetzes verantwortlich sind, sich jetzt selber nicht zu helfen wissen. (Heiterkeit.)

Es darf daher der Centralverband Deutscher Industrieller wohl mit Recht behaupten, daß seine „Bremsversuche“ auf diesem Gebiete der sozialpolitischen Betätigung seinerzeit durchaus begründet und gerechtfertigt waren, und es ist besonders kennzeichnend, daß am 5. November d. J. bei Gelegenheit der von den Nationalliberalen eingebrachten Interpellation über die Versicherung der Privatangestellten im preußischen Abgeordnetenhause der Herr Minister für Handel und Gewerbe selbst recht scharfe Kritik an dem Gesetze ausgeübt hat. Mit vollem Rechte maß er den politischen Parteien die Schuld an der übereilten Gesetzgebung bei und gab bei aller Zurückhaltung gegenüber den gesetzgebenden Faktoren des Reichs deutlich zu verstehen, daß nach der Auffassung der preußischen Regierung die

Verabschiedung des Gesetzes mit so großer Eile, wie es tatsächlich geschehen, sicherlich nicht erfolgt wäre, wenn nicht die Reichstagswahlen vor der Tür gestanden hätten. (Hört, hört!)

Meine Herren! Eine solche, von hoher behördlicher Seite ausgehende Charakteristik eines Gesetzes, das, wie der sozialdemokratische Abgeordnete Leinert in der Besprechung der Interpellation sich ausdrückte, nicht eine sozialpolitische, sondern eine parteipolitische Tat war, legt wirklich die Frage nahe, ob wir im Deutschen Reiche schon soweit gekommen sind, daß Parlament und Bundesrat genötigt sind, soziale Fragen von der einschneidendsten Bedeutung für alle Kreise unserer erwerbstätigen Bevölkerung nur aus Furcht vor den Wählermassen in einer Weise und auf einem Wege gesetzlich zu regeln, gegen den aus den sachkundigsten Kreisen in einmütigen Gegenvorschlägen die schwerwiegendsten Bedenken erhoben worden sind. (Sehr gut!)

Diese Behandlung eines der schwierigsten gesetzgeberischen Probleme von seiten der Parteien des deutschen Reichstages, der nach vollbrachter Tat alle weiteren Sorgen der Regierung und den Behörden überließ, ruft die Worte in die Erinnerung zurück, die einst ein Großer, der Altreichskanzler Fürst Bismarck, in einer ähnlichen Situation dem Parlamente gegenüber fand: „So kommt mir die Sache vor, wie ich wohl von Souveränen gehört habe, die sagten: Mein Wille ist es, daß jeder in meinem Staate glücklich und zufrieden sei; wie das zu machen ist, das ist Sache der Schreiber von Ministern; darum habe ich mich als Fürst nicht zu bekümmern." Das ist anscheinend auch die Ansicht mancher Parlamentarier gewesen, die um das Zustandekommen des Gesetzes vor den Wahlen so außerordentlich bemüht waren, insoweit sie sich nicht mit dem Nebengedanken trugen, durch die Angestelltenversicherung die Privatbeamten in die politische Bewegung hineinzuziehen, wie dieses in ähnlicher Weise gerade in der letzten Zeit mit den Organisationen der staatlichen und kommunalen Unterbeamten durch die Versprechungen gehobener Rechtsstellung und materieller Vergünstigungen von seiten der demokratisch-liberalen Parteien mehrfach versucht worden ist.

Meine Herren! Diese Art „staatsbürgerlicher Erziehung" durch die Eröffnung bestechender Aussichten auf ein freiheitliches Angestelltenrecht hat sich jüngsthin leider auch eine so hoch angesehene Körperschaft, wie es der Deutsche Juristentag ist, unter der Führung extremster Sozialtheoretiker angelegen sein lassen. Der

Deutsche Juristentag bekundet bereits seit einigen Jahren ein lebhaftes Interesse für den rechtlichen Schutz der Privatangestellten und hat zuerst auf seiner 30. Tagung im Jahre 1910 in Danzig die Frage der „Vereinheitlichung des Angestelltenrechts" einer Erörterung unterzogen. Die Verhandlungen führten damals zu dem Beschlusse, daß die für Handlungsgehilfen bestehenden sozialen Schutzvorschriften als zwingendes Recht auf alle Privatangestellten auszudehnen seien, soweit sie höhere Dienste zu leisten hätten. Gleichzeitig wurde in dieser Entschließung die ständige Deputation ersucht, auf die Tagesordnung des nächsten Juristentages die Frage zu setzen, welche sonstigen sozialen Schutzvorschriften gleichmäßig für alle Privatangestellten zu treffen wären, und die Schaffung eines einheitlichen Rechtes für den Dienstvertrag der Privatangestellten vorzubereiten.

Dieser Aufforderung entsprach nun die Deputation, indem sie für die 31. Tagung, die im September d. J. in Wien stattfand, zu dem Thema „Vereinheitlichung des Angestelltenrechtes" mehrere eingehende Gutachten erstatten ließ.

Es soll nicht verkannt werden, daß der Juristentag ein an sich durchaus erstrebenswertes Ziel verfolgt, wenn er die gesetzliche Regelung des Dienstrechtes der Angestellten übersichtlicher zu gestalten sucht, als das bei der zerstreuten Anordnung des Stoffes in zahlreichen Spezialgesetzen gegenwärtig der Fall ist. Die Grenzen dieser Aufgabe sind jedoch weit überschritten worden. Man beschränkte sich nicht darauf, vom rein wissenschaftlichen und rechtstechnischen Standpunkte aus mit dem vorhandenen Material einheitliche Normen zu schaffen, sondern es trat das offensichtliche Bestreben gewisser Kreise zutage, bei dieser Gelegenheit dem Gesetzgeber die Erfüllung allerlei sozialpolitischer Schutzpflichten aufzunötigen, um die Angestellten im wirtschaftlichen Kampf gegen das Unternehmertum künftig mit stärkeren Waffen zu versehen.

Diese Tendenz machte sich mit unverhohlener Schärfe in den dem Juristentag erstatteten Gutachten geltend, ganz besonders natürlich in den Aeußerungen des als Gutachter hinzugezogenen Führers der Angestelltenbewegung, Dr. Potthoff. Um Ihnen, meine Herren, zu zeigen, wie in diesen sogenannten „wissenschaftlichen" Ausführungen der Gedanke der Gegnerschaft zwischen Prinzipal und Angestellten propagiert wurde, möchte ich mir gestatten, einige Stichproben aus den Thesen der Gutachter zu Ihrer Kenntnis zu bringen.

Dem Arbeitgeber soll zunächst durch zwingendes Recht ganz allgemein die Zurückbehaltung von Arbeitsverdienst und die Aufrechnung mit Darlehen, Schadensersatzansprüchen und ähnlichen Forderungen verboten werden. Nach längerer Dienstzeit des Angestellten soll dem Prinzipal ein Kündigungsrecht nur unter erschwerten Bedingungen zustehen. Ferner wird verlangt, daß durch Ausdehnung des VII. Titels der Gewerbeordnung der dem Gewerbegericht unterstehende Angestelltenkreis entsprechend erweitert wird, mit anderen Worten, daß die Kompetenz der Sondergerichte im sozialpolitischen Schutzinteresse ausgedehnt wird. Es wird weiter gefordert, daß die Sonntagsarbeit grundsätzlich verboten werde, und es sind vor allem zwei Forderungen, die klar den Weg beleuchten, den die Führer der Angestellten gehen wollen:

Es soll nämlich „die Befriedigung der Sonderbedürfnisse einzelner Gewerbezweige und Berufe" durch Gesetz „lediglich den Vereinbarungen der organisierten Parteien im Wege der Tarifverträge überlassen bleiben", und das Dienstverhältnis der Angestellten soll durch eine obligatorisch vorgeschriebene Arbeitsordnung geregelt werden, über deren Inhalt die Beamtenausschüsse, die gleichfalls obligatorisch sein sollen, mit einem gesetzlichen Genehmigungsrecht zu befinden haben. (Bewegung.) Dr. Potthoff fügte seinen Thesen mit einer gewissen Offenherzigkeit noch hinzu: „Dieser Keim zur konstitutionellen Fabrikverfassung bedarf der Entwickelung."

Nun, meine Herren, diese Auslassungen und Thesen der Herren Gutachter zeigen wohl zur Genüge, welches Ziel sie mit ihren Bestrebungen und angeblichen „wissenschaftlichen" Untersuchungen verfolgten, und es konnte solchen Forderungen bei den Verhandlungen des Deutschen Juristentages naturgemäß mit einigem Eindruck und Erfolg nur dann entgegengetreten werden, wenn dortselbst die anwesenden Vertreter der Industrie eine möglichst einheitliche Stellung einnahmen und sich gegenseitig in ihren Ausführungen unterstützten. Das war um so nötiger, als nicht allein die Gutachter in der einseitigsten Weise für die Angestellten eintraten, sondern auch den Worten des ersten Referenten, des früheren österreichischen Justizministers, Exzellenz Klein, die deutliche Absicht zugrunde lag, die Interessen der Arbeitnehmer auf Kosten der Arbeitgeber zu fördern, denen er „Engherzigkeit", „Uebervorteilung", „Ausbeutung" usw. zur Last legte. Da ich auf Wunsch einiger uns angeschlossener Fachverbände diesen Verhandlungen des Deutschen Juristentages beizuwohnen mich erboten hatte, so nahm ich Gelegenheit, den Worten des Referenten,

Exzellenz Klein, entgegenzutreten, und nicht nur das Interesse der Arbeitgeber in dieser Sache zu wahren, sondern vor allem auch mich gegen die Bestrebungen zu wenden, die darauf hinausgingen, die Angestellten mit den Lohnarbeitern sozial wie rechtlich auf eine gleiche Stufe zu stellen. Und es war besonders erfreulich, daß auch zwei so hervorragende Fachjuristen, wie der Erlanger Professor Oertmann und der Reichsgerichtsrat Dr. Neukamp, in ähnlichem Sinne sprachen und mit Entschiedenheit vor der radikalen Politik der Stürmer und Dränger, vor der einseitigen Begünstigung der Angestellteninteressen warnten.

Wenn trotzdem in der liberal-demokratischen Presse mit Befriedigung konstatiert worden ist, daß nicht nur die Kreise der Juristen, sondern auch die der Industriellen dem Votum der Gutachter und Referenten in jeder Beziehung beigetreten seien, so ist der Schein eines Grundes für eine derartige unzutreffende Benachrichtigung der Oeffentlichkeit darin zu erblicken, daß in der Diskussion den Ausführungen des Ministers Dr. Klein von dem Vertreter eines großen Werkes eine — ich möchte sagen — etwas allzu lebhafte Anerkennung gezollt wurde. Das Bestreben, den Geist der Versöhnlichkeit und des Entgegenkommens bei diesen Verhandlungen im Namen der Arbeitgeber zum Ausdruck zu bringen, soll in seiner Berechtigung keineswegs verkannt werden und ist auch in meinen Darlegungen bekundet worden; eine in so enthusiastischer Form geäußerte Zustimmung mußte jedoch zur Verbreitung irrtümlicher Anschauungen über den Standpunkt der Industrie führen und hat auch, wie gesagt, hierzu tatsächlich beigetragen.

Wenn daher, meine Herren, derartigen irrtümlichen Anschauungen und den sich hierauf stützenden Bestrebungen der Herren Potthoff und anderer Sozialtheoretiker wirksam entgegengetreten werden soll, so dürfte es angebracht erscheinen, in einer unzweideutigen Erklärung von seiten der industriellen Arbeitgeber zu den Reformwünschen der Angestellten und zu den Beschlüssen des Deutschen Juristentages Stellung zu nehmen, und ich habe die Ehre, Ihnen im Auftrage des Direktoriums des Centralverbandes Deutscher Industrieller einen dahingehenden Beschlußantrag zur Annahme vorzulegen. In dieser Entschließung wird auch um Ihre Einverständniserklärung gebeten, daß von seiten des Centralverbandes Deutscher Industrieller unter Hinzuziehung namhafter Juristen demnächst eine besondere Kommission eingesetzt wird, welche unter Mitwirkung der Angestellten in eine genaue Prüfung der Forderungen der Angestellten und der Beschlüsse des Juristentages einzutreten haben wird. Denn es dürfte, falls aus diesen Beschlüssen eines Tages von den maßgebenden Faktoren die Konsequenz gezogen werden sollte, und falls vor allem die von den Gutachtern erhobenen Forderungen sich zu gesetzgeberischen Vorlagen verdichten sollten, auf der Hand liegen, daß wir mit der Einführung der obligatorischen Arbeitnehmer- und Angestelltenausschüsse, mit dem sogenannten „Friedensinstrument" des Tarifvertrages usw. auf einen Weg geraten würden, der, den Wünschen der Sozialdemokratie entsprechend, zur Verwirklichung des konstitutionellen Fabriksystems und letzten Endes zum Wirtschaftskommunismus führen muß.

Meine Herren! Es ist ein großes Ziel, das sich eine andere Organisation, der Hansabund für Gewerbe, Handel und Industrie, gestellt hat, wenn er es nach den Ausführungen eines der Hauptredner auf dem vor kurzem abgehaltenen, zweiten deutschen Hansatage, des Herrn Professor Delbrück, unternehmen will, zum Ausgleich der Gegensätze zwischen Arbeitgebern und Angestellten beizutragen. Es muß der Zukunft überlassen bleiben, ob der Hansabund diesen Aufgaben wird gerecht werden und auf diesem Gebiete etwas Positives wird leisten können, ohne in Gegensatz zu den Bestrebungen zu treten, die z. B. von dem ihm neuerdings korporativ beigetretenen „Bund der Festbesoldeten" in sehr einseitiger Weise verfolgt werden. Wie ergebnislos jedenfalls bisher alle, von sehr viel mächtigeren Wirtschaftsgebilden, vom Staate selbst, ausgehenden Versuche, den sozialen Frieden zwischen Arbeitnehmern und Arbeitgebern herzustellen, gewesen sind, das beweist wohl zur Genüge der völlige Mißerfolg, den in dieser Hinsicht die ursprünglich mit so großer Begeisterung auf Grund der Allerhöchsten Botschaft vom 17. November 1881 inaugurierte Arbeiterversicherungsgesetzgebung bei uns gehabt hat. (Sehr wahr!)

Ganz abgesehen von den unerwünschten Folgen, die sich auf dem Gebiete der Arbeiterversicherung in den Kämpfen um die Rente und infolge des parteipolitischen Mißbrauchs der sozialen Einrichtungen immer mehr herausgebildet haben und die von Herrn Professor Ludwig Bernhard in einer vor kurzem erschienenen Broschüre so trefflich und überzeugend geschildert worden sind, haben auch alle, zum Wohle der arbeitenden Klassen von den Arbeitgebern im Laufe der Jahre freiwillig oder auf Grund gesetzlicher Vorschriften übernommenen Lasten die Gegensätze nicht zu mildern vermocht, sondern es hat der Kampf zwischen Unternehmern und Lohnarbeitern ständig an Schärfe zugenommen. Es zeigt sich also, wie überaus Recht der große Kanzler, Fürst Bismarck, hatte, als er einst im Reichstage bei der Behandlung sozialpolitischer Fragen zur Mäßigung riet und das denkwürdige Wort sprach: „Es werden noch in Ihren Enkeln uns dieselben Fragen beschäftigen, und es ist das vielleicht einer von den Würmern, die nicht sterben." Und es kann ferner das Ergebnis aller Bemühungen, die „Seele des Arbeiters" durch staatliche Fürsorgeeinrichtungen zu gewinnen, wohl nicht schärfer gekennzeichnet werden, als durch die Aeußerungen des sozialdemokratischen Abgeordneten Dr. Frank auf dem diesjährigen sozialdemokratischen Parteitag in Chemnitz: „Solange es in Deutschland eine Industrie gibt, wird es auch eine Sozialdemokratie geben, und solange es eine Sozialdemokratie gibt, solange wird sich die deutsche Arbeiterschaft nicht niederducken." (Hört, hört!)

Gegenüber solchen Aeußerungen der Führer der sozialdemokratischen Arbeiterschaft erscheint es eigentlich unverständlich, wenn im praktischen Leben stehende Männer noch immer der Sozialdemokratie gewissermaßen gut zuzureden suchen, und wenn auf dem von mir schon erwähnten Allgemeinen Hansatage Herr Professor Delbrück, der sich allerdings in seinen „Preußischen Jahrbüchern" vor Jahren einmal in einem der Kaiserin Friedrich gewidmeten Nachruf selbst als „konservativer Sozialdemokrat" bezeichnet hat, über die sozialdemokratische Partei das Urteil abgab, „sie habe ihren revolutionären Charakter verloren". Fast zu derselben Stunde, als dieses Wort fiel, und als der Präsident des Hansabundes die Erwartung aussprach, daß die Bevölkerung Deutschlands im Falle äußerer Verwickelungen sofort unter Zurückstellung aller inneren Differenzen eine untrennbare Einheit bilden würde, haben die hier in Berlin und in anderen Städten abgehaltenen sozialdemokratischen Versammlungen ausnahmslos den Entschluß verkündet, im Falle eines Krieges die Mobilmachung zu revolutionären Kundgebungen zu benutzen oder, wie man sich ausdrückte, den „Genius der Revolution aus der Tiefe aufsteigen zu lassen" (hört, hört!) und der deutsche Reichstagsabgeordnete Scheidemann verstieg sich in Paris zu der von den anwesenden Sozialisten mit stürmischem Beifall aufgenommenen Behauptung, daß „in einem deutsch-französischen Kriege die im deutschen Heere stehenden Sozialdemokraten auf ihre französischen Brüder nicht schießen würden".

Nun, meine Herren, aus diesen Vorgängen und diesen programmatischen Erklärungen der Führer der Sozialdemokraten zu einer

Zeit, in der die politische Spannung infolge der Vorgänge auf der Balkanhalbinsel aufs äußerste gestiegen und die Möglichkeit internationaler Verwickelungen in greifbarste Nähe gerückt war, ergibt sich wohl mit hinreichender Deutlichkeit der wahre Charakter der sozialdemokratischen Bewegung und das Ziel, dem unter dem Einfluß der Führer die Bewegung zustrebt.

In den Sitzungen des Reichstages wie der bundesstaatlichen Parlamente sind in der letzten Zeit von seiten der Reichsregierung und der Staatsregierungen wohl hin und wieder recht starke Worte gegen die Sozialdemokratie gebraucht worden. Aber, meine Herren, diese Worte sind eben nur Worte, und mit Worten ist unsere Sozialdemokratie nicht zu bekämpfen. (Sehr richtig!) Sie ist nur zu bekämpfen, wenn durch Gesetze den Ausschreitungen in der Agitation, dem erbarmungslosen Terrorismus, der von verhältnismäßig wenigen organisierten Arbeitern über die große Masse der nichtorganisierten, der nichtsozialdemokratischen Arbeiter geübt wird, ein Ziel gesetzt wird. (Beifall.)

Diese Forderung, die vor allem in der Einführung eines verstärkten Schutzes der Arbeitswilligen gipfelt, ist, wie Ihnen bekannt sein wird, schon vor mehr als Jahresfrist vom Centralverband Deutscher Industrieller erhoben worden, und es ist in einer, den zuständigen Behörden überreichten Denkschrift auf die Notwendigkeit hingewiesen worden, durch gesetzliche Maßnahmen die Freiheit der Arbeit wirkungsvoller, als es bisher geschehen ist, zu schützen.

Es ist doch in der Tat ein eigentümlicher Zustand, daß bei uns im Deutschen Reiche der religiöse Friede und der politische Friede, der eine durch das strafrechtliche Verbot einer Verunglimpfung kirchlicher Einrichtungen und der andere durch die Strafbestimmungen über Aufruhr, Landfriedensbruch usw., in jeder Weise geschützt sind, daß dagegen der wirtschaftliche Friede einen solchen Schutz nicht genießt. (Sehr wahr!) In dem Bestreben, durch Arzneimittel aller Art soziale Krankheiten zu heilen und die sogenannten wirtschaftlich Schwachen zu stützen und aufzurichten, hat man heutzutage in den zuständigen Kreisen der gesunden Arbeiter ganz vergessen und denkt kaum mehr daran, daß das gesunde Gros der Arbeiterbevölkerung wirtschaftlich nur durch den wirtschaftlichen Fortschritt gehoben werden kann, dessen unbedingte Voraussetzung die Gewährleistung des wirtschaftlichen Friedens ist. (Sehr wahr!)

Es ist bezeichnend, daß gerade in dem Lande, auf das seiner freiheitlichen Institutionen willen unsere Sozialreformer mit besonderer Vorliebe zu verweisen pflegen, in England, die maßgebenden Kreise mit immer stärkerem Nachdruck auf gesetzgeberische Maßnahmen zur Wahrung des industriellen Friedens hindrängen. Ueber 70 der bedeutendsten Verbände aus Englands Handel und Industrie und auch aus dem Handwerk sind in diesem Sinne letzthin bei der englischen Regierung vorstellig geworden, und der Verband der Handelskammern des Vereinigten Königreichs hat vor kurzem zum dritten Male in schärfster Form einen verstärkten Schutz der Arbeitwilligen, insbesondere durch direktes Verbot des Streikpostenstehens verlangt. Auf den gleichen Standpunkt hat sich auch bei uns in Deutschland nunmehr die Mehrzahl der vom Deutschen Handelstage befragten Handelskammern gestellt, in der Ueberzeugung, daß nur durch ein strafrechtliches Verbot des Streikpostenstehens der ungeheure, bei den Arbeitskämpfen gegen die Arbeitswilligen ausgeübte Terrorismus wirklich gebrochen werden könne. Es muß daher mit Recht wundernehmen, daß es wiederum einem, mit dem Centralverband Deutscher Industrieller bei jeder Gelegenheit in Konkurrenz tretenden wirtschaftlichen Verbande vorbehalten geblieben ist, in dieser, die Interessen der gesamten deutschen Industrie so gleichmäßig berührenden Frage einen Sonderweg einzuschlagen. In einer vor einiger Zeit von diesem Verbande bekanntgegebenen Erklärung wird ein gesetzliches Verbot des Streikpostenstehens als ein gegen die Arbeiter gerichtetes „Ausnahmegesetz" charakterisiert. (Hört, hört!)

Nun, meine Herren, es ist gerade dieses Wort ein Schlagwort, mit dem sonst nur die demokratischen Parteien aus agitatorischem Bedürfnis heraus zu operieren pflegen, und es berührt recht eigenartig, daß Führer einer industriellen Vertretungskörperschaft, die auf dem Boden der bürgerlichen Rechtsanschauung stehen, im Widerspruch mit allen juristischen Konklusionen ein auf Verbot des Streikpostenstehens abzielendes Gesetz als ein gegen die Arbeiter gerichtetes „Ausnahmegesetz" bezeichnen. Würde diese Annahme irgendwie zutreffend sein, so würde man auch jedes andere allgemeine Strafgesetz in dem gleichen Umfange als Ausnahmegesetz ansprechen können, da auch dieses vornehmlich nur diejenigen trifft, die ihrer wirtschaftlichen und sozialen Lage nach in gewissem Sinne zu den von dem Gesetz unter Strafe gestellten Handlungen prädisponiert sind. (Sehr richtig!) Es ist bei dem Verbot des Streikpostenstehens nicht der

Stand der Person, sondern lediglich der Charakter der Handlung maßgebend für die Bestrafung (sehr richtig!), ohne Rücksicht darauf, wer die Handlung begangen hat, und man kann daher von den Gegnern eines solchen Verbots nur annehmen, daß sich bei ihnen der Unterschied zwischen den Begriffen „Ausnahmegesetz" und „besonderes Gesetz" verwischt hat. In der geschichtlichen Entwickelung des neueren deutschen Rechtslebens hat es „Ausnahmegesetze", d. h. gesetzliche Ausnahmevorschriften gegen bestimmte Klassen von Staatsangehörigen nur sehr vereinzelt gegeben, „besondere Gesetze" aber außerordentlich viele.

Denn was bedeutet es z. B. anderes, als ein „Sondergesetz" in markantester Form, wenn sich gegenwärtig die Reichsregierung mit dem Gedanken der Einführung eines Petroleummonopols trägt, das von einem der führenden liberalen Blätter nur deshalb so freudig begrüßt worden ist, weil die Regierung, wie es in dem Blatte hieß, „sich mit diesem Projekte dem von seiten der Demokratie von jeher propagierten Grundgedanken der Beseitigung wirtschaftlicher Knechtung nähere", und in dem die „Soziale Praxis" den glückverheißenden Anfang sieht, an die Stelle der privatmonopolistisch tätigen, auf Erwerb gerichteten Unternehmungen, zu denen sie naturgemäß auch das Kohlensyndikat, den Stahlwerksverband, die Spirituszentrale, das Kalisyndikat usw. rechnet, die Staatshoheit zu setzen.

Meine Heren! Ich will hier nicht auf die Frage der wirtschaftspolitischen Bedeutung eines Staatsmonopols überhaupt eingehen. Die Eigenartigkeit des vor kurzem veröffentlichten Gesetzentwurfs über den Verkehr mit Leuchtöl besteht wohl darin, daß es sich hier nicht um die Monopolisierung einer inländischen Produktion handelt, sondern um den Verkauf eines im Auslande gewonnenen Produktes, über dessen Beschaffung man von seiten der Staatsregierung gar nicht verfügen kann. Hierin liegt meines Erachtens auch die Hauptschwierigkeit des Projekts, und es muß fraglich erscheinen, ob diese Schwierigkeit durch den von der Regierung vorgeschlagenen Weg zu überwinden sein wird. Bei den Reichstagsverhandlungen der letzten Tage ist mit Recht darauf verwiesen worden, daß fast 70 Prozent des deutschen Petroleumverbrauchs zurzeit von dem amerikanischen Trust, der Standard Oil Company, geliefert werden, so daß es schwer halten wird, diesen Bedarf durch die sehr viel geringere und vor allem sehr schwankende Petroleumproduktion in Rußland, Galizien und Rumänien zu decken. Es ist kennzeichnend, daß von seiten der österreichischen Petroleumindustriellen — und man sollte eigentlich annehmen, daß dieses auch dem Reichsschatzamte nicht unbekannt geblieben ist — bereits die Erklärung abgegeben worden ist, daß sie angesichts der Schwankungen der inländischen Produktion nicht in der Lage seien, sich auf eine längere Zeit hinaus mit festen Preisen zu binden, und daß ferner auch innerhalb der rumänischen Petroleumindustrie das Monopolprojekt keineswegs die erwartete Begeisterung gefunden hat. (Hört, hört!)

Ueber der Frage der Bedarfsdeckung schwebt somit noch völliges Dunkel, und wenn von der Reichsregierung die Versicherung abgegeben worden ist, daß es „nicht unerreichbar" erscheine, den „größten Teil" des Petroleumkonsums im Notfalle ohne Heranziehung der Standard Oil Company beschaffen zu können, so klingt das nicht gerade sehr trostreich. Die auf solchen Möglichkeiten sich aufbauenden Ertragsschätzungen der Reichsregierung müssen aber jedenfalls um so mehr beanstandet werden, als mit der Versorgungsfrage die Preisfrage auf das innigste zusammenhängt. Denn nicht eine jede, überhaupt mögliche Versorgung des deutschen Konsums mit Petroleum kann als akzeptable Grundlage für ein Petroleummonopol betrachtet werden, sondern nur eine solche, die auf die Dauer niedrigere oder zum mindesten nicht höhere Preise für die Konsumenten in Aussicht stellt, als sie gegenwärtig gezahlt werden.

Deutschland ist ein ausgesprochenes Petroleum k o n s u m - land, und der Verbraucher, der sich sonst bei uns gegen jede Verteuerungspolitik der Produzenten, sei es bei landwirtschaftlichen Produkten, sei es bei Kohlen, Eisen oder dergleichen, stets mit großer Heftigkeit zu wenden pflegt, hatte sich bisher über eine unerträgliche Verteuerung des Petroleums nicht zu beklagen, da die Preise, wenn sie örtlich und zeitlich auch variieren, im großen und ganzen doch stabil blieben und da vor allem das gelieferte Petroleum seiner Menge wie seiner Beschaffenheit nach für die Bedürfnisse des Konsums in jeder Hinsicht ausreichend war.

Es hat somit, und das müßte doch besonders den liberal-demokratischen Blättern, die stets den Verbraucherstandpunkt so sehr zu betonen lieben, einleuchten, der Konsument an der Monopolfrage vom sozial-theoretischen oder volkswirtschaftlichen Standpunkte aus nur ein sehr geringes Interesse, dagegen ein sehr wesentliches daran, daß die gegen die Standard Oil Company als „privatkapitalistische" Organisation beabsichtigten Abwehrmaßregeln auch eine merkbare

Verbesserung des bestehenden Zustandes, d. h. eine **billigere** Versorgung der Verbraucher wirklich gewährleisten. (Sehr richtig!)

Die Einführung eines Monopols ohne eine solche Preisermäßigung und etwa noch ohne die bestimmte Sicherung einer quantitativ und qualitativ ausreichenden Leuchtölversorgung, mit dem Risiko einer nicht unerheblichen Preiserhöhung für den Verbraucher und unter Investierung sehr erheblicher Kapitalien und vollständiger Umwälzung der wirtschaftlichen Lage des deutschen Petroleumhandels würde an die Fabel vom Bären erinnern, der, um von der Stirn seines schlafenden Herrn eine Fliege fortzuscheuchen, diesen mit einem Stein erschlug. (Sehr gut!)

Es sind also alles in allem genommen, doch recht schwerwiegende Bedenken, die sich gegen diesen Monopolplan der Reichsregierung geltend machen lassen, und es kann auch nicht unbeachtet bleiben, daß selbst im Bundesrat sich eindrucksvolle Stimmen gegen den Vorschlag des Reichsschatzamtes erhoben und mit Recht betont haben, daß ein ganzes oder auch nur ein halbes Mißlingen dieses Planes unserer gesamten Volkwirtschaft die schwersten Schädigungen zufügen würde.

Meine Herren! Die gleiche Befürchtung einer schweren Schädigung wirtschaftlicher Interessen muß man leider auch hinsichtlich der Maßnahmen der preußischen Regierung in bezug auf die beabsichtigte Einführung eines staatlichen **Schleppmonopols** auf dem Rhein-Weser-Kanal hegen. Den Herren Mitgliedern des Centralverbandes Deutscher Industrieller ist Ende Oktober dieses Jahres eine kurze Denkschrift zugefertigt worden, in welcher die wesentlichsten Bedenken gegen den, dem preußischen Landtage in dieser Beziehung zugegangenen Gesetzentwurf zusammengestellt worden sind, und ich darf deshalb wohl davon Abstand nehmen, hier im einzelnen auf die Bestimmungen dieser Vorlage einzugehen. In der Denkschrift ist der Nachweis erbracht worden, daß der, auf der neu zu bauenden Wasserstraße, dem Rhein-Weser-Kanal mit seinen Zweigkanälen und der Anschlußstrecke nach Hannover, beabsichtigte sogenannte „eisenbahnmäßige Betrieb" unter den gegebenen Verhältnissen niemals zu erreichen sein wird, daß vielmehr die Einführung des staatlichen Schleppmonopols, wie es auch in einer kürzlich von der Vereinigung der Handelskammern des niederrheinisch-westfälischen Industriebezirks an das Abgeordnetenhaus gerichteten Eingabe zum Ausdruck gebracht worden ist, gegenwärtig als ein schwerer verkehrspolitischer Fehler angesehen werden muß, ganz abgesehen davon, daß die in Aussicht genommenen Schlepplohntarife dem Gesichtspunkte einer genügenden Entlastung der Eisenbahnen auch nicht annähernd Rechnung tragen. Es war daher gefordert worden, daß, falls man nicht die Entwickelung des Verkehrs der freien Initiative privater Unternehmungen überhaupt überlassen will, von der Einführung des staatlichen Schleppmonopols auf dem Kanale im Interesse der Entwickelung des Verkehrs wie der Förderung unserer gesamten Volkswirtschaft doch wenigstens bis auf weiteres abgesehen werde, und daß vor allem der Dortmund—Emskanal, insbesondere der Verkehr von und zu den Emshäfen, unter allen Umständen dem Monopolbereich entzogen bleibe, einer Forderung, der durch den gestrigen Beschluß des Abgeordnetenhauses leider nur insoweit Rechnung getragen worden ist, als die Freigabe eines Teiles des Dortmund—Emskanals vom staatlichen Schleppzwange auf einen Zeitraum von 15 Jahren erfolgt ist.

Wie unbedingt wünschenswert es jedenfalls gewesen wäre, diese ganze Frage nicht vom Standpunkte einer Prinzipienfrage, sondern lediglich unter dem Gesichtspunkte der Zweckmäßigkeit zu betrachten, und die wirtschaftliche Ausnutzung des Kanalbetriebes nicht durch bureaukratische, der Entwickelung der Gütererzeugung schwer folgende Einrichtungen zu hemmen, das beweisen wohl zur Genüge die Erfahrungen, die in den letzten Monaten mit dem staatlichen Eisenbahnmonopol gemacht worden sind.

Es hat sich leider gezeigt, daß die staatliche Eisenbahnverwaltung nicht in der Lage war, den Erfordernissen eines sich plötzlich steigernden Verkehrs zu folgen, so daß der Mangel an Güterwagen im rheinisch-westfälischen Industrierevier zeitweise zu einer vollständigen Verkehrsstockung geführt hat. Diese Vorgänge haben daher denn auch zweimal zu einer Interpellation im preußischen Abgeordnetenhause am 4. November und 3. Dezember dieses Jahres Anlaß gegeben, bei der über die gegenwärtige Unzulänglichkeit des Eisenbahnverkehrswesens und über den Mangel an großzügigen Reformen lebhaft Klage geführt wurde.

Es soll durchaus anerkannt werden, daß der Herr Minister der öffentlichen Arbeiten, der diese Interpellationen beantwortete, triftige Argumente zu seiner formellen Entlastung beizubringen vermochte; daß die erhobenen Beschwerden aber gegenstandslos seien, hat er nicht erweisen können, und es wird dem nationalliberalen Abgeordneten Macco recht zu geben sein, wenn er ausführte, daß die früher vom Ministertisch gefallene Aeußerung, unser Staatsbahnnetz sei genügend ausgebaut, auf einer vollständigen Verkennung der wirtschaftlichen Kräfte und unserer wirtschaftlichen Zukunft beruhe, und daß daher erwartet werden müsse, daß die Eisenbahnverwaltung mehr als bisher nach großen wirtschaftlichen Gesichtspunkten geleitet werde. (Hört, hört!)

Meine Herren! Wenn gerade diese Worte vom Ministertische aus unwidersprochen geblieben sind, so bedeutet das wohl nichts anderes, als daß auch dortseits anerkannt wird, daß unsere staatlichen Verwaltungen sich unter den gegenwärtigen Zeitverhältnissen daran gewöhnen müssen, ihre administrativen Aufgaben etwas mehr unter dem Gesichtswinkel einer vom bureaukratischen Schema abweichenden, modernen Auffassung zu beurteilen. Es ist das ganz besonders erforderlich zu einer Zeit, in der man in so außerordentlichem Maße dazu neigt, dem staatssozialistischen Prinzip Lobhymnen zu singen und an der privatkapitalistischen Betätigung abfällige Kritik zu üben.

Was in dieser Hinsicht heutzutage von Persönlichkeiten, die man vielfach sogar als Führer in den Kämpfen um wirtschaftspolitische Probleme ansieht, geleistet wird, das möchte ich Ihnen doch an einem kleinen Beispiele zeigen. In einer Broschüre des früheren fortschrittlichen Reichstagsabgeordneten Dr. Potthoff über „Probleme des Arbeitsrechts" steht wörtlich zu lesen: „So wichtig die privatwirtschaftliche Rentabilität unserer gewerblichen Unternehmungen ist, noch wichtiger ist die volkswirtschaftliche Rentabilität, deren wichtigste Rücksicht die auf Leben und Arbeitskraft der darin beschäftigten Menschen ist."

Wichtig, wichtiger, am wichtigsten, eine Steigerung wirtschaftlicher Wichtigkeit, wie man sie sich widersinniger kaum denken kann. Denn einem jeden, der sich mit wirtschaftlichen Fragen von Beruf oder aus Neigung überhaupt beschäftigt, sollte doch klar sein, daß unsere ganze Volkswirtschaft ihrem Wesen nach privatwirtschaftlicher Natur ist, und daß ihr Lebenselement, ihre Lebensbedingung die privatwirtschaftliche Arbeit bildet. Die Landwirtschaft wird fast nur, Industrie, Handel und Handwerk werden beinahe ausschließlich privatwirtschaftlich betrieben, und die Leistungsfähigkeit eines jeden Staatswesens beruht in allererster Linie auf der Privatwirtschaft, die ihm die Existenzmittel gewährt und es damit überhaupt erst in den Stand setzt, seine kulturellen und sozialen Aufgaben zu erfüllen. (Sehr gut!)

Und was in den Privatunternehmungen, der Grundlage und dem Stützpunkt einer jeden volkswirtschaftlichen Rentabilität, die **Persönlichkeit des Unternehmers** als solche zu bedeuten hat, das haben in diesem Jahre die zahlreichen Jubelfeiern der großen Werke gezeigt, auf die der Herr Vorsitzende in seiner Ansprache bereits hingewiesen hat, und die, wie die Firmen **Krupp, Borsig, Hartmann, Vogel, Clouth** usw. der Centralverband Deutscher Industrieller die Ehre hat, sämtlich zu seinen Mitgleidern zu zählen.

Meine Herren! Wer der erhebenden Jahrhundertfeier der Firma **Krupp** am 8. August d. J. beigewohnt hat, dem werden die so überaus denkwürdigen Worte des Vorsitzenden des **Krupp**schen Direktoriums, des Herrn Geh. Finanzrat **Hugenberg**, nicht aus dem Gedächtnis entschwunden sein, die er für die Arbeitsgemeinschaft in den großen Betrieben, für die Daseinsgrundlagen einer jeden industriellen Arbeit gefunden hat, und in denen er darauf hinwies, daß der **Krupp**sche Großbetrieb hervorgegangen sei aus derselben Kinderstube, aus deren gesunder, kraftvoll-ernster Luft unser preußisch-deutscher Staat erwachsen ist (sehr gut!), und daß die Männer, die diesen Staat, sowie das **Krupp**sche Werk schmiedeten, alle auch die Zeiten der **Not** kennen gelernt hätten. (Sehr gut!)

Es gibt wohl kaum ein beachtenswerteres Wort als dieses in einer Zeit, in der bei uns in Deutschland von vielen Kreisen, namentlich auch von politischen Parteien, der Staat immer mehr zu einer Institution herabgewürdigt wird, lediglich dazu berufen, seinen Angehörigen oder einer bestimmten Klasse derselben ein gewisses Minimum materiellen Wohlbefindens zu gewährleisten, in der zahlreiche Kräfte am Werke sind, um auf **sozialem** Gebiete jeden Persönlichkeitswert zu vernichten und auf **wirtschaftlichem** Gebiete die Fundamente zu erschüttern, auf denen sich Industrie und Handel in so überaus gedeihlicher Entwickelung im Laufe der letzten Dezennien aufgebaut haben.

Wer sich die wirtschaftliche Bewegung in den 70er Jahren des vorigen Jahrhunderts vergegenwärtigt, wer sich die außerordentlichen Kämpfe ins Gedächtnis zurückruft, die erforderlich waren, um die deutsche Wirtschaftspolitik aus dem Banne des bedingungslosen Freihandels zu lösen und ein System maßvoller Schutzzölle einzuführen, der sollte sich der schweren Verantwortung bewußt sein, die er übernimmt, wenn er auch jetzt wieder diese Kämpfe heraufzubeschwören sucht. Und doch sprechen nicht nur die liberal-demokratischen Blätter tagtäglich von der Notwendigkeit eines Kampfes zum Zwecke einer allmählichen Abtragung der Zölle, und auf dem diesjährigen sozialdemokratischen Parteitag in Chemnitz wurde die Freihandelsdoktrin erneut als der handelspolitische Leitstern für die deutsche Arbeiterschaft hingestellt, sondern auch große wirtschaftliche Verbände lassen sich für diese Zwecke als Vorspann benutzen.

Meine Herren! Es ist keine angenehme Aufgabe für mich, bei der Mannigfaltigkeit der Vorgänge, über die ich Ihnen zu berichten habe, die auf diesem Gebiete liegenden Bestrebungen anderer industrieller Vertretungskörperschaften zum Gegenstande einer eingehenderen Kritik zu machen. Ich erachte dieses aber für meine Pflicht, da es sich hier um einen Fall handelt, der ganz besonders charakteristisch für das Vorgehen der Gegner des Centralverbandes Deutscher Industrieller in wirtschaftlichen Kämpfen ist.

In einem, von dem freisinnigen Reichs- und Landtagsabgeordneten Hoff Mitte November dieses Jahres in dem „Hamburger Fremdenblatt" veröffentlichten und mit der Ueberschrift „Der Bund der Industriellen" gekennzeichneten Artikel wird die Forderung erhoben, daß auch bei uns in wirtschaftlicher Beziehung „das Steuer nach links" herumgelegt werden müsse, und es wird in schärfster Weise der Stab über ein Wirtschaftssystem gebrochen, das, wie es in dem Artikel heißt, „je länger, je mehr dem deutschen Volke das wirtschaftliche Atmen erschwert".

Der Verfasser beruft sich hierbei auf eine letzthin vom großen Ausschuß des Bundes der Industriellen gefaßte Resolution, in welcher die derzeitige Verteuerung der Lebenshaltung als das Ergebnis des bestehenden deutschen Zolltarifs hingestellt wird, und er führt den Rückgang einer Anzahl von Fertigfabrikaten in der Ausfuhr, wie z. B. von Seidenwaren, Wollwaren, Baumwollwaren usw. auf unsere unheilvolle Schutzzollpolitik zurück.

Nun, meine Herren, der Abgeordnete Hoff scheint sich mit zoll- und handelspolitischen Fragen wirklich nicht sehr intensiv beschäftigt zu haben, denn sonst würde er wissen, daß der Grund für den Exportrückgang gerade der von ihm erwähnten Artikel in durchaus anderen Ursachen zu suchen ist und zu einem wesentlichen Teile darin liegt, daß die Wettbewerbsfähigkeit der deutschen Industrie auf dem Weltmarkte infolge der starken Belastung unserer Industrie mit Abgaben zu sozialen Zwecken und der hierdurch bedingten hohen Lohngestaltung in den letzten Jahren immer mehr erschwert worden ist. Wie groß z. B. diese Vorausbelastung für die von ihm erwähnte Seidenindustrie gegenüber einem der Hauptkonkurrenzländer, gegenüber Japan, ist, das ergibt sich daraus, daß nach genauen Berechnungen des Vereins Deutscher Seidenwebereien die Lohnquote in Japan 26,7 Prozent der deutschen Löhne beträgt, so daß also, wenn in Deutschland die Löhne für 1000 M. Warenwert etwa 400 M. ausmachen, sie in Japan nur 106,80 M. betragen. Und es kann Herrn Hoff auch gleichfalls der zahlenmäßige Nachweis dafür erbracht werden, daß, um einen anderen Industriezweig zu erwähnen, die vor Jahren so blühende Kunstseidenindustrie in einem ihrer bedeutendsten Zweige bei uns nur deshalb so völlig daniederliegt, weil sie des unbedingt nötigen Zollschutzes gegenüber der belgischen und französischen Konkurrenz, die durch einen 14- respektive 18mal höheren Zoll gedeckt ist (hört, hört!), völlig entbehrt. Die ganze Argumentation des Herrn Abgeordneten Hoff ist daher eine durchaus hinfällige, und seine Behauptung, daß dem deutschen Volke bei dem gegenwärtigen Wirtschaftssystem das wirtschaftliche Atmen immer mehr erschwert werde, wird wohl zur Genüge widerlegt durch die Tatsache, daß auch das laufende Jahr, so sehr es hinsichtlich der Preise für den Lebensunterhalt unter der Ungunst der Verhältnisse zu leiden gehabt hat, dennoch von einer in jeder Hinsicht aufwärts führenden wirtschaftlichen Entwickelung Zeugnis ablegt. Der Gesamtwert der im deutschen Außenhandel umgesetzten Warengüter hat in den ersten 10 Monaten des laufenden Jahres den Betrag von 16 Milliarden Mark bereits überschritten, so daß, da die beiden letzten Monate des Jahres den Monatsdurchschnitt gewöhnlich noch zu übertreffen pflegen, für das laufende Jahr im ganzen mit einem Außenhandel im Werte von annähernd 20 Milliarden Mark, gegenüber rund 18 Milliarden Mark im Jahre 1911, zu rechnen sein wird.

Wer diese Tatsachen nur einigermaßen unbefangen betrachtet und sich vor Augen hält, daß z. B. in einem einzigen Industriezweige, in der Eisenindustrie, die Steigerung der Produktion in den ersten 10 Monaten des laufenden Jahres, gegenüber dem gleichen Zeitraum des Vorjahres, rund 550 000 Tonnen im Werte von rund 112 Millionen Mark betragen hat, der wird sich eigentlich sagen müssen, daß eine derartige Entwickelung, wenn auch gewiß andere Momente noch mitgespielt haben, doch in der Hauptsache nur durch eine Wirtschaftspolitik ermöglicht worden ist, die den Bedürfnissen der deutschen nationalen Wirtschaft vollauf Rechnung trägt und die gerade den breiten Schichten der Bevölkerung große und bleibende Vorteile gebracht hat. (Sehr wahr!)

Es muß unter solchen Umständen allerdings wundernehmen, daß der Bund der Industriellen, der sich stets als der allein berufene Vertreter der Interessen der Fertigindustrie zu bezeichnen pflegt, es nicht nur unwidersprochen gelassen hat, daß er von dem fortschrittlichen Abgeordneten Hoff in dem von mir erwähnten Artikel ausdrücklich für die freihändlerischen Bestrebungen der fortschrittlichen Volkspartei mit Beschlag belegt wird, sondern auch, daß die Leiter des Bundes, unter denen sich doch sehr einsichtsvolle und maßgebende industrielle Persönlichkeiten befinden (Zuruf: sollten!), es sogar geduldet haben, daß dieser Aufsatz gewissermaßen als wirtschaftspolitisches Bekenntnis des Bundes, zu Propagandazwecken an zahlreiche industrielle Firmen in Hamburg zur Verteilung gebracht worden ist. (Sehr wahr!)

Nach solchen Vorgängen kann sich der Bund der Industriellen wohl kaum mehr darauf berufen, daß er, gleichwie der Centralverband Deutscher Industrieller, noch auf dem Boden unserer bewährten Wirtschaftspolitik steht, und er wird auch wohl kaum einen Einwand dagegen zu erheben haben, wenn der Heidelberger Nationalökonom Dr. Lederer in einer in diesem Jahre erschienenen Schrift über die „wirtschaftlichen Organisationen und die Reichstagswahlen“ von ihm behauptet, daß er „in enger Fühlung mit dem Hansabund für einen Abbau der Schutzzölle eintrete“.

Meine Herren! Es soll hier nicht untersucht werden, ob derartige Bestrebungen von den Gegnern des Centralverbandes Deutscher Industrieller aus sachlicher Ueberzeugung oder nur aus agitatorischem Bedürfnis heraus propagiert werden. Nur in denjenigen Fällen spricht die Vermutung stark für letzteren Beweggrund, in denen immer wieder die Frage der Verteuerung der Lebenshaltung durch die Schutzzölle und die Frage der Preispolitik des rheinisch-westfälischen Kohlensyndikats in den Vordergrund der Erörterung gestellt und in letzterer Hinsicht eine jede Schwierigkeit auf dem Kohlenmarkte sogar dem Centralverband Deutscher Industrieller direkt zur Last gelegt wird. (Handelskammersyndikus Stumpf: das sind wir gewöhnt!)

Ich hatte erst kürzlich bei einem Vortrage, den ich im Allgemeinen Industrieverbande in der freien und Hansestadt Hamburg zu halten die Ehre hatte, Gelegenheit, darauf hinzuweisen, daß weder der Centralverband Deutscher Industrieller noch irgend ein anderer wirtschaftlicher Verband eine solche Verantwortung für das Tun und Lassen eines jeden einzelnen seiner Mitglieder übernehmen kann, und daß es die unvermeidliche Folge einer jeden Kartellierung in Handel und Industrie ist, wenn sich die Abnehmer der Syndikate und Kartelle einem gewissen Zwange und den damit verbundenen Unannehmlichkeiten zu fügen haben. Es spricht daher wirklich nicht gerade für eine objektive Würdigung der Tatsachen, wenn man den Kohlenmarkt immer nur vom Standpunkte des Verbrauchers aus ansieht und von der Auffassung ausgeht, als ob die Kohlenindustrie lediglich dazu berufen sei, die Stellung einer Hilfsindustrie, etwa nach Analogie der vorsyndikatlichen Zeiten, einzunehmen, die sich nur nach den Interessen der Verbraucher zu richten habe.

Es dürfte hinsichtlich der Preisbewegungen auf dem Kohlenmarkte doch zunächst in Rücksicht zu nehmen sein, daß die Bergarbeiterbewegung im März dieses Jahres Anlaß gegeben hat, den bis zu einem gewissen Grade als billig anerkannten Forderungen der Bergarbeiter auf Lohnerhöhungen zu entsprechen, so daß eine Erhöhung der Kohlenpreise schon aus diesem Grunde erforderlich war, und es dürfte ferner für einen jeden Industriellen verständlich sein, daß, wenn, von einigen Ausnahmen abgesehen, worauf der Herr Vorsitzende auch schon hingewiesen hat, die meisten inländischen Industriezweige sich seit dem Sommer vorigen Jahres in ständig steigender Richtung befinden und auch für das laufende Jahr für die meisten Werke gute Erträgnisse in Aussicht stehen, alsdann auch der Kohlenbergbau den berechtigten Wunsch hegen darf, an dieser guten Konjunktur gleichfalls Anteil zu nehmen.

Und was ferner die Frage der Auslandsverkäufe des Rheinisch-Westfälischen Kohlensyndikats anbetrifft, die gerade in der letzten Zeit den Gegenstand besonders heftiger Angriffe auf den Ruhrkohlenbergbau gebildet haben, so kann die Behauptung wohl kaum widerlegt werden, daß alle Zechen, nicht nur die Mitglieder des Kohlensyndikats, sondern auch der westfälische Bergfiskus, ebenso wie der Saarfiskus und die oberschlesischen Kohlenzechen unbedingt gezwungen sind, sich für ihre Erzeugnisse dort einen Markt zu schaffen, wo sie im Wettbewerb nicht unterliegen und wo sie einen Absatz finden für diejenige Ware, zu deren Aufnahme der inländische Markt nicht in der Lage ist. Die Unterbindung der Kohlenausfuhr, die den Feinden des Kohlensyndikats als Ideal vorschwebt, würde lediglich Arbeiterentlassungen und Betriebseinschränkungen in großem Umfange zur Folge haben. Es würden somit empfindliche Nachteile für die gesamte deutsche Volkswirtschaft zu erwarten sein, da die Kohlenindustrie, falls sie in wirtschaftlich ungünstigen Zeiten ihre Leistungsfähigkeit einschränken müßte, bei einer aufsteigenden Konjunktur infolge des Mangels an Arbeitern nicht imstande sein würde, den Bedarf der inländischen Industrie auch nur annähernd zu decken, so daß alsdann die kohlenverbrauchenden Industriezweige des Inlandes gezwungen sein würden, dem ausländischen Kohlenproduzenten im Wettbewerbe jeden geforderten Preis zu bewilligen. (Sehr richtig!)

Auch die immer wieder auftretende Behauptung, daß das Kohlensyndikat durch seine billigen Auslandsverkäufe die ausländische Industrie in ihrem Wettbewerbe mit der heimischen Industrie sowohl auf dem inländischen als auch auf dem ausländischen Markte geradezu unterstütze, ist wenig zutreffend, und zwar schon deshalb, weil das Kohlensyndikat im Auslande nicht billiger verkauft, als es durch den Wettbewerb gezwungen wird. Selbst in den Parlamenten ist vom Regierungstische aus schon mehrfach hierauf hingewiesen und zugleich betont worden, daß das Kohlensyndikat, wenn es auf dem Weltmarkte als Verkäufer auftritt, sich auch notgedrungen nach den Weltmarktpreisen zu richten habe, die bekanntlich sehr viel schwankender sind, als die inländischen. Daß aber jedenfalls diese inländischen Preise nicht höher sind als die ausländischen, wird wohl am besten dadurch erwiesen, daß die englischen Durchschnittspreise gegenwärtig die Richtpreise für Ruhrkohlen in allen Kohlensorten, und zwar zum Teil sehr erheblich übertreffen.

Die ganze Frage der Auslandsverkäufe des Kohlensyndikats wird, worauf immer wieder hingewiesen werden muß, in allererster Linie durch die **Tarifpolitik der staatlichen Eisenbahnverwaltung** beeinflußt. Diese hat es in der Hand, es den Zechen zu ermöglichen, auch solche Gebiete Deutschlands mit Kohle zu versorgen, wo bis jetzt die ausländische Kohle infolge günstigerer Frachtverhältnisse die inländische Kohle entweder ganz vom Wettbewerb ausgeschlossen, oder auf einen geringen Teil der Bedarfsdeckung beschränkt hat.

Wie sehr dieses gerade z. B. hinsichtlich des oberschlesischen Absatzgebietes der Fall ist, das ist aus dem Berichte des Oberschlesischen berg- und hüttenmännischen Vereins für das Vereinsjahr 1911 zur Genüge zu ersehen, in welchem nachgewiesen worden ist, daß infolge der ablehnenden Haltung der Eisenbahnverwaltung gegenüber den Kohlentarifwünschen der oberschlesischen Gruben die dortige Kohle von dem Berliner Markte bereits soweit verdrängt worden ist, daß hier im verflossenen Jahre der Verbrauch an englischen Kohlen zum ersten Male denjenigen an oberschlesischen Kohlen auch der absoluten Menge nach übertroffen hat und daß, während der Jahresverbrauch an englischen Kohlen in den letzten 5 Jahren um rund 332 000 Tonnen zugenommen hat (hört, hört!), der Verbrauch an oberschlesischen Kohlen in diesem Zeitraum um rund 338 000 Tonnen zurückgegangen ist. Unter solchen Umständen sind also die Kohlenzechen, und das trifft ganz besonders auch für die Ruhrkohlenzechen zu, infolge der Tarifpolitik der Eisenbahnverwaltungen gar nicht in der Lage, große Teile Deutschlands mit Kohle zu versorgen und sind gezwungen, sich andere geeignete Absatzgebiete für ihre Erzeugnisse zu suchen.

Die Richtigkeit dieser Behauptung nachzuprüfen, werden auch die Gegner des Kohlensyndikats sehr wohl in der Lage sein, und sie sollten in Fragen der Preispolitik vor allem ihren Freunden im demokratisch-liberalen Lager empfehlen, in ihren Forderungen auf sozialpolitischem Gebiete sich einer größeren Mäßigung zu befleißigen, da weder der Rohstoff- noch der Fertigindustrie dauernd neue Lasten auferlegt werden können, ohne daß dadurch auch das Enderzeugnis schließlich wesentlich verteuert wird. (Sehr richtig!)

Von Gottfried Keller ist einst das Wort geprägt: „Alle Agitation darf nur dem Zweck eines tüchtigen und gedeihlichen Lebens dienen und niemals selbst Zweck werden." Dieses Wort hat eine besondere Bedeutung gewonnen in unserer gegenwärtigen Zeit, in der, wie ich gezeigt habe, die Angriffe gegen unsere Wirtschaftspolitik selbst von industriellen Kreisen unterstützt werden und wo die bisherige demokratische Wahlparole „Brotverteuerung und Kornwucher" durch die Stichworte „Fleischnot und Hungersnotpreise" noch eine besonders eindrucksvolle Ergänzung gefunden hat.

Meine Herren! Billige Lebensmittelpreise auf alle Fälle, ist zweifellos ein schönes Problem, zumal vom Standpunkte der Konsumenten aus, aber es ist nicht lediglich ein deutsches, sondern ein weltwirtschaftliches Problem (sehr richtig!), da eine Steigerung der Kosten der Lebenshaltung seit mehr als 2 Jahrzehnten in allen Kulturländern und nicht allein bei uns wahrzunehmen ist. Es hat aus diesem Anlaß auch der Internationale Handelskammerkongreß in Boston Ende September dieses Jahres in einer Entschließung die Anregung gegeben, durch die Einberufung einer internationalen Konferenz die Ursachen und Wirkungen der Lebensmittelteuerung feststellen zu lassen.

So interessant es auch sein mag, die vorwiegend auf allgemein volkswirtschaftlichem Gebiete liegenden Ursachen der — wie schon erwähnt — immer mehr als internationale Erscheinung sich geltend machenden Lebensmittelteuerung zu ergründen, so wenig ist doch von einer solchen Untersuchung eine alsbaldige wirksame Abhilfe zu erwarten. (Sehr wahr!) Für eine solche dürfte in erster Linie die organisierte Selbsthilfe in Betracht kommen, und es sind meines Erachtens trotz mancher nicht zu verkennender Schwierigkeiten vor allem die großen Kommunen berufen, durch eine durchgreifende Erleichterung der Güterzuführung und insbesondere durch die Bereitstellung billiger Nahrungsmittel, die im Großeinkauf erworben werden müssen, der örtlichen Not wirksam entgegenzutreten. Daß die in dieser Hinsicht von der Reichsregierung veranlaßten Maßnahmen bereits eine positive Wirkung erzielt haben, kann füglich wohl nicht mehr bezweifelt werden. Es wird sich lediglich fragen, ob diese Wirkung durch weitergehende Anordnungen, sei es durch die Erleichterung der Einfuhr von überseeischem Gefrierfleisch oder auf anderem Wege zu fördern sein wird, damit der bestehenden Fleischteuerung auch wirksam und nachhaltig vorgebeugt wird.

Meine Herren! Das Direktorium des Centralverbandes Deutscher Industrieller hat sich mit dieser Frage in mehrfachen Sitzungen eingehend beschäftigt. Es ist zu der Ueberzeugung gekommen, daß mit Rücksicht darauf, daß gerade in dieser Hinsicht die statistischen Daten stark in Widerspruch miteinander stehen und daß aus diesen und sonstigen Gründen ein wirklich sicheres und einwandfreies Beobachtungsmaterial zurzeit nicht vorliegt, zunächst für eine Ergänzung der zur Verfügung stehenden Unterlagen Sorge zu tragen ist, und daß es, bevor eine endgültige Stellungnahme erfolgt, auch als empfehlenswert erachtet werden muß, das Ergebnis der Beratungen der zur Vorberatung des Gesetzentwurfs betreffend vorübergehende Zollerleichterungen bei der Fleischeinfuhr eingesetzten Reichstagskommission zunächst abzuwarten.

Bei dieser Stellungnahme hat das Direktorium des Centralverbandes Deutscher Industrieller durchaus gewürdigt, daß die Frage der zur Linderung der Fleischteuerung zu ergreifenden Maßnahmen für unsere gesamte deutsche Bevölkerung, insbesondere auch für unsere Industrie von ganz besonderer Bedeutung ist, da gerade in den großen Arbeitszentren unbedingt Wert darauf gelegt werden muß, daß der Arbeiterbevölkerung die notwendige Fleischnahrung zu mäßigen und vor allem stetigen Preisen dauernd zur Verfügung steht. Anderenfalls würden unter vermehrter Streikgefahr die nicht nachlassenden Ansprüche auf Lohnsteigerung von seiten der Arbeitnehmer zum Ausgleich der erhöhten Kosten der Lebenshaltung ein Moment ständiger Beunruhigung in die industriellen Kreise hineintragen, und es würden diese Lohnkämpfe innerhalb der Industrie schließlich deren Wortführern die Verteidigung ihrer alten und bewährten Stellungnahme gegenüber der Landwirtschaft einmal sehr erschweren können. Das sollte sich auch das führende Organ des „Bundes der Landwirte" vor Augen halten, wenn es sich vor einiger Zeit zu der Aeußerung verstieg, daß die Landwirtschaft nicht verpflichtet sei, sich an den Maßnahmen zur Bekämpfung der Fleischteuerung zu beteiligen, und man sollte sich in diesen Kreisen doch davon überzeugt halten, daß, je mehr sich gerade die deutsche Landwirtschaft an diesen Maßnahmen beteiligt, um so mehr auch der starken Agitation, die sich gegenwärtig infolge der Steigerung der Fleischpreise überall gegen die Landwirtschaft geltend macht, ein großer Teil ihrer Kraft genommen werden würde. (Sehr wahr!)

Meine Herren! Es wäre dieses nicht nur deshalb zu wünschen, weil das Bedenken nicht von der Hand zu weisen ist, daß in den schweren wirtschaftlichen Kämpfen, in denen wir uns ständig befinden, das Gefühl der Solidarität der Interessen zwischen den maßgebenden Erwerbsgruppen, insbesondere zwischen Landwirtschaft und Industrie ins Wanken geraten wird, sondern auch aus dem Grunde, weil die Gefahr, daß unter Umständen unser deutsches Volk um seine Weltmachtstellung und damit um seine Existenz im höheren Sinne des Wortes einen Kampf bis zum äußersten zu führen gezwungen sein wird, wohl noch niemals so groß gewesen ist, wie gerade jetzt. Ein solcher Kampf kann aber nur dann mit Erfolg durchgeführt werden, wenn unser Volk auch wirtschaftlich die nötige Einheit und Stärke dafür besitzt, und es sollten daher die führenden wirtschaftlichen Verbände, in der Landwirtschaft sowohl wie in der Industrie, in wahrer Würdigung der Interessen des Gemeinwohls ihr Handeln und ihre Wirksamkeit nicht so sehr nach den Forderungen und Wünschen einzelner Kreise, sei es der Produzenten oder Konsumenten, und auch nicht nach einer Parteischablone richten, als sich vielmehr in allen diesen Fragen nur von höheren, allgemeinen Gesichtspunkten leiten lassen. (Beifall.)

In diesem Sinne wird jedenfalls der Centralverband Deutscher Industrieller auch fernerhin seine Arbeit auf allen Gebieten unseres wirtschaftlichen Lebens fortzuführen bestrebt sein, und er wird hierbei die Ueberzeugung hegen dürfen, daß er alsdann nicht allein für *wirtschaftliche* Ziele, sondern letzten Endes auch für die höchsten *nationalen* Güter unseres Volkes eintritt und kämpft. (Lebhafter anhaltender Beifall.)

Vorsitzender: Meine Herren! Bevor ich die Diskussion eröffne, möchte ich mir erlauben, Ihnen den Vorschlag zu machen, das reichhaltige Material, das Ihnen der mit Beifall von Ihnen aufgenommene Bericht vorgelegt hat, in seine Bestandteile zu zerlegen.

Ausschalten möchte ich zunächst mit Ihrer Zustimmung die Ausführungen, die der Herr Berichterstatter über das Wassergesetz gemacht hat. Wir werden uns nachher mit dem Wassergesetz noch näher zu befassen haben, und es wird sich dann in der Diskussion ohne weiteres auch die Möglichkeit ergeben, auf die Ausführungen des Herrn Regierungsrat *Schweighoffer* zurückzukommen.

Ich möchte Ihnen deshalb vorschlagen mit der Frage des Angestelltenversicherungsgesetzes zu beginnen (Zuruf: des Angestelltenrechts!), dann zweitens zu behandeln die Ausgestaltung des Angestelltenrechts. — Die beiden Dinge sind doch voneinander zu trennen. Herr Regierungsrat *Schweighoffer* hat sich zunächst auch über das Angestelltenversicherungsgesetz geäußert und hat meiner Ansicht nach eine ziemlich eingehende, und mit Recht harte Kritik an diesem Gesetz geübt. Also zunächst das Angestelltenversicherungsgesetz, dann die Ausgestaltung des Angestelltenrechts, womit dann auch die Erörterung über die Resolution I, die Ihnen vorliegt, verbunden werden würde, dann drittens der Schutz der Arbeitswilligen, viertens der Gesetzentwurf betreffend das Petroleummonopol — um es so kurz zu bezeichnen —, wozu auch eine Resolution vorgelegt ist; fünftens das Schleppmonopolgesetz und sechstens die deutsche Wirtschaftspolitik.

Da kein Widerspruch aus Ihren Reihen erfolgt, so nehme ich an, daß Sie mit diesem Antrage einverstanden sind, und eröffne nun die Diskussion über das Angestelltenversicherungsgesetz und die Ausgestaltung des Angestelltenrechts.

Die vorgeschlagene Resolution lautet:

Beschlußantrag betreffend Vereinheitlichung des Angestelltenrechtes.

„Angesichts der auf eine Vereinheitlichung des Angestelltenrechtes abzielenden Bestrebungen, insbesondere mit Rücksicht auf die Verhandlungen der beiden letzten deutschen Juristentage zu Danzig im Jahre 1910 und zu Wien im Jahre 1912 erachtet es der Centralverband Deutscher Industrieller für seine Pflicht, nachdrücklichst darauf hinzuweisen, daß diese Bestrebungen nicht dazu führen dürfen, die Angestellten (Kopfarbeiter) mit den Lohnarbeitern (Handarbeiter) sozial und rechtlich auf eine gleiche Stufe zu stellen. Der Centralverband hält an seiner bereits früher verschiedentlich dargelegten Auffassung fest, daß die Angestellten ihrer Bildung und wirtschaftlich-technischen Funktion nach ein Zwischenglied zwischen Unternehmern und Lohnarbeitern bilden und daher eine vermittelnde und in sozialem Sinne ausgleichende Stellung einnehmen. Daraus ergibt sich, daß die Rechtsverhältnisse zwischen Angestellten und Unternehmern auf anderen gesetzlichen Grundlagen aufgebaut werden müssen, als die Rechtsverhältnisse zwischen Lohnarbeitern und Unternehmern. Das Angestelltenrecht muß sich neben dem Arbeiterrecht selbständig entwickeln.

Mit Rücksicht auf die große Bedeutung, welche der Schaffung eines selbständigen Angestelltenrechtes für die gesamte deutsche Industrie zukommt, soll ein besonderer Ausschuß mit der Aufgabe betraut werden, in eine eingehende Beratung darüber einzutreten, ob und inwieweit das bestehende Angestelltenrecht einer Abänderung und inwieweit es einer größeren Vereinheitlichung bedarf. Ueber das Ergebnis dieser Beratungen, bei denen auch die Angestelltenkreise zur Mitwirkung berufen sind, ist der Versammlung der Delegierten des Centralverbandes tunlichst bald Bericht zu erstatten."

Geheimer Regierungsrat Dr. **von Siemens:** Ich möchte nur eine kurze Bemerkung machen mit Rücksicht darauf, daß der Herr Geschäftsführer in seinem Exposé die Ausführungen berührte, welche Herr Dr. Fellinger auf dem letzten Deutschen Juristentag in der Diskussion über die Reform des Angestelltenrechtes gemacht hat. Es ist mir daran gelegen, daß hierüber nicht eine unrichtige Meinung entsteht. Herr Dr. Fellinger hat hier nicht im Auftrag seiner Gesellschaft gesprochen, und man muß einen Unterschied machen, ob jemand seine persönliche Meinung sagt, oder offizielle Erklärungen abgibt. Geradeso, wie das, was der Geschäftsführer vorhin vorgetragen hat, nicht etwa Wort für Wort vom Direktorium genehmigt worden ist. Aber die Anwesenden werden die Ueberzeugung haben, daß das, was er sagte, im Sinne der Auffassungen des Direktoriums gelegen sein wird. Mit dem sachlichen Inhalt der Ausführungen des Herrn Dr. Fellinger bin ich meinerseits im allgemeinen einverstanden. Aber aus dem Exposé des Herrn Geschäftsführers wird man den Eindruck gewonnen haben, als wenn Herr Dr. Fellinger sich mit den Anschauungen der Richtung Potthoff identifiziert hatte. Das ist aber durchaus nicht der Fall. Der Sachverhalt war vielmehr der, daß Herr Dr. Fellinger angenehm berührt war, und das auch zum Ausdruck gebracht hat von dem großen Unterschied in Aufstellung und Begründung der Thesen des Herrn Minister Klein zu den vorangegangenen radikalen Gutachten und Auffassungen. Er hat sich dabei auch durchaus nicht auf den Standpunkt gestellt, daß er alle diese Thesen etwa billigt, trotzdem sie im allgemeinen verhältnismäßig gemäßigt waren, sondern er hat eine sachliche Kritik geübt. Bei fünf Minuten Diskussionszeit war es natürlich unmöglich, die Frage erschöpfend zu behandeln. Herr Dr. Fellinger hat auch deshalb jetzt eine eingehende Auseinandersetzung über dieses Thema in den Preußischen Jahrbüchern erscheinen lassen, gerade auch um zu verhindern, daß er von Herrn Dr. Schweighoffer und anderen so mißverstanden wird, wie es jetzt der Fall gewesen ist. Er hatte diese Schrift Herrn Dr. Schweighoffer zur Verfügung gestellt, und ich glaube, es wäre auch richtig gewesen, wenn derselbe sie in seinem Exposé erwähnt hätte. Wer aus diesem Kreise diese Schrift liest, wird mit Inhalt und Tendenz einverstanden sein können, und dem Sinne nach ist auch ungefähr eine Uebereinstimmung mit dem vorhanden, was Herr Dr. Schweighoffer heute ausgeführt hat. Ich meine auch, daß die Resolution, über die wir heute zu beschließen haben, vollständig im Sinne jener Schrift liegt.

Vorsitzender: Meine Herren, wir sind damit schon in die Diskussion des Punktes 2 eingetreten. Zu dem ersten Punkte hat sich niemand zum Wort gemeldet. Ich kann dann darüber hinweggehen und erteile nun zu dem Punkt 2: Ausgestaltung des Angestelltenrechts zunächst Herrn Geheimrat Vorster das Wort.

Geheimer Kommerzienrat **Vorster:** Meine Herren, darf ich vielleicht einen Vorschlag zur Geschäftsordnung machen? Es schien, meine Herren, daß unser Geschäftsführer, Herr Regierungsrat Schweighoffer, auf die eben angeregte Angelegenheit antworten wollte. In diesem Falle würde ich zurücktreten, damit wir die Gegenstände etwas einheitlich behandeln. Ich glaube, Herr Dr. Schweighoffer wollte sich über Wien noch äußern, und ich darf mir dann nach Erledigung dieser Sache noch einige Worte erlauben.

Geschäftsführer Regierungsrat a. D. Dr. **Schweighoffer:** Meine Herren! Ich bin stark berührt durch die Ausführungen des Herrn Geheimrat von Siemens.

Zunächst liegt es wohl auf der Hand, daß nicht jedes Wort des Geschäftsberichts in der vorhergehenden Direktorialsitzung die Genehmigung der Mitglieder des Direktoriums finden kann. Ich glaube, das ist auch niemals während des 36jährigen Bestehens des Centralverbandes Deutscher Industrieller der Fall gewesen und konnte vorliegend auch wohl um so weniger der Fall sein, als ich doch von den gestern in der Direktorialsitzung anwesenden Herren allein derjenige war, der unter dem unmittelbaren Eindruck der Verhandlungen des Deutschen Juristentages in Wien gestanden hat.

Aber, meine Herren, die Ausführungen des Herrn Vorredners zwingen mich nun doch, auf den ganzen Gang und die Entwickelung der Ereignisse etwas näher einzugehen. Als seinerzeit bekannt wurde, daß der Deutsche Juristentag sich mit der Frage der Vereinheitlichung des Angestelltenrechtes beschäftigen würde, glaubte man in den Kreisen der Industrie, daß es angezeigt wäre, zu dieser Frage jetzt schon Stellung zu nehmen, damit man der Industrie nicht den Vorwurf machen könnte, wie es bei anderen Sachen geschehen ist, daß sie sich zu spät gerührt habe. Es haben daher auf Grund der Anregung des Vereins deutscher Maschinenbauanstalten schon im Sommer dieses Jahres mehrfache Verhandlungen darüber stattgefunden, welche Stellung die Industrie gegenüber den für den Juristentag erstatteten Gutachten einzunehmen habe, die damals schon — das bemerke ich gegenüber einer gestrigen Anfrage im Ausschuß —, im Druck vorlagen und auf deren wesentlichsten Inhalt ich auch in meinen Darlegungen hingewiesen habe. Es wurde zu diesen Verhandlungen auch der von Herrn Geheimrat von Siemens erwähnte Herr auf seinen besonderen Wunsch hinzugezogen, und es war der hierbei von allen übrigen Teilnehmern zum Ausdruck gebrachte Wunsch, daß, wenn Vertreter der Industrie sich an den Beratungen des Juristentages beteiligten — es war eine Streitfrage, meine Herren, ob das überhaupt zweckmäßig wäre —, sie dann gegenüber den radikalen Bestrebungen der Herren Potthoff usw., deren Thesen den Verhandlungen in erster Linie zugrunde lagen, eine möglichst einheitliche und geschlossene Stellung einnehmen sollten. Dies konnte man als das Endergebnis der Vorberatungen, namentlich der Konferenz in Köln, bezeichnen.

Ich bin überzeugt, daß die Verhandlungen des Juristentages noch ganz anders verlaufen wären und seine Beschlüsse sehr viel schärfer und prononzierter gegen die Arbeitgeber ausgefallen wären, wenn es nicht durch die dankenswerte Tätigkeit des Geschäftsführers des Maschinenbauvereins, der seinen Urlaub aufgab und sich in persönliche Beziehungen mit Herrn Professor Oertmann setzte, gelungen wäre, diesen darüber aufzuklären, daß die Industrie und die Arbeitgeber ein außerordentliches Interesse an der Frage des Angestelltenrechtes hätten und daß sie ihrerseits durchaus bereit wären, in eine objektive, aber allen Tatsachen gerecht werdende Würdigung der Frage einzutreten.

Ich habe schon in meinem Geschäftsberichte erwähnt, daß Exzellenz Klein das erste Referat auf dem Juristentag erstattete und muß Herrn Geheimrat von Siemens erwidern, daß der Eindruck, den die Ausführungen von Exzellenz Klein gemacht haben, nicht der einer objektiven Stellungnahme gegenüber den beiderseitigen Interessen der Arbeilgeber und der Angestellten war. Ein österreichisches führendes Blatt der Industriellen, „Die Industrie", hat auf Grund dieser Ausführungen Exzellenz Klein als einen der radikalsten Sozialisten bezeichnet und seine Darlegungen mit den schärfsten Ausdrücken verurteilt. Worte von Exzellenz Klein, wie: Uebervorteilung der Angestellten, Engherzigkeit der Arbeitgeber usw. gaben mir Veranlassung — meine Ausführungen werden ja in den Berichten über den Juristentag demnächst erscheinen — mit aller Entschiedenheit, aber ich darf sagen ohne Schärfe, diesen Ausführungen in Wahrung der Interessen der Arbeitgeber entgegenzutreten und vor allem zum Ausdruck zu bringen, wie gefährlich eine Gleichstellung der Angestellten und der Lohnarbeiter in sozialer und rechtlicher Beziehung zu erachten sei. Ich betonte hierbei aber zugleich, daß die Arbeitgeber als solche jederzeit bereit sein würden, sich an den Vorarbeiten zur Reform des Angestelltenrechts zu beteiligen. Wenn es mir also nach dem Laufe der Verhandlungen des Juristentages insbesondere nach den Worten von Exzellenz Klein als Pflicht erschien, in der von mir angedeuteten Weise in Wien zu antworten, dann war ich meines Erachtens auch wohl berechtigt, hier an dieser Stelle auf die Sache und vor allen Dingen — und das war die Hauptsache — auf die irreführende Benachrichtigung der öffentlichen Meinung durch die liberaldemokratischen Blätter einzugehen.

Was nun die Aeußerungen des von mir erwähnten Vertreters eines großen Werkes anbetrifft, so begann dieser seine Darlegungen mit folgenden Worten:

„Ich bitte, es mir nicht als Ueberhebung auszulegen, wenn ich mir nicht versagen kann, mit einem Wort verehrungsvoller Bewunderung noch einmal der Thesen zu gedenken, die der erste Referent, Exzellenz Klein, uns vorgelegt hat. Ich hätte kein Wort darüber verloren, wenn nicht Exzellenz Klein die Möglichkeit ausgesprochen hätte, daß von industrieller Seite seinen Vorschlägen ein „dezidiertes Nein!" entgegenschallen würde. Ich halte ein solches „dezidiertes Nein!" für vollständig ausgeschlossen, denn diese Leitsätze sehen nicht wie so manches, was der Industrie sonst vorgeschlagen wird, nach dem grünen Tisch aus, sondern man spürt darin sehr stark das Rauschen des goldenen Baumes des Lebens, der ja bekanntlich auch grün ist, usw."

Dann ging der Herr allerdings damals auf das ein, was er speziell noch an den Thesen der Gutachter auszusetzen hatte. Aber gerade an diese einleitenden Worte klammerten sich die Tagesblätter, indem sie es so hinstellten, als ob auch die Industrie durchaus den Gutachtern beigestimmt habe und ich weise nochmals darauf hin, daß, wenn nicht Herr Professor Oertmann und der Herr Reichsgerichtsrat Dr. Neukamp sich in so außerordentlich dankenswerter Weise auf den von der Industrie vertretenen Standpunkt gestellt hätten, gar nicht abzusehen gewesen wäre, wie die Beschlüsse des Juristentages tatsächlich ausgefallen wären. Aus allen diesen Gründen, vor allem wegen der durchaus entstellenden Nachrichten, die seinerzeit einzelne Blätter brachten, habe ich mir erlaubt, die Sache in meinem Geschäftsberichte vorzutragen, weil das für Sie die Unterlagen bieten mußte, um Ihrerseits nunmehr Stellung zu nehmen zu dem hier vorliegenden Beschlußantrage. Es wird darin gebeten, eine Kommission einsetzen zu lassen, in der die ganzen Reformwünsche der Angestellten eingehend geprüft werden, in der auch die Angestellten selbst zu Worte kommen sollen, und in der insbesondere eine einheitliche Stellungnahme der Industrie erwirkt werden soll, an der es — wie die Presse es darstellte — in Wien leider gefehlt hat. (Beifall.)

Regierungsrat **Rhazen:** Meine Herren! Die zeitliche und räumliche Ausdehnung, die der Herr Geschäftsführer in seinem Berichte der Frage der Vereinheitlichung des Angestelltenrechts eingeräumt hat, zeigt in dankenswerter Weise, welche Bedeutung die Leitung des Centralverbandes der Behandlung und dem endlichen Ausgang dieser

Frage beilegt. Ich brauche mich daher nicht darauf zu verlegen, Ihnen in langen Ausführungen hier die Wichtigkeit dieser Fragen für die Industrie und die Notwendigkeit und Dringlichkeit ihrer eingehenden Weiterverfolgung durch den Centralverband vorzutragen.

Die Verhandlung auf dem Wiener Juristentage hat leider dazu geführt, daß diese Frage in vollständig einseitiger Weise behandelt worden ist. Die Gesellschaft Potthoff & Co., G. m. b. H. für die Zerstörung des Verträuensverhältnisses zwischen den Geschäftsherren und den Angestellten (Heiterkeit und Sehr gut!) hat es verstanden, ich glaube, nicht ganz im Sinne des Deutschen Juristentages, diesen Tag zum Tummelplatz für ihre vollständig einseitigen Bestrebungen zu machen, und leider, meine Herren, hat es auf diesem Tage daran gefehlt, daß diesen Bestrebungen, abgesehen von dem dankenswerten Vorgehen unseres Herrn Geschäftsführers, in einer Weise entgegengetreten worden ist, wie sie es verdient hätten.

Damit, meine Herren, komme ich auf den Vorgang, der durch die beiden Herren Vorredner hier eben berührt worden ist. Von vornherein, meine Herren, kann ich Ihnen aus meinen persönlichen Erfahrungen wortwörtlich die tatsächlichen Bemerkungen als richtig bestätigen, die der Herr Geschäftsführer über die Vorgänge bis zur Wiener Tagung Ihnen eben gemacht hat. Wir alle, meine Herren, sind uns ja darüber einig, daß der betreffende Herr, der auf dem Wiener Juristentage die hier kritisierte Stellung nahm, weit davon entfernt war, diejenigen Schlußfolgerungen auslösen zu wollen, die leider seine Ausführungen ausgelöst haben. Damit, meine Herren, teilt er das Schicksal mancher anderen Stellen, und diese Uebereinstimmung geht auch weiter dahin, daß die bestausgefeilte Dementierung später nichts daran ändern kann, daß die falsche Auslegung des Gesagten zum Schaden der Industrie sich festsetzt und weiter kolportiert wird. (Zustimmung.)

Soweit gehe ich mit Herrn Geheimrat von Siemens einig. Dagegen kann ich ihm darin nicht folgen, daß die Ausführungen, die der Herr in Wien gemacht hat, auch objektiv nicht einen gewissen Grund dafür gegeben hätten, daß diese falsche Auffassung entstehen und weiter verbreitet werden konnte. Die uneingeschränkten Zustimmungen — nicht so sehr zu den Gutachten, sondern zu dem Referat von Exzellenz Klein — sind offenbar getragen worden, meine Herren, von der hohen Achtung, die wir wohl alle hier für die ernste und bei ihrer großen Bedeutung doch so liebenswürdige Persönlichkeit von Exzellenz Klein haben. Aber meines Erachtens durfte diese Hochachtung nicht dahin führen, daß man von der Stelle aus, wie sie die Plattform des Wiener Juristentages bot, auch materiell nicht nur vom Standpunkte des Geschäftsherrn aus angreifbaren, und in ihren Folgerungen verderblich wirkenden Thesen und Ausführungen von Exzellenz Klein so begeistert und uneingeschränkt zustimmte, wie es tatsächlich von dem betreffenden Herrn geschehen ist. (Sehr richtig!)

Ich glaube, damit dürfen wir diese Sache verlassen, und ich habe abschließend nur nochmals zu betonen: alle die tatsächlichen Mitteilungen, die Ihnen von dem Herrn Geschäftsführer gemacht worden sind, stehen historisch außer Zweifel.

Meine Herren! Es ist Ihnen hier ein Beschlußantrag vorgelegt worden, und die gefeilte Form der Resolution zeigt meines Erachtens auch wieder, welche Bedeutung mit Recht der Frage in diesem Gremium hier beigelegt wird. Gerade mit Rücksicht auf diese Bedeutung möchte ich mir aber erlauben, eine kleine redaktionelle Aenderung hier vorzuschlagen.

Im allgemeinen ist man doch gewohnt, die Aufträge so zu erteilen, daß man von der leichteren zur schwereren Aufgabe übergeht, und ich möchte Sie bitten, meine Herren, dieses Benefizium auch der Kommission zugute kommen zu lassen, die für die Bearbeitung der Frage gewählt wird. Da ist ohne Zweifel die leichteste Frage für die Bearbeitung und Beantwortung, ob es begründet ist, eine einheitliche Kodifikation derjenigen Bestimmungen über das Angestelltenrecht, die heute schon bestehen, aus den verschiedenen Spezialgesetzen heraus zu einem Sondergesetz für die Angestellten vorzunehmen. Ich glaube, das ist eine klare, engumgrenzte Frage, über die sich die Kommission im bejahenden Sinne bald klar werden wird, und zwar im Interesse nicht bloß der Angestellten, sondern auch der Geschäftsherren. Viel schwieriger dagegen, meine Herren, ist die andere Frage, ob die über das Angestelltenrecht verstreut bestehenden Bestimmungen einer weiteren materiellen Ergänzung bedürfen, nicht etwa lediglich in dem Sinne der Gutachter auf der Wiener Vereinsversammlung, sondern auch im Sinne der Wünsche und Bedürfnisse der Industrie. Meine Herren, diese zweite Materie ist außerordentlich schwierig und wird Ihrer Kommission unzweifelhaft größere Kopfschmerzen machen. Deshalb möchte ich Ihnen, nebenbei auch der historisch richtigen Entwickelung wegen empfehlen, den letzten Absatz der Resolution wie folgt zu fassen:

„Mit Rücksicht auf die große Bedeutung, welche der Schaffung eines selbständigen Angestelltenrechtes für die gesamte deutsche Industrie zukommt, soll ein besonderer Ausschuß mit der Aufgabe betraut werden, in eine eingehende Beratung darüber einzutreten, ob das bestehende Angestelltenrecht einer größeren Vereinheitlichung, und ob und inwieweit es einer Aenderung bedarf."

Vorsitzender: Meine Herren, darf ich fragen: wollen die Herren noch zu der Wiener Frage sprechen? Wohl nicht?

Dr. **Fellinger:** Meine Herren, ich bin derjenige, welcher auf dem Juristentage die angeblich so enthusiastische Bemerkung gegenüber Exzellenz Klein gemacht hat, die von dem Herrn Geschäftsführer in seinem Bericht erwähnt wurde. Der Herr Geschäftsführer hat allerdings einen Teil meiner Ausführungen verlesen; den wichtigsten Teil aber, zu dem der erste Teil nur der Auftakt war, hat er nicht verlesen, und dieser wichtigste Teil betraf meine Einwendungen, die zum Teil sehr scharf und sehr nachdrücklich waren und sich insbesondere auf die Sondergerichtsbarkeit bezogen. Die waren die Hauptsache, meine Herren.

Es ist soeben von Herrn Regierungsrat Rhazen gesagt worden, es sei „historisch", daß ich wohl nicht so sehr zu den Ausführungen der Gutachter, als zu dem Referat von Exzellenz Klein meine Zustimmung gegeben habe, und ferner, ich hätte meine uneingeschränkte Zustimmung gegeben. Beides ist aber „historisch" nicht richtig, und das wird sich auch aus den stenographischen Aufzeichnungen über die Verhandlungen des Juristentages in wenigen Wochen feststellen lassen. Ich habe übrigens meine Ausführungen nach dem Stenogramm bereits vor einer ganzen Reihe von Wochen dem Herrn Geschäftsführer mitgeteilt, so daß er darüber vollständig orientiert sein und mir zustimmen wird.

Es handelt sich bei der Sache um folgendes: Ich habe gerade im Gegensatz zu den ganz unglaublich einseitigen und teilweise sich in Phantastereien ergehenden Gutachten der Herren Potthoff, Kobatsch und Baum einen außerordentlich wohltuenden Eindruck empfangen, als ich am Tage der Verhandlung auf dem Juristentage die Thesen von Exzellenz Klein zu Gesicht bekam. Diese Thesen enthalten etwas ganz anderes, als was die Gutachter verlangt haben, und nur zu diesen Thesen habe ich meine Zustimmung ausgesprochen und auch nur aus einem ganz bestimmten Grunde: In seinem Referat, auf das ich mich weiter gar nicht bezog, hatte Exzellenz Klein zum Schluß mit einer gewissen Betonung gesagt: es sei wohl möglich, daß von gewissen Seiten der Industrie seinen Thesen ein dezidiertes Nein entgegenschallen werde. Was dies heißen sollte, mußte jedem klar sein. Es sollte damit natürlich gesagt sein, daß aus gewissen Kreisen der Industrie dauernd gegen alles, was im Interesse der Angestellten geschehen solle, Ablehnung erfolge. Dem habe ich widersprochen, indem ich sagte: die Thesen von Exzellenz Klein seien nicht solche, daß man ihnen mit einem dezidierten Nein antworten könnte. Ich habe aber meine Zustimmung zu diesen Thesen von Exzellenz Klein durchaus nicht uneingeschränkt gegeben, sondern sofort im Anschluß hinzugefügt, daß namentlich für eine ganze Reihe von kleinen Arbeitgebern die vorgeschlagenen Schutzbestimmungen sehr bedenklich werden könnten. Ich habe in letzterer Hinsicht hingewiesen auf den Tarifvertrag — der übrigens nicht etwa in den Kleinschen Thesen propagiert wird —, ich habe hingewiesen auf die Bedenklichkeit der Zulassung des administrativen Verbots der Gewährung von Kost und Logis, ich habe hingewiesen auf das Bedenkliche, den Angestellten das Recht auf „angemessene" Abschlagszahlungen und Vorschüsse zu gewähren und habe dann, und zwar sehr eingehend, die Frage der Gewerbegerichte und der Kaufmannsgerichte, die Frage der etwaigen Ausdehnung der Sondergerichte behandelt. Auch da waren die Thesen von Exzellenz Klein wesentlich einschränkend in dem, was sie verlangten gegenüber dem, was Potthoff und Baum gefordert hatten; namentlich Potthoff hat ja eine ganz allgemeine Ausdehnung der Sondergerichtsbarkeit auf alles, was Angestellter ist, ohne Grenze bezüglich der Gehaltshöhe usw. verlangt. Aber auch gegen die sehr eingeschränkte Forderung von Klein habe ich mich mit allem Nachdruck gewehrt. Ich habe auf alle die Uebelstände der heutigen Gewerbe- und Kaufmannsgerichte hingewiesen und glaube, daß die Ablehnung der Thesen, die sich auf Gewerbe- und Kaufmannsgerichte bezogen, vielleicht auch mit durch meine Worte befördert worden ist.

In Wirklichkeit haben sich die Vorgänge also denn doch etwas anders abgespielt als Herr Regierungsrat Rhazen meinte.

Das, was der Herr Geschäftsführer in seinem Bericht aus den Thesen von Potthoff vorgetragen hat, verurteile ich genau so, wie er, und ich kann dazu noch etwas hinzufügen. Potthoff ist derjenige, welcher ein allgemeines Arbeitsrecht verlangt, das für sämtliche Arbeitnehmer gelten soll, da sich nach seiner Meinung bereits Arbeiter von Angestellten überhaupt nicht mehr unterscheiden. Gegen solche Forderungen trete ich mit demselben Nachdruck auf, wie der Herr Geschäftsführer und wie irgend jemand.

Ich hielt für notwendig, das heute noch einmal zu konstatieren, damit nicht, wie es seinerzeit mit meinen Worten auf dem Juristentage geschehen ist, nun auf Grund der Ausführungen in der Delegiertenversammlung des Centralverbandes wiederum falsche Berichte über meine Ausführungen in die Zeitungen kommen, damit berichtet wird, was gewesen ist, und nicht das, von dem man wünscht, daß es geschehen wäre.

Vorsitzender: Meine Herren! Bevor ich das Wort weiter erteile, möchte ich, da ich annehme, daß die Erörterungen über dieses Wiener Intermezzo jetzt abgeschlossen sind, zwei Worte sagen. Ich habe das Referat des Herrn Geschäftsführers gelesen, ehe er es gehalten hat, und der Herr Geschäftsführer hat das Referat genau so gehalten, wie er es niedergeschrieben hat. In diesem Referat ist objektiv der Verlauf der Verhandlungen dargestellt worden, soweit es für die heutige Behandlung der Sache im Centralverbande von Wert war, unter Ausschaltung der Nebensachen, unter Ausschaltung auch von Erörterungen, die aus Kreisen der Diskussionsredner gekommen sind. Der Herr Regierungsrat Schweighoffer hat lediglich die Ausführungen des Herrn Dr. Fellinger herangezogen, insoweit es notwendig war, um im Rahmen seines Referats der Vollständigkeit halber — es wäre sonst unvollständig gewesen — sich über die Aufnahme äußern zu können, die die Beschlüsse des Juristentages und die Haltung der Industrie zu diesen Beschlüssen in der Presse gefunden hat. Ich möchte bitten, meine Herren, daß Sie die Sache nur unter diesen Gesichtspunkt stellen, und wenn Sie das tun, so werden auch die Herren Geheimer Regierungsrat von Siemens und Dr. Fellinger das, was Herr Dr. Schweighoffer in seinem Bericht ausgeführt hat, für richtig erachten müssen.

Herr Regierungsrat Schweighoffer hat keine Angriffe gegen Herrn Dr. Fellinger in seinem Referat gerichtet, Herr Regierungsrat Schweighoffer hat auch die Ausführungen des Herrn Dr. Fellinger keiner abfälligen Kritik unterzogen, es wurde von ihm vielmehr lediglich Verwahrung eingelegt gegen eine verkehrte Darstellung, wie sie tatsächlich durch die Presse gegangen ist und wie sie wahrscheinlich auch vielen von den Herren in die Hände gekommen ist.

Ich glaube, hiermit dürfen wir wohl den Gegenstand verlassen.

Geheimer Regierungsrat Dr. **von Siemens:** Ich möchte noch ein Wort sagen. Ich hatte mich zum Wort gemeldet in der Annahme, daß Herr Dr. Fellinger nicht anwesend sei, um ihn gegen mißverständliche Auffassung zu schützen. Sodann hatte ich das Thema berührt, weil nach meiner Meinung der Eindruck entstanden sein mußte, daß zwischen Herrn Dr. Fellinger und der Gesellschaft, in deren Dienst er steht, einerseits und dem vom Centralverband repräsentierten Kreise anderseits eine sachliche Meinungsverschiedenheit über die Angestelltenreformbestrebungen vorhanden wäre. Dem habe ich entgegentreten wollen. Es wäre mir angenehm gewesen, wenn auch der Herr Geschäftsführer das ausdrücklich ausgesprochen hätte, auch im Hinweis auf jene Schrift, auf welche ich vorhin hingewiesen habe, aus welcher die Herren sehr viel Lehrreiches entnehmen und sich auch überzeugen können, daß eine wirkliche Meinungs verschiedenheit über die Sache selbst nicht besteht.

Geschäftsführer Regierungsrat a. D. Dr. **Schweighoffer:** Meine Herren, ich will Sie nicht länger aufhalten; aber zwei Schlußworte bitte ich mir zu gestatten.

Ich möchte doch Herrn Geheimrat von Siemens zunächst darauf aufmerksam machen, daß — was ich leider vergessen hatte zu erwähnen — in der Sitzung des Direktoriums des Centralverbandes am 23. Oktober d. J., der Herr Geheimrat von Siemens nicht beigewohnt hat, diese ganze Frage sehr eingehend erörtert worden ist, nachdem sie auch auf der den Herren Mitgliedern des Direktoriums vor der Sitzung mitgeteilten Tagesordnung als Beratungsgegenstand verzeichnet worden war, und daß damals das Direktorium einstimmig mich ermächtigt hat, die Sache in meinem Geschäftsberichte zum Vortrag zu bringen.

Wogegen sich meine Aeußerungen in erster Linie wandten — ich glaube, das werden die meisten Herren auch wohl daraus entnommen haben — ist, daß aus dem Auftreten eines Vertreters industrieller Interessen auf dem Juristentage die Presse so durchaus unzutreffende Schlußfolgerungen gezogen hat. Dagegen mich zu wenden habe ich mich für verpflichtet gehalten, wobei ich ausdrücklich bemerke, daß mir irgendwelche persönliche Absichten natürlich ferngelegen haben und von mir auch irgendein Name nicht genannt ist.

Vorsitzender: Meine Herren! Ich gebe nun weiter das Wort Herrn Geheimrat Vorster.

Geheimer Kommerzienrat **Vorster:** Meine Herren, Sie haben eine Resolution vorliegen, die die Vereinheitlichung des Angestelltenrechtes betrifft, und Sie haben von Herrn Regierungsrat Rhazen gehört, daß er im letzten Absatz eine kleine Aenderung wünscht, die ich ja nur unterstützen kann. Es scheint mir eine Verbesserung zu sein, mit der diese Resolution wohl allgemeine Zustimmung finden wird.

Meine Herren, weshalb ich mir einige Worte erlauben möchte, ist, um Sie mit einer höchst aktuellen Frage zu beschäftigen, die meiner Ansicht nach dazu angetan ist, auch von der geplanten Kommission ganz besonders beachtet zu werden; das ist nämlich die Novelle zur

Gewerbeordnung, die dieser Tage dem Reichstage zugegangen ist und welche die Konkurrenzklausel der Angestellten betrifft.

Meine Herren, die Frage der Konkurrenzklausel hat seit Jahren den Reichstag beschäftigt; sie ist aber bei der eigenartigen Gestaltung des Reichstags für den Arbeitgeber immer ungünstiger geworden. Als beim letzten Reichstag diese Angelegenheit zu einem Antrag Bassermann sich gestaltet hatte, habe ich damals meine Freunde in der Industrie dringend gebeten, sich mit dieser Fassung zu begnügen, womöglich auf weitergehende Wünsche zu verzichten; denn ich sagte schon damals, ein neuer Reichstag wird wahrscheinlich die Frage weit ungünstiger behandeln. So ist es denn auch gekommen. Die neue Novelle, die jetzt den Reichstag beschäftigen wird, ist, soweit mir bekannt wurde, weit nachteiliger für den Arbeitgeber als die früheren Vorschläge. Vor allem ist eine Konkurrenzklausel zwar statthaft, aber unter allen Umständen soll während der Karenzzeit eine erhebliche Entschädigung des Angestellten stattfinden, einerlei aus welchen Gründen er aus dem Betriebe ausgeschieden ist. In der in diesen Tagen erschienenen volkswirtschaftlichen Korrespondenz ist auch auf sonstige Nachteile und Mängel der jetzigen Vorlage hingewiesen worden. Ich rate den Herren, die sich dafür interessieren, sich mit der Frage auch durch Lektüre des betr. Artikels ernstlich beschäftigen zu wollen.

Meine Herren, es kann wohl kein Zweifel sein, daß auch wir Arbeitgeber auf dem Standpunkt stehen, die Schwachen zu schützen und auch in unserem Verhältnis zu den Angestellten möglichst loyal und anständig zu verfahren; aber wenn wir das System, unter allen Umständen eine Entschädigung zu gewähren, einführen, dann kommen wir dazu, daß wir für untüchtige Angestellte eine Prämie aussetzen. Denken Sie sich nur den Fall, daß irgend jemand einen Angestellten in einen Konkurrenzbetrieb sendet — in diesem Falle sind es ja Handlungsgehilfen —, um irgendwelche geschäftlichen Geheimnisse zu erforschen. Nach einem Jahr macht sich der Mann unbeliebt, er provoziert, möchte ich sagen, seine Entlassung, oder er kündigt selbst, und dann muß er für die drei Jahre, die er vielleicht Karenzzeit hat, noch mit Tausenden von Mark entschädigt werden. Das scheint mir ein absolut unberechtigtes, und, ich möchte fast sagen, unloyales Verfahren zu sein. Es werden dadurch auch namentlich die mittleren Betriebe geschädigt; die großen Unternehmungen sind ja meistens eher in der Lage, Entschädigungen zu zahlen. Sie haben auch vielfach besonders wertvolle Geschäftsgeheimnisse; aber gerade die mittleren Betriebe, meine Herren, werden häufig sehr schwer darunter leiden müssen, daß irgendein, ich möchte fast sagen, ungetreuer Angestellter sie vor die Wahl stellt, entweder Betriebsgeheimnisse preiszugeben oder dafür Entschädigung zahlen zu müssen. Aus diesem Grunde möchte ich doch dringend bitten, daß die geplante Kommission diesem Punkt der Konkurrenzklausel auch ihre volle Aufmerksamkeit widmet. Vor allem müssen die Gründe der Entlassung bei Gewährung einer Entschädigung in Betracht kommen.

Meine Herren, die jetzige Novelle soll nur für die Handlungsgehilfen eingeführt werden. Sie können sich aber darauf verlassen: die anderen folgen nach, der Bund der technisch-industriellen Angestellten und alle derartigen Vereinigungen, und die maßgebende Strömung im Reichstag werden dafür sorgen, daß in kurzer Zeit alle unsere Beamten, also auch die Betriebsbeamten gleiche Forderungen stellen und mit den Handlungsgehilfen gleichgestellt werden wollen. Es handelt sich also momentan zwar nur um das Handelsgewerbe, die Industrie folgt aber nach, und wir haben dann mit diesen Verhältnissen zu rechnen. Ich glaube, daß diese Sache unsere größte Aufmerksamkeit erfordert, und ich hoffe, daß auch die Kommission sich besonders eingehend mit diesem Punkt befassen wird. (Beifall.)

Dr. **John:** Meine Herren, gestatten Sie mir als Angestellten einmal das Wort zu der Frage zu nehmen. Ich befinde mich ja im Kreise von sehr vielen Herren, es sind viele Kollegen von mir hier, Vertreter, Geschäftsführer von Verbänden, die dann auch später der vermeintlichen Wohltaten dieser Gesetzgebung teilhaftig werden würden. Wenn irgendwo sich das Vertrauensverhältnis, das zwischen Arbeitgebern und Arbeitnehmern herrschen soll, widerspiegelt, so, glaube ich, ist es in unserem Berufe der Fall. Wir betrachten uns als die Vertrauensmänner, als die Anwälte der Herren, in deren Dienst wir stehen, und wenn ich auch nicht beauftragt bin, für sie das Wort zu nehmen, so werden meine Herren Kollegen doch mit mir darin übereinstimmen, daß wir uns für diese Systematisierung, Reglementierung, Kodifizierung und wie die Sachen alle heißen mögen, höflichst bedanken. (Bravo!) Wir sagen: Lieber Gott, behüte uns vor den Freunden, die uns helfen wollen; vor den Feinden werden wir uns ja selbst schützen können.

Wie wir denken, so denken aber auch gottlob weite Kreise der Angestellten. Ich glaube, auch Sie werden, wenn Sie den Ausdruck gestatten, wittern, wohin die Sache gehen soll. Es ist eine Leistung der bereits genannten Firma, der G. m. b. H. Potthoff und Gen., und woher der Wind weht oder, wenn Sie wollen, wohin der Wind weht, das wissen wir alle. Wir fühlen aus der Sache schon deutlich genug heraus, daß das, was man plant, wenn auch nicht bestimmt, so jedenfalls in hohem Grade geeignet ist, das jetzt noch klare und auf gegenseitigem Vertrauen beruhende Verhältnis zwischen den einzelnen Körperschaften und ihren Geschäftsführern, sagen wir einmal zu verdunkeln, zu verwischen, unklarer zu gestalten.

Wir halten daran fest, wir bleiben auf dem Standpunkt, auf dem wir jetzt stehen: wir betrachten uns als die Vertrauensmänner der Herren, in deren Dienst wir stehen, und werden uns bemühen, unbekümmert um die anderen, die uns helfen wollen, unseren Dienst zu versehen.

Deshalb bitte ich, in dieser Resolution dieses Vertrauensverhältnis im allgemeinen zwischen Unternehmern und Arbeitnehmern, auf das ja der Centralverband stets großen Wert legt, zum Ausdruck zu bringen, vielleicht in dem Satze, wo es heißt, daß sie, die Angestellten, eine vermittelnde und in sozialem Sinne ausgleichende Stellung einnehmen.

Ich mache keinen wörtlichen Vorschlag, ich stelle das dem Direktorium anheim. Ich möchte aber bitten, nach Möglichkeit meinem Wunsche Rechnung zu tragen.

Dann möchte ich bitten, zu den Beratungen — ich glaube zwar, der Wunsch ist überflüssig, Sie werden schon von selbst daran gedacht haben — Herren aus den Kreisen der volkswirtschaftlichen Beamten, die ja schon heute eine große Rolle spielen, weil sich ihr Kreis von Tag zu Tag vermehrt, hinzuziehen.

Vorsitzender: Herr Dr. John hat keinen Antrag gestellt, sondern eine Anregung gegeben. Ich möchte darauf aufmerksam machen, daß wohl dieses Vertrauensverhältnis schon ziemlich scharf in dem zweiten Satze des ersten Absatzes betont und sogar auch noch durch den Druck hervorgehoben worden ist. Wenn Sie aber glauben, daß das nicht ausreicht, wenn Sie es noch schärfer ausdrücken wollen, so würde ich Herrn Dr. John bitten, einen Antrag formulieren zu wollen.

Baurat **Krause:** Meine Herren, ich hatte eigentlich vorher gebeten, am Schluß der Diskussion über das Wiener Intermezzo ein kurzes Wort sprechen zu dürfen. Ich habe die Empfindung, daß wir diese Erörterung nicht abschließen können, ohne Herrn Regierungsrat Schweighoffer unseren herzlichsten Dank dafür auszusprechen, daß er sowohl auf dem Juristentage in Wien in so vorzüglicher Weise für uns eingetreten ist, als auch dafür, daß er heute über die Angelegenheit hier so berichtet hat, wie es geschehen ist. Ich glaube, es hätte ihm mancher einen Vorwurf gemacht, wenn er dieses Intermezzo verschwiegen hätte (sehr richtig!), und ich würde mich freuen, wenn die Versammlung damit einverstanden wäre, Herrn Regierungsrat Schweighoffer für die gesamte Erledigung dieser Frage ihre volle Zustimmung und den verbindlichsten Dank auszusprechen. (Lebhafter Beifall.)

Vorsitzender: Meine Herren, es meldet sich niemand mehr zum Wort.

Dann schließe ich die Diskussion und frage den Herrn Berichterstatter, ob er zu diesem Teile seines Berichtes das Schlußwort wünscht.

Geschäftsführer Regierungsrat a. D. Dr. jur. **Schweighoffer:** Ich verzichte.

Vorsitzender: Dann frage ich Herrn Dr. John, ob er noch zu dem ersten Absatz einen Antrag stellen will.

Dr. **John:** Ich möchte doch bitten, in dem Satze „Der Centralverband hält an seiner bereits früher verschiedentlich dargelegten Auffassung fest, daß die Angestellten ihrer Bildung und wirtschaftlich-technischen Funktion nach ein Zwischenglied zwischen Unternehmern und Lohnarbeitern bilden" einzufügen, daß diese Beschäftigung oder diese Tätigkeit auf einem ganz besonderen Vertrauensverhältnis beruht. Dann würde allerdings das Wort „daher" nicht mehr passen, denn das schließt sich nicht so unmittelbar an.

Handelskammersyndikus Dr. **Tille:** Meine Herren, ich glaube, die Redaktion ist wesentlich einfacher, wenn wir nicht das Subjekt ändern, sondern wenn wir schreiben: Der Centralverband hält an seiner bereits früher verschiedentlich dargelegten Auffassung fest, daß die Angestellten ihrer Bildung und ihrer wirtschaftlich-technischen Funktion nach eine Stellung als Vertrauensleute der Unternehmer einnehmen, ein Zwischenglied zwischen Unternehmern und Lohnarbeitern bilden und daher eine „vermittelnde und in sozialem Sinne ausgleichende Stellung" — „besitzen" könnte man dann vielleicht sagen, statt „einnehmen".

Vorsitzender: Meine Herren, ich möchte Ihnen den Vorschlag machen, die Sache etwas zu vereinfachen: „daß die Angestellten ihrer Bildung und ihrer wirtschaftlich-technischen Funktion nach durch die ihnen gebührende Vertrauensstellung ein Zwischenglied zwischen Unternehmern und Lohnarbeitern bilden". (Handelskammersyndikus Dr. Tille: Auf Grund ihrer Vertrauensstellung!")

Darf ich fragen, ob die Herren mit der Annahme des ersten Absatzes mit diesem Zusatze einverstanden sind? (Wird bejaht.) Ich konstatiere einstimmige Annahme.

Zum zweiten Absatze ist ein Antrag gestellt worden von Herrn Regierungsrat Rhazen, die Worte in der 4., 5. und 6. Zeile „Ob und inwieweit" bis „bedarf" zu ersetzen durch folgende Worte: „Ob das bestehende Angestelltenrecht einer größeren Vereinheitlichung und ob und inwieweit es einer Abänderung bedarf." Diejenigen Herren, die gegen die Annahme dieses Absatzes 2 mit der Abänderung Rhazen etwas einzuwenden haben, bitte ich die Hand zu erheben.

Der Antrag ist einstimmig angenommen.

Damit ist also der Beschlußantrag einstimmig angenommen. (Vergl. S. 118.)

Wir kommen jetzt zum

Schutz der Arbeitswilligen.

Ich eröffne die Diskussion.

Generalsekretär **Steller**: Ich freue mich, daß in dem Bericht des Herrn Regierungsrats Schweighoffer auch die Frage des Schutzes der Arbeitswilligen, wenn auch kurz, behandelt worden ist. Sie sollte eigentlich bei jeder Gelegenheit auf der Tagesordnung erscheinen und besonders gegenüber der Haltung, die der Hansabund in ihr einnimmt, der, ähnlich wie der Bund der Industriellen, sich, auf deutsch gesagt, um eine entschiedene Beantwortung dieser Frage herumdrückt. Es ist ganz richtig, was Herr Schweighoffer gesagt hat: der Deutsche Handelstag hat jetzt ebenfalls durch seine Vernehmungen festgestellt, daß die große Mehrzahl sämtlicher Handelskörperschaften, soweit sie sich bisher geäußert haben — das sind etwa 60 — sagt: der Schutz der Arbeitswilligen ist nicht ausreichend. Die große Mehrzahl von ihnen sagt sogar: der Schutz der Arbeitswilligen muß durch gesetzliche Aenderungen, insbesondere durch ein Verbot des Streikpostenstehens sichergestellt werden; nur eine Minderheit ist der Ansicht, daß durch bessere Anwendung der bestehenden Gesetze der Schutz bewirkt werden könne.

Das ist eine sehr bemerkenswerte Tatsache, da der Hansabund und die Handelskammern viel engere Beziehungen zueinander haben, als sie der Centralverband Deutscher Industrieller zu denjenigen Körperschaften hat, die im Handelstage vereinigt sind. Diese Kreise sind großenteils bekanntlich linksliberal gesinnt, und trotzdem — das ist das bezeichnende — befinden sich diese Kreise in dem Punkte mit dem Centralverband in Uebereinstimmung und zum Hansabund im Gegensatz. Daß wir das bei dieser Gelegenheit einmal feststellen, glaube ich, ist immerhin der Mühe wert.

Ich möchte außerdem bemerken, daß wir uns von Köln aus um so mehr freuen, wenn die Frage des Schutzes der Arbeitswilligen im Centralverband immer und immer wieder betont wird, weil wir vor drei Jahren bekanntlich schon die Frage zuerst von allen wirtschaftlichen Körperschaften angeregt und auch damit den Erfolg erzielt haben, daß sie nach und nach im allgemeinen Anerkennung fand, so daß der Verband sächsischer Industrieller, als er kürzlich die Frage behandelte, in der Schrift seines Berichterstatters hervorhob, daß von uns, bzw. von unserem Arbeitgeberverband in Köln, seinerzeit die Anregung dazu gegeben wäre.

Das gemeinsame Zusammenfinden auf dieser Forderung des Verbots des Streikpostenstehens halte ich für das wichtigste in der ganzen Sache, denn damit ist ein bestimmter Punkt gegeben, in dem wir immer wieder zusammengehen müssen. Ich würde es sogar für sehr wünschenswert gehalten haben, wenn wir hier eine Erklärung abgegeben hätten. Vielleicht wird das aber bei einer nächsten Gelegenheit geschehen.

Vorsitzender: Meine Herren, es meldet sich niemand mehr zum Wort. Dann schließe ich die Diskussion.

Wir kommen nun zu dem

Gesetzentwurf, betreffend das Petroleummonopol.

Da liegt den Herren auch ein Beschlußantrag vor. Ich bitte, ihn auch in die Diskussion zu ziehen.

Die vorgeschlagene Resolution lautet:

Beschlußantrag betreffend Einführung eines staatlichen Petroleummonopols.

„Der Centralverband Deutscher Industrieller hält es mit Rücksicht auf die geplante Einführung eines staatlichen Petroleummonopols für geboten, auf die schweren und vielseitigen Bedenken hinzuweisen, die sowohl aus allgemeinen volkswirtschaftlichen Gründen als auch vor allem im Interesse des gesamten deutschen Verbrauchs unter den gegenwärtigen Verhältnissen gegen eine Verstaatlichung der Leuchtölversorgung zu erheben sind.

Er gibt der Ansicht Ausdruck, daß das Reichspetroleummonopol neben einer vollständigen Umwälzung der wirtschaftlichen Lage des deutschen Petroleumhandels eine starke Belastung des deutschen Kapitalmarkts zur Folge haben wird und daß ferner ohne die bestimmte Sicherung einer nach Menge uud Beschaffenheit ausreichenden Leuchtölversorgung mit einer erheblichen Preiserhöhung für die Verbraucher gerechnet werden muß.

Der Centralverband Deutscher Industrieller erblickt daher in der Vorlage kein zur Verbilligung des Leuchtöls geeignetes Mittel und muß deshalb gegen die Vorschläge der verbündeten Regierungen solange Verwahrung einlegen, bis die Frage der **Notwendigkeit** eines staatlichen Einschreitens sowie der **Durchführbarkeit** des gesetzgeberischen Problems einwandfrei gelöst ist."

Geheimer Kommerzienrat **Schlumberger:** Meine Herren, ich halte es für einen großen Fehler der Reichsregierung, daß sie, dem Drängen des Reichstages folgend, diese Vorlage ausgearbeitet hat, die bezweckt, ein Verkaufsmonopol für Petroleum in Deutschland einzuführen. Die Absicht ist ja ganz gut; aber wenn man die Verhältnisse einigermaßen kennt, so muß es als durchaus ausgeschlossen erscheinen, daß es selbst der deutschen Reichsregierung gelingen wird, ein solches Gesetz zur Ausführung zu bringen.

Als langjähriger deutscher Petroleuminteressent hatte ich Gelegenheit, mit der Standard Oil Company zu verhandeln. Sie werden wissen, daß in dem Geschäftsgebaren der Amerikaner unbestritten die Macht des Stärkeren maßgebend ist, und hier muß man anerkennen, wenn man nur in die Materie eindringt, daß die Standard Oil Company die stärkere bleiben wird. Bedenken Sie nur, daß Deutschland einen jährlichen Petroleumverbrauch von 750 000 Tonnen hat, und bedenken Sie, welchen Teil davon die Standard Oil Company beherrscht. Das ist ein so großer Bruchteil, daß es vollständig ausgeschlossen ist, die Standard Oil Company auszuschalten.

Ich will an einem einzigen Beispiel zeigen, wie rücksichtslos die Standard Oil Company ist. Sie hat vor Jahren versucht, das unterelsässische Petroleumwerk zu vernichten, und erst nach zwei- bis dreijährigen erfolglosen Bemühungen hat sie sich zu Verhandlungen herbeigelassen, als sie einsah, daß das Leuchtpetroleum nicht einzig die Kraft des Werkes war. Es wurde, wie auch in dem Bericht des Herrn Geschäftsführers erwähnt worden ist, ein Abkommen unter Bedingungen geschlossen, die sehr annehmbar waren, und seither haben, wie auch im Geschäftsbericht angeführt wurde, die Preisschwankungen aufgehört, welche früher sehr oft zuungunsten des Konsumenten vorgekommen waren, und von denen auch viele Zwischenhändler Nutzen hatten, und es ist ein regelmäßiges Verhältnis eingetreten.

Niemals, meine Herren, wird es der deutschen Regierung gelingen, die Machtstellung von **Rockefeller** zu brechen. Deswegen hätte sie besser getan, die Sache ganz fallen zu lassen. Ich weiß nicht, zu welchem Ergebnis es führen wird. Ich will mich ja nicht auf Einzelheiten einlassen; aber, meine Herren, glauben Sie mir, das Vorgehen der Regierung war unvorsichtig und unüberlegt, und ich fürchte, aus der ganzen Sache wird nichts Gutes herauskommen.

Generalsekretär **Steller:** Meine Herren, ich finde, daß in dem Beschlußantrag über das Petroleummonopol der Gedanke gar nicht zum Ausdruck gelangt, weshalb man zu dem Plan gekommen ist. Wir haben uns bekanntlich in Deutschland seit zehn bis zwanzig Jahren mit dem Privatmonopol der Standard Oil Company zu befassen gehabt, und in sehr vielen wirtschaftlich denkenden Kreisen ist die Ansicht, ist das Verlangen danach zum Ausdruck gekommen, daß da ein Wandel geschaffen werden möge. Das ist doch schließlich die Grundlage des Gesetzentwurfs. Eine andere Frage ist die, ob der Gesetzentwurf die Aufgabe lösen kann. Ich habe mir erlaubt, eine kleine Aenderung vorzuschlagen, möchte aber, daß das auch in der Erörterung zum Ausdruck kommt, daß man den Gedanken versteht und begreift, und, ich kann für meine Person sagen, auch billigt, der dem Gesetzentwurf zugrunde liegt; daß man wenigstens anerkennt, es sei ein genügender Anlaß dafür vorhanden, daß sich die Reichsregierung mit der Frage befasse. Der Gedanke eines Staatsmonopols ist uns allen jedenfalls wohl lieber als der eines Privatmonopols, wie es die ausländische, die amerikanische Petroleumindustrie tatsächlich auf dem deutschen Beleuchtungsmarkt ausübt. Wir haben ja auch ein Kalimonopol geschaffen. Wenn man daher anerkennen muß, daß Mißstände dadurch bestehen, weil unser Petroleummarkt ganz von dieser großen amerikanischen Trustgesellschaft abhängig ist, dann möchte ich doch bitten, daß das auch in der Resolution vielleicht mit ein paar geeigneten Worten zum Ausdruck gelangt.

Vorsitzender: Ich möchte Herrn Steller fragen, ob er einen Antrag stellen und ihn hier einreichen will, denn er hat eine andere Formulierung hier überreicht. Ich bitte Herrn Regierungsrat Schweighoffer, sie vorzulesen.

Geschäftsführer Regierungsrat a. D. Dr. **Schweighoffer:** Von Herrn Steller ist folgender Zusatz in den einleitenden Worten des Beschlußantrages beantragt worden: „Der Centralverband Deutscher Industrieller hält es unter voller Würdigung der für eine Bekämpfung des amerikanischen Privatmonopols sprechenden Gründe mit Rücksicht auf die geplante Einführung eines staatlichen Petroleummonopols“ usw.

Ich fürchte, daß durch einen derartigen Zusatz etwas in die Resolution hineingebracht wird, was ich meinem Referate nach als nicht tunlich ansehen kann (sehr richtig!); wenn nämlich ein derartiger Passus zugefügt wird, dann — fürchte ich — wird sofort die Presse sagen, daß wir hiernach also auch die privatkapitalistische Betätigung durch staatssozialistische Maßnahmen ersetzen und, wie es hier wörtlich heißt, das Privatmonopol bekämpfen wollten. Das will aber der Centralverband nicht. Ich bin also der Ansicht, daß der Antrag des Herrn Steller nicht im Einklang steht mit der Darlegung, die ich mir erlaubt habe, in meinem Geschäftsbericht zu geben, und ich möchte bitten, den Zusatz über die Bekämpfung der Privatmonopole herauszulassen. (Sehr richtig!)

Handelskammersyndikus Dr. **Tille:** Ich möchte auch bitten, nicht etwas Derartiges hineinzusetzen. Der Centralverband hat immer auf dem Standpunkt gestanden, daß er Staatsmonopole bekämpft hat und daß er die Schattenseiten des staatlichen Bergbaues auch schon in einer Zeit hervorgehoben hat, wo das Staatsmonopol noch nicht sogar auf dem Gebiet des Verkehrswesens zu versagen anfing. Es ist höchst bedenklich, überhaupt für ein Staatsmonopol einzutreten, und deshalb werden wir wohl gut tun, den Antrag nicht anzunehmen.

Generalsekretär **Steller:** Wenn ich vielleicht noch ein Wort sagen darf: Es liegt mir natürlich fern, dem Gedanken Ausdruck zu geben, daß der Centralverband sich gegen inländische Privatmonopole, wie sie tatsächlich bestehen, aussprechen soll. Es handelt sich hier doch um eine ganz besondere Sache, um ein ausländisches Handelsmonopol, das unseren ganzen Markt beherrscht, und das ist doch eine Frage, die ganz abseits liegt von unseren sonstigen wirtschaftspolitischen Grundsätzen. (Handelskammersyndikus Stumpf: Es bleibt trotzdem bedenklich!) (Handelskammersyndikus Dr. Tille: Es bleibt bedenklich!)

Vorsitzender: Die Diskussion ist geschlossen.

Ich frage den Herrn Regierungsrat, ob er das Schlußwort haben will. — Das ist nicht der Fall.

Ich bringe nun die einzelnen Absätze zur Abstimmung, zunächst Absatz 1. Diejenigen Herren, welche den Absatz 1 mit dem Zusatzantrag des Herrn Steller annehmen wollen, bitte ich, sich zu erheben. — (Es erhebt sich niemand.)

Diejenigen Herren, welche den Absatz 1 ohne den Zusatzantrag annehmen wollen, bitte ich, sitzen zu bleiben. (Heiterkeit.) Das ist einstimmig angenommen.

Diejenigen Herren, welche den zweiten Absatz annehmen wollen, bitte ich, sitzen zu bleiben. — Einstimmig angenommen.

Diejenigen Herren, welche den Absatz 3 annehmen wollen, bitte ich, sitzen zu bleiben. — Einstimmig angenommen. (Vergl. S. 119.)

Nun kommen wir zum

Schleppmonopolgesetz.

Es meldet sich niemand zum Wort. Dann schließe ich die Diskussion.

Wir kommen zum sechsten und letzten Punkt:

Die Wirtschaftspolitik.

Es meldet sich niemand zum Wort. Dann schließe ich die Diskussion und darf annehmen, daß bezüglich der beiden letzten Sachen: Schleppmonopol und Wirtschaftspolitik die Herren sich auf den Boden des Vortrags stellen.

Wir kommen nun zum nächsten Punkt der Tagesordnung:

Der preußische Wassergesetzentwurf.

Herr Dr. v. Stojentin hat das Wort als Referent.

Referent Dr. **von Stojentin**-Berlin: Meine sehr geehrten Herren! Es ist keine leichte Aufgabe, heute vor Ihnen über das nun in dritter Lesung vom preußischen Abgeordnetenhause verabschiedete neue Wassergesetz zu sprechen, das übrigens nicht bloß für Preußen, sondern auch für die benachbarten Bundesstaaten von Bedeutung ist. Denn seit Jahresfrist ist der Entwurf so oft und eingehend erörtert worden, sowohl in den Sitzungen der einzelnen industriellen Vereine fast aller größeren Industriezweige, wie auch in den großen wirtschaftlichen Zentralverbänden und in der Fach- und Tagespresse, daß das Thema allen Interessenten und auch wohl Ihnen, meine Herren, bekannt ist, und es schwer fällt, in die Beurteilung der an sich schwierigen Materie neue Gesichtspunkte hineinzutragen.

Dieses große allgemeine Interesse, das zeitweilig mit lebhafter Erregung weiter Kreise verbunden war, worauf schon mein Herr Vorredner hingewiesen hat, ist sehr begreiflich. Denn das Wassergesetz greift tief in die bisher bestehenden Verhältnisse und Bestimmungen ein, bringt in vielen Punkten grundstürzende Neuerungen und zwang bei seiner Beratung daher alle, die von ihm berührt wurden, sich nachdrücklich um die Wahrung ihrer Rechte zu kümmern.

Während gewöhnlich bei der Schaffung neuer umfangreicher Gesetze auf einem Spezialgebiet nur die kleine Zahl derer, die eingehender mit der Materie vertraut sind, die volle Bedeutung der Neuerung begreift und vor allem die zwingenden Ursachen für eine Neuregelung im ganzen Umfange zu würdigen und zu verstehen vermag, hatte sich im vorliegenden Falle längst die Erkenntnis von der unbedingten Notwendigkeit einer grundlegenden Neuordnung der modernen Wasserwirtschaft durch die Gesetzgebung selbst in den nicht direkt interessierten Kreisen der Bevölkerung Bahn gebrochen. Denn jedem, der die Entwickelung unserer Volkswirtschaft, insbesondere der Industrie, während der letzten Jahrzehnte erlebt hat, drängen sich schon äußerlich die gewaltigen Veränderungen auf, die mit unseren Seen und Flußläufen vor sich gegangen sind.

Nicht bloß die großen Ströme, sondern auch selbst die kleineren Flüsse sind heute oft auf meilenlange Entfernungen und auf beiden Ufern mit Fabrikanlagen und gewaltigen Werken der verschiedensten Art eingesäumt und manche Seen sind von den Wasserwerken der riesenhaft angewachsenen Großstädte buchstäblich fast aufgesaugt. Ueberall sehen wir neben der intensivsten Ausnutzung der Wasserkraft eine Verschmutzung der Flußläufe, welche droht, deren Wasser schließlich für jeden Zweck unbrauchbar zu machen.

Hand in Hand damit geht die Anlage imposanter Talsperren und Stauanlagen, vor allem aber der Ausbau künstlicher Wasserstraßen, der öffentlichen Kanäle. Denn auch als Lastenträger und Beförderungsweg für große Massen haben die Ströme und Flußläufe im Zeitalter der Industrie eine ehedem ungeahnte Bedeutung gewonnen. Daher ist vor dem zur Beratung stehenden Wassergesetz bereits eine Reihe anderer, für die allgemeine Wasserwirtschaft bedeutungsvoller Gesetze geschaffen worden, die ich Ihnen im einzelnen nicht weiter aufzuzählen brauche.

Meine Herren, diese, jedem aufmerksamen Auge erkennbaren äußeren Wandlungen entsprechen in natürlichem Zusammenhange ganz der veränderten Struktur unseres Volkskörpers, der sich mehr und mehr zu einem Industriestaat auswächst bzw. ausgewachsen hat. Denn während in Deutschland im Jahre 1882 noch $42^1/_2$ pCt. der Gesamtbevölkerung zu dem landwirtschaftlichen Berufe, $52^1/_2$ pCt. zu den anderen Berufen der Bevölkerung gehörten, zählten 1907 zu ersterem nur noch $28^1/_2$, zu letzterem fast 63 pCt. In den 25 Jahren ist also der Anteil der zur Landwirtschaft gehörenden Bevölkerung von mehr als $^2/_5$ auf weniger als $^3/_{10}$ gesunken, jener der zu anderen Berufen gehörenden Bevölkerung aber von etwas über die Hälfte auf nahezu $^2/_3$ gestiegen.

Die Forderung auf Neuordnung der modernen Wasserwirtschaft wurde nun aber nicht bloß begründet durch die völlige Umgestaltung der eben bezeichneten Verhältnisse, sondern auch durch das wilde Durcheinander einer Unzahl gesetzlicher Bestimmungen, die, vor Jahrzehnten vielleicht erträglich, nachgerade einer normalen Weiterentwickelung der Wasserwirtschaft eine Grenze setzten und damit den Bestand der heimischen, auf die Wassernutzung angewiesenen Industrien schwer bedrohten. Galten doch in Preußen auf dem Gebiete des Wasserrechts nicht weniger als 76 verschiedene Gesetze neben dem Allgemeinen Landrecht, dem Gemeinen Recht und dem Code civile, ungerechnet die Fischerei-

und Spezialgesetze, sowie die aus dem 18. Jahrhundert oder noch früherer Zeit herrührenden Graben-, Mühlen- und Schauordnungen. Es begreift sich, daß unter den dargelegten Umständen die Schaffung eines einheitlichen Wassergesetzes, das den zahlreichen, sich aus den verschiedensten Ursachen und in den verschiedensten Richtungen widerstreitenden Interessen Rechnung trägt, außerordentlich schwierig war. Diejenigen, die vordem die Flußläufe gewissermaßen als ihre Domäne glaubten betrachten zu dürfen, die landwirtschaftlichen Anlieger nämlich, fürchteten von einer gesetzlichen Regelung, welche die Wünsche der Industrie, ihrer derzeitigen Bedeutung im Staate entsprechend, berücksichtigte, eine Zurückdrängung und Beeinträchtigung alter Rechte, eine noch größere Verunstaltung und Verschmutzung der Flüsse. Für die Industrie aber war es einfach eine Lebensfrage, mit ihren Forderungen durchzudringen.

Dieser, durch den natürlichen Verlauf der Dinge erzeugte Widerstreit der Interessen hat dem Schicksal des Entwurfs, vor allem aber dem Gange der Verhandlungen bei der Beratung des Gesetzentwurfes im Parlament, den Stempel aufgedrückt. Erst nach mehrfachen umfassenden Wandlungen ist das Gesetz in seiner heutigen Gestalt zustande gekommen. Mit unermüdlichem Fleiß hat die mit der Beratung des Gesetzes beauftragte Kommission des Abgeordnetenhauses ihrer schwierigen Aufgabe genügt und die einzelnen Bestimmungen des Gesetzes nicht bloß wohl erwogen und scharf durchdacht, sondern sich auch bemüht, die Interessen aller Beteiligten in gerechter Weise gegeneinander auszugleichen. Sind auch nicht alle Forderungen und Wünsche der Industrie befriedigt, manche recht bedrohlichen Bestimmungen bedauerlicherweise aufrechterhalten, Vorschriften, die für nötig befunden, gestrichen, so ist das Gesetz doch als eine wichtige Fortbildung unserer heimischen Wasserwirtschaft zu begrüßen.

Meine Herren; wenn wir das Gesetz als ganzes vor unseren Augen vorbeigleiten lassen, so finden wir, daß sich wie rote Fäden zwei Gesichtspunkte hindurchziehen. Zunächst der eine Gesichtspunkt, daß das öffentliche Wohl den Interessen der einzelnen Staatsbürger vorgehen muß, ein Gesichtspunkt, der den modernen Verhältnissen und Anforderungen entsprechend dahin ausgestaltet worden ist, daß wirtschaftliche Interessen von größerer Bedeutung für die Allgemeinheit den geringeren wirtschaftlichen Interessen vorzugehen haben. Dann der zweite Gesichtspunkt der ausgleichenden Gerechtigkeit, der fordert, daß der einzelne Staatsbürger, dessen Interessen dem allgemeinen Wohl und der Förderung der allgemeinen Interessen nachstehen müssen, eine billige Entschädigung erhält.

Das Gesetz will sowohl eine Einheitlichkeit des Rechts wie auch eine vollständige Rechtssicherheit darbieten. Zu diesem Zweck hebt es die bisher gültigen 78 Rechte auf, schafft eine neue Rechtskonstitution, eine klare Einteilung der Gewässer, ferner die Wasserbücher, die Verleihung, die Sicherstellung der Eigentumsrechte nach den Grundsätzen der Verleihung und endlich die Zwangsrechte.

Bereits bestehenden und bewährten Spezialgesetzen entnimmt es die Bestimmungen über die Wassergenossenschaften und die Vorschriften über Verhütung von Hochwassergefahr. Dagegen sind seine grundlegenden Bestimmungen über die Einteilung und Verwaltung der Gewässer, über das Eigentum, die Abwässerfrage, die Verleihung, die Behördenorganisation, Zwangsgenossenschaften und Zwangsrechte vollkommene Neuschöpfungen.

Sowohl in bezug auf die Einteilung der Gewässer wie auf die für die Wasserwirtschaft in Betracht kommenden Verwaltungsbehörden ist durch das Gesetz auf lange Zeit hinaus eine Klarheit geschaffen, die wohl in allen Fällen jeden Zweifel ausschließen dürfte. In zwei getrennte Register sind alle Ströme und alle Flüsse, die von einiger Bedeutung sind, eingetragen. Das eine Register, das der Wasserläufe 1. Ordnung, der Ströme, ist beziehungsweise wird auch künftighin nur durch die Gesetzgebung allein festgelegt; die in ihm eingetragenen Ströme unterliegen in den verschiedensten Richtungen ganz besonderen Bestimmungen, was ihrem allgemeinen und wirtschaftlichen Wert völlig entspricht. Das zweite Register wird unter Beobachtung eines vom Gesetz genau bestimmten Verfahrens von dem Oberpräsidenten geführt und enthält alle Flüsse, welche für die Wasserwirtschaft von erheblicherer Bedeutung sind. Die nichtregistrierten kleinen Wasserläufe gehören einer besonderen 3. Ordnung an; auch für sie gelten in vielfacher Beziehung besondere Bestimmungen. In logischer Weise ist hiernach die Verwaltungsorganisation, die Wasserpolizeibehörde, gegliedert. In der Regel bildet diese für die erste Gruppe der Wasserläufe der zuständige Regierungspräsident, gegebenenfalls der Oberpräsident; für die zweite und die Seen, sowie für die unterirdischen Gewässer der in Betracht kommende Landrat, in Stadtkreisen die Ortspolizeibehörde und für die dritte Gruppe endlich die Ortspolizeibehörde. Aber da unter gewissen Umständen, so wenn es sich z. B. um ganze Stromgebiete oder Flußstrecken in mehreren benachbarten Kreisen handelt, praktischerweise Abweichungen von diesen Anordnungen geboten sein können, hat das Gesetz für derartige Fälle die nötigen Maßnahmen vorgesehen. Auch Funktion und Strafbefugnis der Wasserpolizeibehörden, sowie die Rekursmittel gegen ihre Verfügungen sind klar geregelt. Ihre Machtvollkommenheit geht reichlich weit; in manchen Fällen, wie in den §§ 22 und 39, wäre eine engere Begrenzung derselben wohl am Platze gewesen, denn die in jenen Paragraphen der Wasserpolizeibehörde gegebene Befugnis, schlechthin in die Rechte an Wasserläufen und in den Gemeingebrauch einzugreifen, ohne daß ein Interesse des öffentlichen Wohles vorliegt, schafft eine Rechtsunsicherheit des Gemeingebrauchs, insofern dieser lediglich im öffentlichen Recht wurzelt und kein Privatrecht darstellt, also auch nicht im Wege der Privatklage verfolgt werden kann. Wasserpolizeiliche Verfügungen der bezeichneten Art können also lediglich mit den Mitteln, die das Landesverwaltungsgesetz gegenüber polizeilichen Verfügungen bietet, angefochten werden. Deshalb ist es zu begrüßen, daß die Wasserpolizeibehörde in den bezeichneten Fällen wenigstens Gründe für ihre Entscheidung angeben muß.

Auch die Bestimmungen über das Eigentum an Wasserläufen ermangeln an sich nicht der Klarheit, und es ist in der zweiten Lesung des Gesetzes im Abgeordnetenhause geradezu als einen Vorzug des Entwurfes bezeichnet worden, „daß er mit der alten Unsicherheit der Rechtskonstruktion des gemeinen Rechts, des allgemeinen Landrechts und des französischen Rechts bricht, daß er eine klare Rechtskonstruktion in Anlehnung an die bewährten Grundsätze des Bürgerlichen Rechtes schafft". Aber die Folgen, die sich aus der Konstruktion des Eigentums an den Strömen und an der fließenden Welle ergeben — wogegen, wie Sie sich erinnern werden, meine Herren, bis zum letzten Augenblick der dringendste Widerspruch erhoben worden ist — lassen sich heute im vollen Umfange gar nicht übersehen. In dieser Beziehung ist im Plenum des Abgeordnetenhauses auf die schweren Folgen einer gesetzgeberischen Analogie, nämlich des Feld- und Forstpolizeigesetzes von 1888, hingewiesen worden, indem seinerzeit selbst für den Wald der starre römisch-rechtliche Eigentumsbegriff eingeführt wurde, woraus sich dann die Aufhebung aller Weidegerechtsame, die deutsch-rechtlichen Ursprungs waren, und ein kolossaler Rückgang der Viehhaltung in allen kleinen, um den Wald belegenen Gemeinden ergeben haben. Es ist im Plenum des Abgeordnetenhauses auch das Bedenken geäußert worden, daß eben infolge der Eigentumskonstruktion — trotz des § 54, der ja generell das Verbot ausspricht, daß ein Entgelt für die Benutzung des Wasserlaufs dem Unternehmer nicht auferlegt werden darf — die Wasserläufe 1. Ordnung durch die Strombauverwaltung und andere Verwaltungen verpachtet und fiskalisch ausgenutzt werden könnten. Demgegenüber hat nun zwar ein nationalliberaler Abgeordneter betont, daß, nachdem § 54 der Regierungsvorlage, der berüchtigte Wasserzinsparagraph, gefallen, „ein Hauptgegenstand des Argwohns aus dem Wege geräumt sei"; aber derselbe Abgeordnete hat die von anderer Seite verlautbarten Befürchtungen dabei eher bestärkt als zurückgewiesen durch die Bemerkung, daß „ein gewisses Mißtrauen zwischen Bevölkerung und dem Fiskus tatsächlich bestehe", daß infolge der Verquickung von privatfiskalischen mit hoheitsrechtrechtlichen Rechten nicht ganz unberechtigt sei.

Wie berechtigt dies Mißtrauen, wie begründet die Befürchtungen der wassernutzenden Kreise gewesen sind, beweisen am besten die Zahlen des von der Regierung in letzter Stunde der Wasserrechtskommission in der zweiten Lesung vorgelegten Gebührentarifs; diese Zahlen weichen auffällig von dem in den Motiven der Regierungsvorlage des Wassergesetzentwurfes ausgesprochenen Grundsatze über die Höhe des zu erhebenden Wasserzinses ab. Jedenfalls wird wohl niemand zugeben können, daß die geplanten Gebühren sich in den dort zugesicherten „mäßigen" Grenzen halten, vielmehr rechtfertigen die bezüglichen Zahlen die seinerzeit geäußerte Befürchtung, daß das Finanzministerium durch die Gebühr 25 Millionen herausschlagen wollte, in vollstem Umfange.

Meine Herren! Nicht bloß als ein neues Beweismittel für die in gewissen Kreisen herrschende Fiskalität und die der heimischen Industrie stets drohende Steigerung der finanziellen Belastung, sondern als Mahnung für die Größe der entgangenen Gefahr dürfte die Mitteilung des von der Regierung für die Erhebung des Wasserzinses aufgestellten Tarifs nicht ohne Interesse sein.

Danach sollten folgende Höchstsätze als Gebühren zur Staatskasse erhoben werden können für das Recht bei einem Wasserlauf 1. Ordnung:

über den Gemeingebrauch hinaus das Wasser zu gebrauchen und zu verbrauchen, insbesondere es oberirdisch oder unterirdisch unmittelbar oder mittelbar abzuleiten

für 1000 cbm verbrauchtes Wasser	M. 1,—
„ 1000 „ gebrauchtes, rein zugeleitetes Wasser . .	„ 0,50
„ 1000 „ „ verunreinigt oder erwärmt zurückgeleitetes Wasser	„ 1,—

für das Recht, über den Gemeingebrauch hinaus Wasser oder andere flüssige Stoffe oberirdisch oder unterirdisch, mittelbar oder unmittelbar einzuleiten,

für 1000 cbm eingeleitetes Wasser oder eingeleitete andere flüssige Stoffe	M. 0,50

und endlich

für das Recht, das Wasser zur Gewinnung und Verwertung von Wasserkräften zu benutzen; für die nutzbare Pferdekraft oder Bruchteile einer solchen jährlich 20 M.

Meine Herren! Die Bedeutung dieser Gebühren möchte ich an einigen Beispielen praktisch beleuchten:

Eine an der Saale gelegene Papierfabrik hat berechnet, daß sie für die von ihr zu gewerblichen Zwecken verwendete Wassermenge von rund 5 Millionen Kubikmeter, die erwärmt oder als Abwässer in die Saale zurückgeleitet werden, und für die Ausnutzung der Wasserkraft für gewerbliche Zwecke, insgesamt für das Jahr einen Wasserzins von 21 040 M. hätte bezahlen müssen. Das bedeutet doch eine recht erhebliche Mehrbelastung des Betriebes.

Ein Werk der chemischen Industrie berichtet, daß es täglich etwa 60—65 000 cbm Wasser dem Rhein entnimmt. Für eine verbrauchte Wassermenge von 5—10 000 cbm würde hier an Wasserzins täglich 5 M. bis 10 M., für zurückgeleitete Abwässer von etwa 55 000 cbm an Zins 27,50 M. zu zahlen sein. Die Abgaben würden sich also auf 32,50 M. bis 37,50 M. für den Tag, d. h. bei rund 300 Arbeitstagen auf 9750 M. bis 11 250 M. im Jahre gestellt haben.

Daß übrigens, wie ich erwähnte, der Wasserzins in nicht geringem Umfange schon jetzt zur Erhebung gelangt, zeigen die Mitteilungen zweier Betriebe aus der Umgebung Berlins, von denen der eine für je 1000 cbm Wasser an den Fiskus eine Abgabe von 50 Pf., der andere für Wasser zur Kesselspeisung und zu Fabrikationszwecken für je 1000 cbm sogar 1 M. zu entrichten hat. Trotzdem hätte für die bereits jetzt mit einer derartigen Auflage belasteten Fabriken der Wasserzins nach der vorgesehenen Tarifgebühr eine Steigerung jener Ausgaben bis zu 100 pCt. bringen können. So berichtet z. B. eine Fabrik in Berlin-Niederschöneweide, daß sie bisher für die Entnahme von 1 465 000 cbm Wasser an den Fiskus 835,05 M. zu zahlen hatte. Sie hätte dafür aber, wenn der Wasserzins zur Annahme gelangt wäre, 1465 M. zahlen müssen, weil diese Wassermengen zum großen Teil verunreinigt oder als Kühl- und Kondenswasser wieder in den Wasserlauf zurückgeleitet werden.

Da von den des weiteren für den Betrieb dieses Werkes benötigten Wassermengen, die einem Tiefbrunnen entnommen werden, 410 200 cbm dem Wasserlauf zugeführt werden, hätte sich die Abgabe um 205,10 M. erhöht, so daß der Gesamtbetrag für den Wasserzins sich also auf 1670 M. gestellt haben würde und damit um genau

100 pCt. höher gewesen wäre, als die jetzt an den Fiskus für Wassernutzung zu entrichtende Summe.

Diese Beispiele dürften die Sache genügend illustrieren.

Die glücklich wieder aus dem Regierungsentwurfe entfernte fiskalische Bestimmung über den Wasserzins stand übrigens in merkwürdigem Kontrast zu dem klar erkennbaren sonstigen Grundzug des Gesetzes, einer kräftigen und gesunden Entwickelung der Wasserwirtschaft die Wege zu ebnen und als Hindernis zur Errichtung gewerblicher Unternehmungen an Wasserläufen im wesentlichen nur das öffentliche Wohl anzuerkennen. Nimmt doch das Gesetz zu diesem Zwecke nicht Anstand, selbst das Recht des Eigentümers zur Benutzung seines Eigentums im allgemeinen Interesse einschneidend zu beschränken, wobei es freilich andererseits darauf bedacht ist, bisher bestehende Härten und Ungerechtigkeiten zu beheben oder doch auszugleichen, selbst wenn dadurch in alte Gepflogenheiten zum Nachteil der Betroffenen, eingegriffen wird, wie sich dies bei der Grundwasserentziehung besonders bemerkbar macht.

In dem Bestreben, in dieser Hinsicht gründliche Klarheit zu schaffen, legt das Gesetz die Rechte des Eigentümers in bezug auf die verschiedenen Benutzungsarten genau fest und scheidet dieselben in drei Fälle; in praxi dürften freilich die konstruierten Formen vielfach nicht scharf auseinanderzuhalten sein und in eins zusammenfließen, wie eine nähere Betrachtung leicht erkennen läßt. Das Gesetz unterscheidet nämlich den Gebrauch und Verbrauch von Wasser, die Erzeugung und Beseitigung von Abwässern und die Benutzung des Wassers als Triebkraft. Im ersteren Falle handelt es sich um den Gebrauch und Verbrauch des Wassers durch die tierische und vegetabilische Welt, durch die industriellen und städtischen Wasserwerke, durch Dampfmaschinen und endlich zu zahllosen Fabrikationszwecken. Hierbei ist in vielen Fällen mit einem gänzlichen oder doch erheblichen endgültigen Verlust des gebrauchten Wassers zu rechnen, sei es durch Umwandlung in Dampf, durch den Genuß als Trinkwasser, durch die atmosphärische Verdunstung bei landwirtschaftlichen Meliorationen; in anderen Fällen wird das Wasser nach seiner Benutzung dem weiteren Gebrauch mehr oder weniger verändert zurückgegeben. Das fällt schon mit der zweiten im Gesetz vorgesehenen Benutzungsform, der Abwässererzeugung und Beseitigung in gewissem Grade zusammen. Die Bestimmungen, die hierüber handeln, gehören, wie Sie alle wissen, meine Herren, zu den Punkten, welche bei der Beratung des Gesetzes, vor allem in der Wasserrechtskommission, am heißesten umstritten wurden.

Das ist begreiflich; denn kaum bei einem anderen Punkte stoßen die Interessen der verschiedenen Zweige der Industrie selbst so scharf zusammen, wie bei der Abwässerfrage. Ein Beispiel: Die Färbereien benutzen die lösende und fortführende Eigenschaft des Wassers, um den unvermeidlichen Ueberschuß an Farbstoff zu entfernen; die Wäschereien und Bleichereien, die Textil- und die chemische Industrie, vielleicht sogar auch eine andere Färberei, wollen dieselbe Eigenschaft benutzen, um Schmutzstoffe zu beseitigen. Ist aber der Farbstoff nicht beseitigt, so können alle die übrigen bezeichneten Betriebe das Wasser nicht gebrauchen. Dies Beispiel ließe sich in bezug auf andere Industriezweige vervielfältigen. Vielfach zeigen gerade diejenigen Industriebetriebe, die das Wasser rein für ihren Betrieb benötigen und hereinnehmen — ich brauche sie ihnen, meine Herren, nicht aufzuzählen —, einen Januskopf, indem sie das Wasser mehr oder weniger verschmutzt oder versäuert herauslassen. Nicht minder tragen die großen Städte und die Bergwerke zur Verunreinigung der Flußläufe bei. Es vermag ein einziger Unterlieger durch Verunreinigung des Flußlaufes auf eine lange Strecke hin ganze Industriezweige durch sein Abfallwasser lahmzulegen. Gerade die Industrie kann also ohne reines Wasser gar nicht leben; es wäre deshalb ein verkehrter Standpunkt gewesen und hätte nicht im Interesse der Industrie und der Gesamtheit gelegen, wenn man einer zügellosen Ausnutzung der Wasserläufe zum Abführen der Abfallstoffe das Wort geredet hätte. Die Gefahr der Verschlimmerung der gegenwärtigen Zustände wuchs beständig und der Aufwand, welchen die Herbeiführung geregelter Verhältnisse und die Beschaffung des notwendigen reinen Wassers kostet, würden ins Ungemessene gesteigert worden sein, wenn nicht rechtzeitig vorgebeugt wurde. Bislang war die Einleitung von Abwässern so gut wie ganz freigegeben und nur dadurch etwas eingeengt, daß sie das gemeinübliche Maß, einen unsicheren, unbestimmten Begriff, nicht überschreiten durfte. Es ist ein Verdienst des Gesetzes, hier regelnd einzugreifen. Und daß dieses nicht durch spezielle Vorschriften geschehen ist, sondern durch generelle, praktisch auch durchführbare, gewissermaßen prophylaktische Bestimmungen, ist ein anerkennenswerter Vorzug des neuen Gesetzes. Zeitweilig schien es allerdings, als sollte das Kind mit dem Bade ausgeschüttet werden, als sollten derart rigorose und ruinöse Bestimmungen in bezug auf die Abwässerfrage geschaffen werden, daß die Industrie an vielen Orten einfach ihre Betriebe hätte schließen können. Vor allem die landwirtschaftlichen Interessenten drängten bei der Beratung des Gesetzentwurfs innerhalb der Kommission, unter Hinweis auf die Schädigung ihrer

Betriebe in vegetabilischer und animalischer Hinsicht durch die Verschmutzung der Flüsse auf die schärfsten Maßnahmen, wiewohl die Landwirtschaft selbst durch ihre Nebenbetriebe die Wasserläufe nicht unwesentlich verunreinigt. Sie werden sich erinnern, meine Herren, welcher Nachdruck von unserer Seite erforderlich war, um zwischen der ersten und zweiten Lesung eine Aenderung der Kommissionsbeschlüsse in bezug auf die Abwässerbestimmungen zu bewirken.

Besonderen Anstoß erregte § 24a, der nach der Fassung der ersten Lesung uneingeschränkt bestimmte, daß ein Unternehmer, der durch Abwässer einen Flußlauf unerlaubt verunreinige, für jeden Schaden zu haften hätte, der durch diese Verunreinigung entstünde. Keine Entschuldigung sollte solchem Unternehmer zugebilligt sein, außer dem Beweise, daß die Verunreinigung durch höhere Gewalt verursacht sei. Das schoß natürlich weit über das Ziel und traf nicht nur die Industrie, sondern auch die Gemeinden bei ihren Abwässerleitungen. Es bedeutete außerdem ein so großes Abweichen von allen Grundsätzen des bürgerlichen Rechts, daß die Kommission unter dem Einfluß des nachdrücklichen und vereinten Widerspruchs der Industrie und Großstädte in zweiten Lesung die Forderung einer so ausgedehnten Verpflichtung des Unternehmers fallen ließ und die Bestimmung dahin abänderte, daß derjenige, der durch solche Abwässer aus reinem Fabikunternehmen oder aus einem städtischen oder Gemeinde-Abwässerunternehmen geschädigt wird, beweisen muß, daß in der Fabrik irgendein Verschulden begangen ist, durch das die bezüglichen Abwässer in den Fluß gelangt sind und ihn verunreinigt haben. Der Geschädigte braucht künftighin also nur nachzuweisen, daß er erstens widerrechtlich geschädigt ist, und daß zweitens diese widerrechtliche Schädigung aus der Anlage des von ihm in Anspruch genommenen Unternehmers herstammt. Der letztere hat dann unter Beweis zu stellen, daß er diejenige Sorgfalt angewendet hat, die notwendig war, um den Schaden zu verhüten, daß er es aber trotzdem — sei es, daß ein von ihm nicht vorzusehendes Verschulden, sei es, daß böser Wille seiner Angestellten vorlag — nicht hat verhindern können, daß die Abwässer in den Fluß gelangten und schädigend wirkten. Die Bedenken, welche der konservative Abgeordnete Winckler in der zweiten Lesung des Gesetzes im Abgeordnetenhause in beachtenswerter Vertretung der industriellen Interessen gegen diese Umkehrung der Beweislast vorgebracht hat, sind nicht ganz von der Hand zu weisen, denn der Nachweis des Unternehmers wird im gegebenen Falle natürlich sehr streng genommen werden. Nach der bisherigen Praxis der Gerichte ist nicht zu bezweifeln, daß in jeder Beziehung die äußerste Sorgfalt verlangt werden wird, nicht bloß in bezug auf die erforderlichen Einrichtungen, sondern auch in bezug auf die Auswahl und vor allen Dingen in bezug auf die Beaufsichtigung der Personen, die mit Abwässeranlagen zu tun haben. Die Befürchtung aber, daß die Anwendung des inredestehenden Paragraphen einfach den Betrieb mancher Fabriken unmöglich machen werde, dürften doch wohl zu weitgehend sein; jedenfalls ist § 24a in seiner jetzigen Gestalt von industrieller Seite nicht mehr als bedenklich bemängelt worden. Dagegen überschreiten die Strafbestimmungen in den §§ 346 und 346a das Maß des Erforderlichen und können der Industrie empfindlichen Schaden zufügen, vor allem aber der böswilligen Verfolgung Tür und Tor öffnen.

Durch das neue Gesetz wird die bisherige Sachlage in folgender Weise verändert: während bisher die Wasserpolizei erst abwartete, ob irgendwo durch Verunreinigung Schädigungen eintraten, muß sie jetzt vorbeugend wirken, d. h.: während früher derjenige, der Abwässer in einen Fluß hineinlassen wollte, das einfach tat, auf die Gefahr hin, daß man ihn später verantwortlich machte, falls er über das Gemeinübliche an Verunreinigung hinausging, muß er nach Inkrafttreten des Gesetzes vorher davon Anzeige machen, wenn er irgendwelche verunreinigten Abwässer in den Flußlauf hineinlaufen lassen will, sofern er das Recht hierzu nicht durch Verleihung erworben hat. Es ist ihm also Anzeigepflicht auferlegt und die Wasserpolizei ist gehalten, dann unter Hinzuziehung des zuständigen Schauamtes zu prüfen, ob das geplante Unternehmen etwa übermäßig verunreinigend für die Wasserläufe wirken kann. Hält die Wasserpolizeibehörde eine schädigende Verunreinigung für gegeben, so hat sie zu verbieten, daß die Abwässer überhaupt in den Flußlauf gelangen. Kommt sie aber zu der gegenteiligen Ueberzeugung, so erteilt sie die Genehmigung; im Interesse der Unternehmer ist übrigens auch eine generelle Genehmigung für die Einleitung von gewissen Abwässern in einen Flußlauf durch den Oberpräsidenten zugelassen.

An dem materiellen Recht ist mithin gegen früher kaum wesentliches geändert. Trotzdem bedeutet die Neuregelung einen großen Fortschritt; denn ein Fortschritt ist es offenbar, daß künftighin die Einleitung von Abwässern von der vorhergehenden Genehmigung der Wasserpolizeibehörde abhängig ist, während heute jeder Unternehmer ohne Rücksicht auf die entgegenstehenden Interessen anderer die Wasserläufe als Rezipient für seine Abfallwässer benutzen kann, ohne diese von vornherein der Aufsicht der zuständigen Behörde unterwerfen zu müssen.

Eins darf aber bei der Beurteilung der ganzen Frage nicht vergessen werden, worauf in der zweiten Lesung des Gesetzes ausdrücklich und ausführlich hingewiesen worden ist, daß wir nämlich in Preußen ein lebhaftes Interesse daran haben, die jetzt in weitgehendem Maße statuierte Reinhaltungspflicht für unsere Flußläufe auch auf die Bundesstaaten ausgedehnt zu wissen, die Oberlieger an unseren Flüssen sind. Denn alle die schönen Bestimmungen über Reinhaltung der Wasserläufe können illusorisch gemacht werden durch Handlungen in den Gebieten der Bundesstaaten, die unsere Oberlieger sind, die uns also den Segen herunterschicken können; wir reinigen dann immer fleißig unten, aber von oben kommt der Segen fortgesetzt von neuem. Treffend hat ein Abgeordneter im Plenum des Abgeordnetenhauses auch die Konsequenz hiervon gezeichnet: „Wenn unsere Industrie in Preußen härteren Bestimmungen über die Reinigung der Abwässer, über die Beseitigung der Abwässer ausgesetzt ist als in anderen Bundesstaaten, wenn ihr dadurch erhebliche Nachteile, erhebliche Ausgaben entstehen, so wird sie sich fragen: ‚können wir unsere kommerziellen Zwecke nicht ebensogut in einem der Bundesstaaten außerhalb Preußens verwirklichen, wo diese strengen Bestimmungen nicht Platz greifen, sondern sogar noch mildere Bestimmungen vorhanden sind, als sie heute bei uns gelten?“ Tatsächlich sind auch vielfach schon Industrien in die Bundesstaaten abgewandert und haben sich in diesen angesiedelt, weil dort leichtere Bestimmungen in der Abwässerbeseitigung und ähnlichem getroffen sind. Wir würden also infolge der neuen Bestimmungen nicht bloß große gewerbliche Unternehmungen, die doch einen Teil unserer Steuerkraft darstellen, durch Abwanderung verlieren und dadurch diesen Teil der Steuerkraft einbüßen, sondern würden auch fernerhin den Nachteil behalten, daß wir trotz allem, was wir nun tun, um unsere Flüsse zu reinigen, dafür sorgen müssen, daß die Abwässer, die die Industrien unserer Bundesstaaten uns herunterschicken, auf unsere Kosten beseitigt werden: also ein doppelter Nachteil: mehr Ausgaben und weniger Einnahmen! Die Richtigkeit dieser Ausführungen sind regierungsseitig bestätigt worden. Deshalb ist von der Wasserrechtskommission dem Plenum eine Resolution vorgelegt worden, welche die Staatsregierung ersuchte, im Bundesrat dahin zu wirken, daß gesetzliche oder andere Maßnahmen getroffen werden, welche diesen Uebelständen baldmöglichst abhelfen.

Mit Bezug hierauf hat der Landwirtschaftsminister in der dritten Lesung des Gesetzes erklärt, daß die preußisch-landwirtschaftliche Verwaltung in Uebereinstimmung mit den übrigen beteiligten Ressorts unter allen Umständen dafür Sorge tragen würde, daß entweder im Wege der gesetzgebenden Bestimmungen oder durch sonstige Vereinbarungen mit den übrigen Bundesstaaten eine weitere Verunreinigung unserer Wasserläufe durch die Oberlieger anderer Bundesstaaten verhindert werde.

Der Weg, den nach Inkrafttreten des neuen Gesetzes jedes größere industrielle Unternehmen zur Beseitigung seiner Abwässer beschreiten muß, sofern es sich dabei auf eine unantastbare und gesicherte Rechtsgrundlage stellen will, ist durch das Recht der Verleihung gegeben, das gerade in dieser Beziehung sich als eine besonders wichtige und begrüßenswerte Neuerung darstellt. Der Vorzug der Verleihung in bezug auf die Abwässerfrage liegt qualitativ vor allem darin, daß die vielseitigen, oft sich stark widersprechenden, ja direkt entgegenstehenden Interessen der auf die Benutzung eines Wasserlaufs angewiesenen Unternehmungen — wie ich das vorher schon auszuführen mir erlaubte — gegeneinander in gerechter Weise abgewogen und ausgeglichen werden und der Grad der zulässigen Verunreinigung genau fixirt wird, wobei ebensowohl die wirtschaftliche Bedeutung wie die sonstigen ausschlaggebenden Momente der in Betracht kommenden Gewerbebetriebe gegeneinander abgewogen werden.

Dieser Vorzug des neuen Rechts, das jedem zugänglich ist, nur aus den im Gesetz angegebenen Gründen, wohin vor allem die Rücksichten des öffentlichen Wohles gehören, versagt werden darf und nach Ablauf der Verleihungsfrist, allerdings unter Anpassung an die durch Aenderung der Verhältnisse gebotenen neueren Ansprüche verlängert werden muß, gilt natürlich auch in gleicher Weise für alle anderen gewerblichen wassernutzenden Unternehmungen.

Wie in qualitativer hat die Verleihung auch in quantitativer Beziehung eine erhebliche Bedeutung nicht nur für die Wasserwirtschaft im besonderen, sondern für die Volkswirtschaft ganz im allgemeinen, weil durch sie eine ökonomische Wirtschaft unter möglichstem Ausschluß von Wasserverschwendung gewährleistet wird und gleich bei Beginn jedes Unternehmens die Ansprüche sämtlicher übrigen Interessenten am Wasserlauf festgestellt werden. Dadurch wird von vornherein eine richtige Kalkulation des Unternehmens möglich gemacht, späteren Rechtsstreitigkeiten mit den benachbarten Unternehmungen in bezug auf die Wassernutzung vorgebeugt und der Betrieb auf die Dauer der Verleihung gegen jeden Anspruch auf Unterlassung der Ausübung oder auf Beseitigung der errichteten Anlagen geschützt. Denn bloß infolge besonderer Umstände, so wegen überwiegender Nachteile oder Gefahren für das öffentliche Wohl, kann die Verleihung, und zwar nur auf Antrag des Staates, eines Kommunalverbandes oder einer anderen öffentlich-rechtlichen Körperschaft oder der Wasserpolizeibehörde, unter entsprechender Entschädigung des Unternehmers, annulliert werden.

Die Bestimmungen über die Verleihung und Ausgleichung, die alles nach den wirtschaftlichen Interessen regelt, bedeuten entschieden einen großen gesetzgeberischen Fortschritt. Die volle Ausnutzung unserer Wasserkräfte, die volle Ausnutzung der Benutzungsmöglichkeit unserer Wasserläufe soll und kann auf diesem Wege erreicht werden. Freilich werden dabei, wie ich schon eingangs meiner Ausführungen erwähnte, die Rechtsgrundsätze des Eigentums beseitigt zugunsten des Prinzips, daß das öffentliche Interesse und nächst ihm der größere wasserwirtschaftliche Vorteil überall durchgesetzt werden soll, womit eine große Umwälzung in den bestehenden Rechtsverhältnissen, soweit sie vom Wassergesetz betroffen werden, herbeigeführt wird. Deshalb ist die Entscheidung, ob die Institution der Verleihung so funktioniert, wie es zum Nutzen der Wasserwirtschaft, besonders der wassernutzenden gewerblichen Unternehmungen, gefordert werden muß, ob ferner alle Rechtskautelen für gerechte und unbeeinflußte Handhabung der vom Gesetz betroffenen Bestimmungen gegeben sind, letzten Endes von der Organisation der Behörden abhängig, die für den Gang des Verleihungsverfahrens zuständig sind.

Wie Sie wissen, meine Herren, hat nun gerade die Frage der Behördenorganisation bei Beratung des Gesetzes eine besonders bedeutsame Rolle gespielt und bis zum letzten Augenblick den Gegenstand lebhafter Erörterungen abgegeben, wobei die Meinungen unter dem Feldgeschrei: hie Oberwaltungsgericht, hie Landeswasseramt, scharf aufeinandergestoßen sind. Durch die nunmehr getroffene Regelung, die meines Erachtens mit Recht, dem Landeswasseramt den Vorzug gegeben hat, ist in den ausschlaggebenden Gesichtspunkten: der größtmöglichsten Vereinfachung und Verbilligung des Instanzenzuges und Verfahrens, und der Gewährleistung der Entscheidungen durch unabhängige richterliche Instanzen in wünschenswerter Weise Rechnung getragen. Eingesetzt sind als erste Instanz der Bezirksausschuß, als zweite das Landeswasseramt, das aus auf Lebenszeit vom Könige berufenen Richtern im Hauptamt und aus in Wasserangelegenheiten erfahrenen Laien, die auf zwölf Jahre im Ehrenamt bestellt werden, besteht, so daß also das Landeswasseramt die Qualitäten des Oberverwaltungsgerichts aufweist. Hierdurch ist für den Rechtsmittelzug im Bezirksausschuß die Lokalinstanz, im Landeswasseramt die Zentralinstanz geschaffen, die sich beide rechtlich und tatsächlich mit der Materie zu befassen haben.

Der große Vorzug dieser Regelung, gegenüber der von konservativer Seite beantragten, besteht vor allem darin, daß das Landeswasseramt sowohl in tatsächlicher, wie in wirtschaftlicher und rechtlicher Beziehung die Grundsätze herausarbeiten und der nachgeordneten Instanz an die Hand geben wird, nach denen künftighin im Verleihungsverfahren bei den wasserwirtschaftlichen Fragen entschieden werden soll. Dadurch werden wir rasch zu einer einheitlichen Rechtsprechung, und zwar zu einer Rechtsprechung von höchster Stelle, kommen. Bei dieser handelt es sich, wie ich einschalten möchte, aber lediglich um die Feststellung, ob eine Verleihung, in welchem Umfange und unter welchen Bedingungen sie zu erteilen ist, d. h. ob das öffentliche Interesse überwiegt oder ob das privatwirtschaftliche Interesse, ob der Vorteil des Einzelnen den entgegenstehenden Nachteil des Anderen übersteigt. Es werden also in dem Verfahren gewissermaßen nur die Voraussetzungen für eine Art Enteignung festgestellt. In bezug auf die zu gewährenden Entschädigungen ist im Gesetz ausdrücklich der ordentliche Rechtsweg vorgesehen, so daß allen Beteiligten die nötige Rechtssicherung im weitesten Umfange gewährleistet ist.

Freilich darf nicht verhehlt werden, daß die Regelung des Behördenzuges in gewisser Hinsicht ein recht bedenkliches Loch besitzt, insofern der Ministerialinstanz, wenn auch in versteckter Form, bei der Verleihung an bestimmten Wasserläufen 1. Ordnung, die letzte Entscheidung vom Gesetz eingeräumt worden ist. Das ist insofern von Bedeutung, als dies Vetorecht gerade bei der Verleihung in bezug auf Anlegung von Häfen, Anlegestellen und Stichkanälen hinderlich werden kann. Wie aus der Aeußerung eines konservativen Abgeordneten in der zweiten Lesung des Gesetzes im Abgeordnetenhause ersichtlich wurde, haben selbst die Väter dieser Ausnahmebestimmungen deren Aufnahme in das Gesetz später lebhaft bedauert; denn sie beabsichtigten, als sie für das Vetorecht des Ministers eintraten, dies der Ministerialinstanz nur für die schiffbaren Ströme einzuräumen.

Von nationalliberaler Seite ist die Sache in der dritte Lesung im Plenum allerdings nicht als so bedenklich angesehen worden; vielmehr wurde von dieser ausdrücklich betont: „daß das Vetorecht des Ministers der öffentlichen Arbeiten und des Ministers für Handel und Gewerbe begründet, daß es sogar notwendig sei, daß diese Instanzen, die über die Entwickelung unserer Wasserstraßen, unserer öffentlichen und gewerblichen Interessen zu entscheiden und zu bestimmen haben, deren Mitwirkung wesentlich für diese Frage ist, bei all den Fragen der Verleihung, sofern es sich um Ströme von erheblicher Bedeutung, sei es für die Gegenwart, sei es für die Zukunft, handelt, nicht ausgeschaltet werden" dürfen.

Bemerkenswert ist noch, daß das gewerbepolizeiliche Genehmigungsverfahren mit dem Verleihungsverfahren verbunden werden soll; dies ist noch in letzter Stunde erreicht und damit eine große Vereinfachung des Geschäftsverfahrens erzielt worden.

Einen unbeabsichtigten, aber sehr begrüßenswerten Erfolg wird die Institution der Verleihung übrigens nebenher haben, indem sie den zurzeit recht fühlbaren Mangel, der heute hinsichtlich der Statistik der wassernutzenden Industrie in Preußen obwaltet, ausfüllen wird. Ohne mühselige Sondererhebungen war es bis jetzt nicht möglich, die Zahl, die Art, den Umfang der Wassernutzung, sowie den Wasserverbrauch aller an den Wasserläufen gelegenen gewerblichen Unternehmungen systematisch festzustellen, wodurch doch allein ein erschöpfendes Bild von dem Umfang und der Bedeutung unserer Wasserwirtschaft gewonnen werden könnte. Das wird in wenigen Jahren möglich sein, weil die Bezirksausschüsse ja binnen kurzem innerhalb ihrer Bezirke über die wassernutzenden Unternehmungen in jeder Richtung erschöpfende Angaben gewinnen werden. Die bei Inkrafttreten des Gesetzes auf Grund eines Rechts am Wasserlauf bereits bestehenden oder sonstwie bis zum 1. Januar 1912 errichteten Anlagen bedürfen zwar keiner Verleihung, aber da sie in das Wasserbuch eingetragen werden müssen, falls sie nicht erlöschen sollen, dürften sie ebenfalls statistisch erfaßt werden können.

Meine Herren! Der Kreis der Rechte, die durch die Verleihung erworben werden können, ist auf die von mir eingangs erwähnten Benutzungsarten, ferner auf die Errichtung von Häfen, Stichkanälen, Anlegestellen und Badestellen beschränkt. Darüber hinaus soll aber unter bestimmten Voraussetzungen auch zugunsten anderer wasserwirtschaftlicher Unternehmungen, ohne daß eine Enteignung eingeleitet zu werden braucht, das Recht zu einem Eingriff in den fremden Rechtsbereich durch das Institut der Zwangsrechte gegeben werden. Derartige Zwangsrechte sind nur zum Teil im geltenden Rechte enthalten und zwar bloß im Interesse der Bodenkultur und Schiffahrt. Das Gesetz dehnt die Verpflichtungen der Grundeigentümer zur Förderung wasserwirtschaftlicher Unternehmungen inhaltlich wesentlich aus, indem es ermöglicht, zugunsten industrieller und kommunaler Unternehmungen jemandem das Recht an seinem Grund und Boden abzuzwingen. Am bemerkenswertesten ist für die Industrie in dieser Hinsicht, daß jedes Unternehmen, das die Beseitigung von Abwässern oder die bessere Ausnutzung einer Trinkwasseranlage bezweckt, einen besseren Wasserabfluß in einen Wasserlauf von den Eigentümern des letzteren und von den beteiligten Grundstücksbesitzern erzwingen kann; daß ferner der Eigentümer von Anlagen zur Beseitigung von Abwässern jedem beliebigen anderen deren Mitbenutzung gestatten muß, wenn der letztere die Abwässer seines Betriebes anders nicht zweckmäßig oder nur mit erheblichen Mehrkosten beseitigen kann. Der Regierungsentwurf wollte außerdem noch ermöglichen, den Eigentümer eines Grundstückes zu zwingen, auf seinem Eigentum Gleise, Wege oder ähnliche Anlagen einrichten zu lassen, wenn dies zur Verbindung mit einem Wasserlaufe 1. Ordnung als Schiffahrtsstraße erforderlich gewesen, eine Bestimmung, welche großen Unternehmungen, besonders bei Anlegung von Häfen und Kanälen, gute Dienste geleistet haben würde. Leider hat die Kommission, zur Genugtuung der großen Kommunen, den Paragraphen gestrichen, weil er ihr zu tief in die Privatrechte eingriff.

Bei dem Kapitel Zwangsgenossenschaften möchte ich noch eines Punktes besonders gedenken, der bei der Beratung des Gesetzes lebhaft erörtert worden ist; er betrifft jene mit der Bezeichnung: „Kalikanal“ charakterisierte Bestimmung, wonach der Zwangsgenossenschaft die Anlegung besonderer Kanäle sollte auferlegt werden können, wenn die vorhandenen Gewässer zur unschädlichen Abführung der Schmutzwässer nicht ausreichten. Das Plenum des Abgeordnetenhauses hat dieser Bestimmung in der zweiten Lesung den Giftzahn ausgezogen und dem Paragraphen eine Fassung gegeben, welche ihn nunmehr gänzlich unbedenklich macht.

Meine Herren! Ich habe versucht, Ihnen in knappen Umrissen ein Bild davon zu geben, wie sich die Wasserwirtschaft unter dem Wassergesetz bei solchen Unternehmungen entwickeln und gestalten wird, die erst nach seinem Inkrafttreten neu eingerichtet werden. Es ist aber auch von größter Wichtigkeit, zu wissen, wie es mit den bereits bestehenden Unternehmungen gehalten werden soll.

Diese Frage beantwortet der viel berufene § 349 des Gesetzes, dessen Inhalt ich schon gelegentlich gestreift habe, kurz dahin, daß sowohl alle auf besonderen Titeln beruhenden Rechte, sofern sie in das Wasserbuch eingetragen werden, wie auch alle Rechte zur Benutzung eines Wasserlaufs und anderer Gewässer, soweit zu ihrer Ausübung rechtmäßige, bis zum 1. Januar 1912 errichtete Anlagen vorhanden sind, erhalten bleiben. Es fragt sich nun, ob und inwieweit zu letzteren die auf Grund der gewerbepolizeilichen und der landespolizeilichen Genehmigung errichteten Anlagen rechnen; dabei ergibt sich eine sehr unterschiedliche Behandlung der eben bezeichneten beiden Kategorien. Sowohl in der Kommission wie im Plenum ist unter ausdrücklicher Zustimmung der Regierungsvertreter zweifelsfrei festgestellt worden, daß die Unternehmungen, welche auf Grund gewerbepolizeilicher Genehmigung eingerichtet worden sind, von den Bestimmungen des Wassergesetzes nicht berührt werden, soweit nicht die Abwässerfrage in Betracht kommt. Sehr fraglich liegt aber die Sache bei den landespolizeilich genehmigten Betrieben. Von einem Vertreter der Königlichen Staatsregierung ist in seiner Eigenschaft als Regierungskommissar gelegentlich der Verhandlungen über die Bestimmungen betreffend die Talsperren im Plenum wörtlich ausgeführt: „Die Genehmigung, die für eine Talsperre vom Regierungspräsidenten, der Landespolizeibehörde, erteilt wird, hat durchaus nicht den rechtlichen Charakter und die Rechtsnachfolgen, die eine gewerbepolizeiliche Konzession auf Grund des § 16 der Gewerbeordnung hat. Wenn die Landespolizeibehörde jetzt unter dem geltenden Rechte die Errichtung einer Talsperre landespolizeilich genehmigt, so bringt sie damit lediglich zum Ausdruck, daß gegen die Errichtung der Talsperre vom polizeilichen Gesichtspunkte nichts einzuwenden ist. Ganz anders ist es mit der gewerbepolizeilichen Genehmigung, die, wie aus den §§ 25 und 26 der Gewerbeordnung hervorgeht, weitgehende öffentlich-rechtliche und privat-rechtliche Konsequenzen hat."

Ebenso ist von einem Abgeordneten bei der zweiten Lesung im Plenum des Abgeordnetenhauses ausgeführt: „Was rechtmäßige Anlagen sind, besagt der Wortlaut des Gesetzes nicht, aber nach dem unwidersprochenen Ergebnis der Kommissionsverhandlungen gehören zu den rechtmäßigen Anlagen auch diejenigen, welche auf Grund einer rechtsgültigen gewerbepolizeilichen Konzession errichtet worden sind."

Dankbar ist es zu begrüßen, daß auch Anlagen, die zehn Jahre bestanden haben, die Vermutung der Rechtmäßigkeit für sich haben sollen. Nur die Wasserentziehungsanlagen werden, selbst wenn sie schon lange Zeit bestanden haben, bis zu einem gewissen, im allgemeinen Interesse wohl berechtigten Grade den Grundsätzen des neuen Rechts unterworfen.

Damit, meine Herren, bin ich am Schlusse meiner Ausführungen angelangt. Bei dem Umfang der Materie haben sich diese naturgemäß nur auf das wichtigste beschränken müssen.

Meine Herren! Erst nach mannigfacher, tiefgreifender Umgestaltung hat das Gesetz die Form erhalten, die ich Ihnen in kurzen Umrissen heute zeichnen durfte. Nicht ohne starken Druck der öffentlichen Meinung, allein infolge des einmütigen Zusammenstehens aller Beteiligten, das Herr Regierungsrat Schweighoffer vorher mit Recht als vorbildlich bezeichnet hat, hat sich diese Umwandlung etappenweise vollzogen. Wie alles, was Menschengeist schafft und erdenkt, hat auch trotz besten Bemühens dieses Gesetz seine Mängel und Schatten und läßt der Wünsche manche übrig. Aber, meine Herren, alles in allem kann meines Erachtens die deutsche Industrie der Staatsregierung für den trefflichen Entwurf Dank zollen und das Werk des Abgeordnetenhauses in seiner heutigen Gestalt annehmbar finden. Ich glaube deshalb, meine Herren, den in der Ihnen namens des Direktoriums vorgelegten Resolution zum Ausdruck gebrachten Wunsch aussprechen zu dürfen, daß das preußische Herrenhaus dem Gesetz, so wie es jetzt vorliegt, die Sanktion erteilen möge, und bitte Sie, meine Herren, dieser Resolution zuzustimmen. Nicht bessere Worte vermag ich dem Gesetz in kurzer Charakteristik zum Schlusse zu widmen, als der Geh. Oberbaurat Keller gelegentlich eines Berichts in der Wasserrechtskommission: „Möge das Wassergesetz als Grundlage dienen der Unternehmungen, die der Gesamtheit nützen und dem einzelnen nicht schaden sollen. Keine verletzende Waffe im Streite der Interessen, sondern ein wirksames Werkzeug zum Ausgleich der Gegensätze und zum Heile des Vaterlandes!"

Vorsitzender: Meine Herren, ich eröffne die Diskussion und gebe dem Herrn Kommerzienrat Dr. Kauffmann das Wort.

Kommerzienrat Dr. **Kauffmann:** Meine Herren, ich will auf das sehr umfangreiche Gesetz und das umfangreiche und lichtvolle Referat, das wir soeben gehört haben, im allgemeinen nicht eingehen, sondern mir nur erlauben, an einigen speziellen und nach meinem Dafürhalten für die Industrie ganz besonders im Vordergrund stehenden bedenklichen Bestimmungen des Gesetzes Kritik zu üben.

Ich erkenne ohne weiteres an, daß durch die Aenderungen, welche die Kommission des Abgeordnetenhauses an dem Gesetzentwurf vorgenommen hat, in manchen Beziehungen Verbesserungen für die industriellen Bedürfnisse eingetreten sind. Insbesondere gilt dies von dem § 54, von der Aufhebung des Wasserzinses auf den schiffbaren Strömen. Aber, meine Herren, die Zahl derjenigen Industriellen, welche Anlieger der schiffbaren Ströme sind und welche infolgedessen die Vorteile des errungenen Triumphes genießen, ist doch nur verhältnismäßig klein; viel größer ist zweifellos die Zahl derjenigen Industriellen, welche Interessenten an der Abwässerfrage im allgemeinen sind, und zwar auch als Adjazenten an Flüssen zweiter und dritter Ordnung. Für diese allgemeinen Abwässer-Interessen kann ich die

Regelung, die das Gesetz bringen soll, nicht als eine solche ansehen, daß ich ihr ebenso zustimmen könnte wie der Herr Referent es getan hat. Wir werden es ja allerdings, auch als Industrielle, in den Kauf nehmen müssen, daß die Verunreinigung der Flüsse, insoweit es sich um neu zu errichtende oder zu erweiternde Anlagen handelt, mehr erschwert wird, als es bisher der Fall war, denn der immer mehr um sich greifenden Flußverunreinigung einen Riegel vorzuschieben, ist ja schließlich der Zweck und das Ziel des Gesetzes. Der Herr Referent hat ja selbst anerkannt, und auch die Industrie wird es zugeben müssen, daß die Flußverunreinigung allzu große Dimensionen anzunehmen droht. Deshalb glaube ich, daß wir uns mit den sehr strengen Bestimmungen für Neuanlagen (Verleihung, und zwar Verleihung nur auf bestimmte Zeit usw. usw.) schließlich werden abfinden müssen. Aber nach meiner Ansicht würden doch wenigstens die vorhandenen alten Anlagen und das umfangreiche Kapital, das auf Grund der bisherigen Praxis jetzt in der Industrie investiert ist und das die Schmutzabwässer-Ableitung in die Flüsse nicht entbehren kann, einen kräftigeren Schutz verdient haben, als ihn die bestehenden Etablissements speziell in der Abwässerfrage in dem Gesetz gefunden haben.

Dieser Schutz wird gewährt durch den von dem Herrn Referenten besonders erwähnten § 349, und der Umfang des Schutzes, den die bestehenden Etablissements hinsichtlich ihrer Abwässer-Ableitung genießen sollen, wird begrenzt durch den erst in der Kommission in den Paragraphen hineingesetzten Zusatz: „Eine Verunreinigung des Wassers, die über das Gemeinübliche hinausgeht, ist unzulässig.“ Dies soll, wie der Herr Referent mit Recht hervorgehoben hat, auch für solche Etablissements gelten, die auf Grund der gewerberechtlichen Genehmigung die Abwässer bisher eingeleitet haben. Nun scheint mir aber der Ausdruck „gemeinüblich“ recht dehnbar und kautschukartig zu sein. Ich will darauf hinweisen, daß in der Kommission des Abgeordnetenhauses, dem Kommissionsbericht zufolge, ein Mitglied der Kommission von der Auffassung ausgegangen ist, daß der Begriff des „Gemeinüblichen“ im § 349 sich mit dem Begriff „Gemeingebrauch“ des § 25 des Gesetzes decke. Das würde nichts anderes bedeuten, als daß die Industriellen künftig kein weiteres Recht haben sollen, als sich im Fluß zu baden oder ihre Pferde darin zu tränken, denn nur auf diese und ähnliche Dinge erstreckt sich der Begriff des Gemeingebrauches des § 25. Nun ist ja hierauf durch den Herrn Regierungsvertreter in der Kommission die Aufklärung gegeben worden, daß sich der Begriff „gemeinüblich“ nicht mit dem „Gemeingebrauch“ deckt, sondern etwas anderes bedeutet, und zwar etwas schon längs Bestehendes, daß schon Reichsgerichtsentscheidungen den Umfang dieses Begriffes bestimmen, und daß diese Entscheidungen dahin gehen, daß dieser Begriff keine feststehende Norm bedeuten soll, sondern von Fall zu Fall zu beurteilen sei, je nach der Lage des einzelnen Falles. Auch die „Begründung" des Gesetzentwurfes sagt in dieser Beziehung, allerdings wohl an einer anderen Stelle, daß die gemeinübliche oder künftig zulässige Wasser-Verunreinigung eine verschiedene sein müsse, je nach der Wassermenge, welche der Fluß führt, je nach dem Gefälle des Flusses und besonders nach der wirtschaftlichen Bedeutung des Flusses, je nach dem Umstande, ob derselbe in erster Linie industriellen oder in erster Linie landwirtschaftlichen Interessen dient.

Meine Herren, wenn eine solche Handhabung des Gesetzes völlig gesichert wäre, so würde das nach meinem Dafürhalten für die Industrie vielleicht ausreichend sein, denn es würde dies im wesentlichen die Aufrechterhaltung der bestehenden Prinzipien bedeuten, die ja in der Hauptsache darauf beruht haben, daß man mit verschiedenem Maße gemessen hat, daß in Industrieflüsse die Industrie mit größerer Freiheit Abwässer einleiten konnte, während bei mehr landwirtschaftlichen Flüssen die Abwässereinleitung auch bisher schon immer viel mehr eingeschränkt gewesen ist.

Aber, meine Herren, Reichsgerichtsentscheidungen sind nicht ein für allemal bindend. Soviel ich weiß, ist das Reichsgericht nicht verpflichtet, sich an frühere Entscheidungen aller seiner Senate in aller Zukunft zu binden, und auch die Erklärungen, die die Herren Regierungsvertreter bei Erlaß eines Gesetzes, sei es in der Kommission, sei es im Plenum, abgeben, sind doch wohl nur in begrenztem Umfange für alle Zeiten für die Regierung bindend. Wenigstens haben wir es in Schlesien erlebt, daß für den § 6 des Oderwasserstraßen-Gesetzes vom Jahre 1905 der Herr Minister der öffentlichen Arbeiten im Abgeordnetenhause kürzlich eine ganz andere Erläuterung gegeben hat, als es, zum mindesten nach der Auffassung unserer schlesischen Interessenten, nach den bei der Beratung des Gesetzes im Abgeordnetenhause von den damaligen Regierungsvertretern abgegebenen Erklärungen erwartet werden durfte. Es handelte sich da um die Kompensationen auf dem Gebiete der Eisenbahntarife für die Schädigungen, die dem niederschlesischen Kohlenrevier durch den Berlin-Stettiner Großschiffahrtsweg erwachsen.

Es ist weiter zu berücksichtigen, daß durch die neuen scharfen Vorschriften, welche das Gesetz für die Errichtung neuer Abwässeranlagen einführt (Verleihung, Verleihung nur auf Zeit, Verleihung selbst auf Zeit nur mit dem Vorbehalt fortwährender Verschärfungen der Vorschriften betreffend die Reinigungsanlagen), der Begriff der gemeinüblichen Wasserverschmutzung auch künftig im ganzen im Laufe der Jahre und Jahrzehnte eine wesentliche Einengung erfahren wird, und daß dann bei der gegenwärtigen Fassung des § 349 diese eingeengte Beurteilung des Begriffes „gemeinüblich" auch für die jetzt schon bestehenden Anlagen Platz greifen wird.

Die kleine Zusammenstellung, die der Centralverband Deutscher Industrieller uns kürzlich über den Entwurf des preußischen Wassergesetzes zugesandt hat, sagt ja in dieser Beziehung auf Seite 10: Eine Verunreinigung des Wassers, die über das Gemeinübliche hinausgeht, soll unzulässig sein. „Hiermit soll bezweckt werden, daß sich ein neuer erweiterter Begriff des Gemeinüblichen auch hinsichtlich der bereits bestehenden Rechte zur Abwässereinleitung nicht bilden kann."

Meine Herren, wenn es damit abgetan wäre, daß sich kein neuer erweiterter Begriff bilden kann, dann wäre alles gut. Es wird sich aber, wie ich glaube nachgewiesen zu haben, ein verengerter Begriff herausbilden, und dieser verengerte Begriff wird nach § 349 auch auf die Beurteilung der bestehenden Anlagen Anwendung finden.

Nach meiner Ansicht würde die Befürchtung, die ich hier ausgesprochen habe, nur dann beseitigt worden sein, wenn die vorhin erwähnte, für die Industrie ganz akzeptable Definition des Begriffes „gemeinüblich", die der Herr Regierungsvertreter in der Kommission gegeben hat und auf die auch in der „Begründung" des Entwurfes hingewiesen ist, im § 349 des Gesetzes selbst, als Erläuterung des Begriffes „gemeinüblich", aufgenommen worden wäre, und wenn ferner die einschränkende Bestimmung des § 349 nicht die Fassung erhalten hätte „eine Verunreinigung des Wassers, die über das Gemeinübliche hinausgeht, ist unzulässig", sondern die Fassung „eine Verunreinigung des Wassers, die über dasjenige hinausgeht, was beim Inkrafttreten dieses Gesetzes als gemeinüblich gegolten hat, ist unzulässig".

Die Handelskammer zu Schweidnitz, deren Vorsitzender ich bin, hat zwischen der zweiten und dritten Lesung der Kommission des Abgeordnetenhauses diese Abänderungswünsche im Verein mit anderen Wünschen der Abgeordnetenhaus-Kommission unterbreitet, unsere Wünsche sind aber nicht berücksichtigt worden. So wie der Gesetzentwurf gegenwärtig gefaßt ist, kann ich ernste Befürchtungen nicht unterdrücken und möchte die Herren, die auf Grund ersessener Rechte Gewässer verunreinigen — abgesehen natürlich von denen, deren diesbezügliche Rechte „auf besonderen Titeln" beruhen, dies aber wird wohl nur eine sehr kleine Minderzahl sein, denn Rechte der Abwässerung auf Grund besonderem Titel gibt es nur sehr wenige — sehr davor warnen, sich sicher darin zu fühlen, daß sie auf Grund des § 349 die Flüsse auch künftig werden so verunreinigen können, wie es bisher geschehen ist und wie es für die Existenz ihrer Unternehmungen in vielen Fällen unabänderlich notwendig sein wird.

Daß meine Befürchtungen bezüglich des § 349 nicht gegenstandslos sind, dafür kann ich Ihnen heute schon einen Belag anführen. Ich habe Gelegenheit gehabt, einen Vortrag über das Wassergesetz in seiner jetzigen Gestalt anzuhören, den der Landrat des Kreises Glogau in Schlesien, Herr Singelmann, in Breslau gehalten hat. Herr Singelmann ist ein anerkannter Spezialist und Sachverständiger auf dem Gebiet des Wasserrechts, und er hat auch bei der alljährlichen Landratskonferenz der schlesischen Landräte im letzten Herbst das Referat über das Wassergesetz gehabt. — Herr Landrat Singelmann hat in seinem Vortrage zunächst den Inhalt des § 349 in seiner jetzigen Fassung vorgetragen und hat daran folgende weitere Bemerkungen geknüpft:

„Was die bestehenden Abwässerungsanlagen betrifft, so sind hier bei § 349 zwei Gesichtspunkte zu erwähnen, einmal der Umstand, daß der größte Teil der bestehenden Abwässerungsanlagen jeder rechtlichen Grundlage entbehrt, und andererseits, daß die Abwässerungen und die damit verbundenen Verunreinigungen der Wasserläufe stellenweise einen Umfang angenommen haben, der zu den größten Uebelständen und Gefahren für das öffentliche Wohl geführt hat, beispielsweise bei der Emscher und der Rawa. Es ist unter diesen Umständen erklärlich und erfreulich, daß man diesen Mißständen jetzt energisch zu Leibe gehen will."

Also auch Herr Landrat Singelmann ist weit entfernt von der Meinung, daß der § 349 wirklich die bestehenden Anlagen zur Abwässerreinigung in demjenigen Umfange sichert, wie es der Herr Referent zu meinen scheint.

Meine Herren, ich will durchaus nicht gegen die uns vorliegende Resolution sprechen, die sich ja auch nur in bedingter Weise für den Gesetzentwurf ausspricht. Aber ich muß aus den von mir vorgetragenen Gründen doch sagen, daß das Gesetz mein industrielles Herz mit des Lebens ungemischter Freude nicht gerade erfüllt hat. (Heiterkeit.) Ich möchte empfehlen, daß die Industrie nicht schon jetzt in Jubelhymnen über dieses Gesetz ausbrechen, sondern abwarten möchte, wie sich künftig unter der Geltung des neuen Gesetzes in der Praxis die Verhältnisse für sie gestalten werden.

Vorsitzender: Meine Herren, ich möchte, anknüpfend an die Ausführungen, die Herr Kommerzienrat Kauffmann eben gemacht hat, auch in Ergänzung dessen, was das Referat Ihnen geboten hat, auf die parlamentarische Lage aufmerksam machen. Ich glaube, daß das eigentlich der springende Punkt für unsere heutige Stellungnahme ist. Das Direktorium des Centralverbandes hat in Uebereinstimmung mit dem Ausschuß Ihnen hier einen Beschlußantrag vorgelegt, der dem Centralverband die Möglichkeit gibt, soweit es an ihm liegt, darauf hinzuwirken, daß daß Gesetz' in dieser Session zur Verabschiedung kommt. Sie müssen berücksichtigen, meine Herren, daß das Abgeordnetenhaus mit Schluß dieser Session auch seine Legislaturperiode abschließt und neu gewählt wird. Was also in dieser Session nicht erledigt wird, das fällt eben unter den Tisch und muß von neuem verhandelt werden. Aus diesem Gesichtspunkte heraus haben wir uns auf den Standpunkt gestellt, daß wir abzuwägen haben, ob das, was das Gesetz Gutes bringt, nicht so ist, daß wir den Wunsch haben sollten, daß unsere parlamentarischen Körperschaften mit dieser Sache vor Schluß der Session des preußischen Abgeordnetenhauses zu Rande kommen. Wird jetzt noch an allen möglichen Stellen in der Richtung der Durchsetzung an sich durchaus berechtigter Wünsche der Industrie gearbeitet, so wird damit natürlich die Möglichkeit, vielleicht auch die Wahrscheinlichkeit vergrößert, daß die Vorlage, die jetzt das Herrenhaus beschäftigen soll, an das preußische Abgeordnetenhaus wieder zurückkommt, und wenn das geschieht, so scheint bei der starken Besetzung der Arbeitszeit des preußischen Abgeordnetenhauses die Gefahr vorhanden zu sein, daß dieses Gesetz überhaupt nicht verabschiedet wird. Diese Gefahr, meine ich, müssen wir ins Auge fassen, und es entsteht für uns, wie gesagt, die Frage, ob nun, vielleicht auf längere Zeit, die alten Zustände bestehen bleiben sollen oder ob das, was Gutes in diesem Entwurf auch für die Industrie unzweifelhaft vorhanden ist, mit der Verabschiedung des Gesetzes in der gegenwärtigen Form zu erzielen ist.

Wenn man diese beiden Fragen miteinander in Vergleich zieht, dann glaube ich, meine Herren, ist die Antwort nicht schwer, dann wird man sich wohl für die Beantwortung im letzten Sinne entscheiden müssen.

Daß wir nicht überall und immer bei Gesetzen des Lebens ungemischte Freude haben — um die Worte des Herrn Kommerzienrat Kauffmann wieder zu gebrauchen —, daran sind wir ja gewöhnt, und das bezieht sich auch auf manche Bestimmungen dieses Gesetzes. Aber das liegt einmal in den Verhältnissen der menschlichen Natur begründet, und — wir müssen uns damit abfinden.

Aus diesen Gesichtspunkten heraus möchte ich diejenigen Herren, welche Bedenken gegen das Gesetz haben, bitten, sie zurückzustellen und sich damit zu bescheiden, daß wir auch in der Resolution zum Ausdruck gebracht haben, daß doch manche Wünsche der Industrie unerfüllt geblieben sind. Ich bitte also auch von meiner Seite die Herren, daß sie den Beschlußantrag, wie er hier vorliegt, annehmen.

Kommerzienrat Dr. **Kauffmann:** Ich bin dankbar für diese von so authentischer Seite gegebenen Aufklärungen und bekenne, daß meine Befürchtungen dadurch eine wesentliche Abschwächung erfahren haben.

Justizrat **Bitta,** Mitglied des Abgeordnetenhauses: Meine Herren, gestatten Sie, daß ich als Mitberichterstatter der Wassergesetz-kommission nur einige wenige Worte mir erlaube, um die Bedenken des Herrn Kommerzienrat Kauffmann zu zerstreuen.

Die Eingabe der Handelskammer Schweidnitz ist sehr eingehend von uns geprüft und auch beachtet worden. Die Bedenken, welche Herr Kommerzienrat Kauffmann hier geltend gemacht hat, halte ich aber nicht für begründet. Zunächst kann kein Zweifel darüber sein, was unter dem „Gemeinüblichen" des § 349 zu verstehen ist; das ist der Begriff, den das Reichsgericht in vieljähriger Rechtsprechung fest-gestellt hat, und auf dem unsere ganze bisherige Benutzung der Wasser-läufe zur industriellen Abwässerung überhaupt beruht. Es gibt keine andere Grundlage für diese Benutzung als diese Rechtsprechung des Reichsgerichts, die sich vom 16. Bande bis in den 79. Band hinein erstreckt. Also darüber ist kein Zweifel.

Es kann aber auch nicht gesagt werden, daß das Reichsgericht in seiner Rechtsprechung wechseln könnte, denn nunmehr wird diese Rechtsprechung in § 349 festgelegt, sie wird also unabänderlich gemacht.

Wenn ich noch auf die von Herrn Kauffmann erwähnten Bemerkungen des Herrn Landrats Singelmann eingehen darf, so bin ich bei dem betreffenden Vortrage selbst zugegen gewesen, und kann die daraus hergeleiteten Bedenken nicht teilen. Es können doch aus einem so allgemeinen Vortrage, wo das Gesetz noch gar nicht vorlag, überhaupt nicht irgendwelche Schlüsse gezogen werden. Erst wenn das Gesetz vorliegt und die nötigen Kommentare dazu, dann wird sich die Rechtslage beurteilen lassen. Ich glaube, daß keine Veranlassung vorliegt, sich auf allgemeine persönliche Auffassungen hin zu beunruhigen.

Vorsitzender: Meine Herren, es hat sich niemand mehr zum Worte gemeldet. Ich schließe dann die Diskussion und frage den Herrn Berichterstatter, ob er das Schlußwort wünscht. (Wird verneint.)

Wir kommen nun zur Abstimmung über den Beschlußantrag. Verlesen zu werden braucht er wohl nicht.

Diejenigen Herren, welche gegen die Annahme dieses Beschlußantrages sind, bitte ich, sich zu erheben. — Meine Herren, der Antrag ist einstimmig angenommen. (Vergl. S. 119.)

Meine Herren, wir kommen nun zum letzten Punkte unserer Tagesordnung. Ich habe mitzuteilen, daß zu unserem lebhaften Bedauern Herr Dr. Guggenheimer, der gestern nachmittag noch an unseren Verhandlungen hier teilgenommen hat, ganz plötzlich hat nach Paris reisen müssen. In der Nacht ist ein Telegramm eingegangen, das ihn gezwungen hat, sofort abzureisen, weil er dort eine Konferenz hat. Er hat aber dieses Referat hier gelassen. Von verschiedenen Seiten ist der lebhafte Wunsch geäußert worden, daß dieses Referat hier noch zur Verlesung komme, und ich darf annehmen, daß die Herren damit einverstanden sind, wenn auch der Herr Berichterstatter selbst nicht anwesend ist.

Herr Regierungsrat Schweighoffer wird den Vortrag verlesen.

Geschäftsführer Regierungsrat a. D. Dr. **Schweighoffer:** Meine Herren! Ich darf vorausschicken, daß mir der Vortrag auch erst zusammen mit dem Telegramm gestern abend spät vorgelegt worden ist und ich mich also unbedingt an das Referat halten muß.

Werkvereine — ihre Entstehung und Bedeutung.

Von Direktor Dr. Guggenheimer-Augsburg.

In Ihrer letzten Delegiertenversammlung in München hatte ein Vertreter der nationalen Arbeitervereine deren Berücksichtigung durch den „Centralverband Deutscher Industrieller" in Anregung gebracht und ich hatte im Anschluß hieran mir erlaubt, die Förderung dieser Vereine Ihnen gleichfalls nahezulegen, mit betonend, daß meines Erachtens diese Bewegung noch lange nicht genügend Beachtung seitens der Industrie gefunden hätte. Zu meiner Genugtuung fand ich mit den wenigen diesem Zwecke gewidmeten Worten rege Zustimmung der Versammlung. Dies hat mir den Mut gegeben, auf Anfrage hin mich bereit zu erklären, ein Referat zu übernehmen, welches Ihnen kurz die meines Erachtens bedeutendsten Glieder der nationalen Arbeiterbewegung, die „Werkvereine", vor Augen führen soll.

Nicht, als ob ich hoffen könnte, Ihnen hiermit besonders neues zu verkünden! Denn von berufenerer Stelle aus sind in letzter Zeit vorzügliche Darstellungen in Wort und Schrift gegeben worden. Nicht auch, als ob ich selbst der Aufgabe zum ersten Male nahetreten würde; weiß ich doch, daß auch in Ihrer heutigen Versammlung sich eine Reihe von Herren befindet, die mich zu dieser Frage, wenn auch nicht in einem speziellen Referate, so doch bei Beratungen der verschiedensten Art, mehrfach zu hören gezwungen waren, und ich bin mir voll bewußt, daß ich von mancher Seite den Vorwurf der Wiederholung längst Gesagten begegnen werde. Entschuldigung findet diese Wiederholung des von mir bereits Vorgebrachten, des von anderer Seite in viel besserer Darstellung Gegebenen meines Erachtens aber in der unbedingt großen und, wie ich besonders hervorheben will, bis heute noch nicht in ihrer ganzen Tragweite erkannten, ja von vielen Seiten aus direkt mißverkannten Bedeutung der Frage.

Ich täusche mich keinen Augenblick darüber, daß der Richtigkeit meiner Anschauung ganz erhebliche Zweifel von vielen Seiten entgegengebracht werden, Bedenken gegenüberstehen, deren Berechtigung im einzelnen zu prüfen meine heutige Aufgabe mit sein soll. Ich weiß sogar, daß die Opportunität dieser Erörterung in Frage gezogen wurde.

Dem gegenüber erscheint es mir aber gerade unbedingt geboten, zu einer Klärung in der Frage beizutragen, indem man das Thema zum Gegenstand der Besprechung in berufenem Kreise macht, und ich werde meine Aufgabe hier als erfüllt betrachten, wenn es mir gelingen sollte, bezüglich der so viel geschmähten und merkwürdigerweise von der zu ihrer Unterstützung berufensten Seite vielfach im Stiche gelassenen Werkvereine eine kurze Darlegung der Entstehung und Entstehungsnotwendigkeit zu geben, sowie die Einwände gegen ihre Bedeutung wenigstens zur Erörterung zu bringen und, soweit es an mir liegt, zu widerlegen.

Eines vor allem ist mir aber klar! Eine Bewegung, die auf der einen Seite ein so wesentliches Interesse hervorruft, auf der anderen noch skeptisch betrachtet wird, darf nicht totgeschwiegen werden. Die Frage, welche Stellung die Industrie ihr gegenüber einnehmen soll, muß erörtert werden. Eine Klärung muß angebahnt und ein Resultat, aufgebaut auf gemachten Erfahrungen und deren Austausch unter den interessierten Kreisen, geschaffen werden. Die Stellungnahme der Arbeitgeberkreise dieser Bewegung gegenüber, von der ein Teil die Aufrichtung eines Bollwerkes gegenüber dem immer mehr geförderten Zwiespalt zwischen Arbeitgeber und Arbeitnehmer erhofft, welcher der andere Teil mehr als vorsichtig abwartend gegenübersteht, muß eine klare, muß vor allem eine einheitliche sein, wenn nicht wieder nicht zu Unrecht der Vorwurf der Uneinigkeit gegenüber der Industrie erhoben werden soll. Die Stellungnahme muß aber auch bald erfolgen, wenn nicht der ebenso häufig erhobene, gleichfalls nicht immer unberechtigte Vorwurf des Zuspätkommens gemacht werden und die Erkenntnis der versäumten Gelegenheit eine Wiederholung feiern soll.

Dies zur Rechtfertigung meines heutigen Referates! Und nun zur Sache selbst!

Was sind Werkvereine?

Unter Werkvereinen versteht man jene Vereinigungen für geistige, wirtschaftliche und soziale Hebung innerhalb der Arbeiterschaft, welche im Gegensatz zu den beruflichen Vereinigungen der Arbeiter des ganzen Landes lediglich die Arbeiter eines bestimmten Werkes umfassen, aber innerhalb desselben sämtliche Berufsarten. Zu ihrer Charakterisierung ist, abgesehen von dieser bezüglich der Zugehörigkeit zum Betriebe beschränkten, bezüglich der Arbeitstätigkeit aber erweiterten Grenze, nach dem Inhalt sämtlicher den Werkvereinen eigenen Satzungen als Merkmal zu bezeichnen der Grundsatz, den nationalen, staatserhaltenden Gedanken zu fördern — im Gegensatz zu den sozialdemokratischen Gewerkschaften —, weiter aber das Prinzip, die wirtschaftliche und soziale Hebung ihrer Mitglieder in friedlichem Zusammenwirken mit dem Arbeitgeber zu fördern. Mit diesen wenigen Sätzen ist bereits gekennzeichnet, was das Wesen dieser verhältnismäßig neuen Koalition unter den Arbeitern bildet, ist aber auch bereits gesagt, zu welch anderen Organisationen die Werkvereine gegensätzliche Tendenzen verfolgen und Stellung nehmen.

In erster Linie weisen die Werkvereine von sich die Bestrebung, auf dem Wege des Umsturzes der gesellschaftlichen und staatlichen Ordnung ihre Zwecke zu erreichen. Sie weisen hiermit zurück die Angehörigkeit zu einer politischen Partei, die diese Bestrebung als ihr Grundprinzip erkennt und verficht, sie stehen auf dem Boden unbedingter Anhänglichkeit zu ihrem Vaterlande, erstreben die Förderung deutscher Nation. Sie treten weiter entgegen der Auffassung, als würde die wirtschaftliche und soziale Hebung des Arbeiters nur erfolgen können im Kampfe mit dem Arbeitgeber. Sie erkennen an, daß nur im Zusammenwirken beider Teile wahrhaftes Gedeihen des Arbeiters zu erreichen ist und daß die Voraussetzung für eine wirtschaftlich gehobene Stellung des Arbeitnehmers die erfolgreiche Tätigkeit des Unternehmers selbst bildet. Sie verzichten in keiner Weise auf das Geltendmachen berechtigter Wünsche, hegen aber das Vertrauen zu dem Arbeitgeber, daß, soweit es der Erfolg des Unternehmens gestattet, er solchen Wünschen, wiederum im gemeinsamen Interesse, entgegenkommen werde, erkennen als ihre Aufgabe, die mit dem steten Anwachsen der Betriebe geschwundene persönliche Fühlungnahme zum Arbeitgeber zu fördern, die Zusammengehörigkeit der Arbeiter innerhalb eines Werkes und zur Leitung desselben nicht verloren gehen zu lassen, sondern wieder zu heben. Sie beschränken ihr Bestreben der Förderung der Interessen der Arbeiter auf die in dem einzelnen Betriebe sich stellenden Aufgaben, wohl erkennend, daß innerhalb dieser Grenze auch die Beurteilung des Erreichbaren, des berechtigten Wunsches weit eher ermöglicht ist, als bei genereller Forderung für ganze Berufsarten, wohl wissend auch, daß wenn in gleicher Weise überall vorgegangen wird, die Interessen des Gesamtarbeiterstandes die beste Förderung erfahren.

Die Werkvereine vermeiden es aber ihrem Wesen nach unbedingt, irgendwie agressiv den Arbeitern anderer Richtung, den Organisationen, selbst den Kampforganisationen, entgegenzutreten. Sie achten in dem Arbeiter anderer Meinung gerne den Kollegen und Standesgenossen und nehmen lediglich eine abwehrende Stellung den Angriffen der Kampforganisationen gegenüber ein, jede Provokation derselben grundsätzlich vermeidend, aber auch jeden Zwang seitens derselben zurückweisend.

An diese kurze Charakteristik der Werkvereine wird sich die Frage fügen müssen: Was hat diese Art von Vereinigungen ins Leben gerufen, welchem Umstande verdanken sie ihre doch erst in die jüngste Zeit fallende Entstehung, welches sind die Momente, die eine solch völlig neue Art von Vereinigungen hervorrief? Sind die Werkvereine Resultat einer künstlichen Kreierung, oder aber Erfolg eines den Arbeiterkreisen sich aufdrängenden Empfindens der Notwendigkeit solchen Zusammenschlusses? Man hat vielfach die Arbeitgeber als Gründer der Werkvereine bezeichnet! Nichts ist unwahrer als diese Behauptung! So natürlich die Förderung dieses nach meiner Ansicht kerngesunden Zusammenschlusses innerhalb der Arbeiterschaft ist, so wenig würde ich es im Interesse der Bewegung selbst begrüßen, wenn dieselbe eines Gründers bedurft, wenn sie ihn gehabt hätte. Entstanden sind die Werkvereine unter dem immensen Druck eines grenzenlosen Terrorismus der sozialdemokratischen Kampforganisationen. Hervorgerufen sind die Werkvereine durch das klare Empfinden des Arbeitnehmers, daß die immer mehr zunehmenden Streitigkeiten zwischen Arbeitgeber und Arbeitnehmer nicht den wahren Interessen des Arbeiters dienten, daß die vielleicht dann und wann im Streite erreichten Erfolge nicht aufwogen die eingetretenen Einbußen, vor allem aber die Zwistigkeiten, häufig ohne jeden inneren Anlaß, nicht der wirtschaftlichen Verbesserung der Lage des Arbeiters dienten und zu dienen bezweckten, sondern rein den politischen Bestrebungen einer Partei, deren Existenzbedingung stete Unzufriedenheit in den Reihen großer Kreise bildet. Was lag den Führern im Streite gegen die Arbeitgeber daran, wenn langandauernde Streiks den mit seiner Lage wohl zufriedenen Arbeiter seiner Stellung beraubten? Was lag ihnen daran, wenn er und seine Familie ihr Einkommen einbüßten? Wenn wochen- und monatelang an Stelle geordneten Wirtschaftslebens Entbehrung und Elend trat? Was lag ihnen daran — wenn nur am Ende der Arbeiterbewegung wieder Tausende neuer Unzufriedener in die Reihe der den Umsturz anstrebenden Partei getrieben worden waren!

Das Empfinden, daß gegen diese mächtigen, von einem Fremdzweck beherrschten Organisationen, sobald sie den Streik in einem Werke verkündeten und verlangten, von seiten des einzelnen Arbeiters nichts geschehen konnte, daß er, wollend oder nicht, mit fortgerissen wurde von der Bewegung, weil er seine Stimme als Einzelner hiergegen nicht erheben konnte und durfte, nicht wußte, wo er Anschluß an andere Gleichgesinnte zu finden in der Lage war — dieses Empfinden trieb mit einer eisernen Naturnotwendigkeit alle jene in Vereinigungen zusammen, welche nicht weiter Spielball von Agitatoren sein wollten, deren Lebensberuf, deren Lebensexistenz die Nährung des Unfriedens bildete.

Aber auch die Hebung des wirtschaftlichen Denkens förderte die Entstehung der Werkvereine. Der Arbeiter sah ein, daß der Betrieb, der ihn nährte, nur dann existieren konnte, wenn das in ihm verwendete Kapital nutzbringend angelegt war, daß Mittel zu einem Unternehmen, in dem er selbst Ernährung finden sollte, nur dann sich fanden, wenn fruchtbringende Anlage zu erwarten war; er sah aber auch ein, daß in dem Ringen der Konkurrenz im In- und mit dem Auslande, namentlich aber mit dem letzteren, das Unternehmen nur dann der vorgenannten Aufgabe gerecht werden konnte, wenn es nicht ungemessenen Forderungen der Arbeitnehmerschaft gegenüberstand, und er erkannte, daß innerhalb dieser Grenze sich haltende Wünsche und Forderungen des Arbeitnehmers bei der weitaus überwiegenden Mehrzahl der Arbeitgeber, die ja auch mit freiwilligen Leistungen bei gegebener Voraussetzung nie gekargt hatte, ein williges Ohr finden würden. Nicht entgehen konnte ihm, daß viel größere Wahrscheinlichkeit für die Erfüllung seiner Wünsche dann bestehen mußte, wenn der Arbeitgeber nicht von vornherein bei Erhebung des Wunsches seitens der ganz andere Zwecke verfolgenden Organisation das berechtigte Mißtrauen hegen durfte und mußte, es handle sich hier um nichts weniger, als um die Aeußerung eines Wunsches, als um die Verursachung eines Zwistes wegen Nichterfüllung desselben.

Und so wurden die Werkvereine! Langsam erst und allmählich, nach dem Entstehen des ersten größeren erfolgte dort, wo nicht schon, wie bei einzelnen Hüttenbetrieben, aus früheren Jahrzehnten die Grundlage gegeben war, die Bildung dieser Vereine. Alle Schmähung der Gegner, alle Skepsis und Zurückhaltung der Arbeitgeber, hat nicht aufzuhalten vermocht, daß von Jahr zu Jahr neue Vereine entstanden, die Mitgliederzahl ständig zunahm und ein Zusammenschluß der Werkvereine zu einem Bunde im Jahre 1910 erfolgte. Um bei bereits Bekanntem mich nicht aufzuhalten, registriere ich lediglich die Tatsache, daß heute etwa 287 Werkvereine mit etwa 180 000 Mitgliedern bestehen, von denen etwa 134 Werkvereine mit etwa 95 000 Mitgliedern dem „Bunde deutscher Werkvereine" angeschlossen sind. Die Bildung der Werkvereine erfolgte trotz des ihnen gemeinsamen Zweckes und trotz einer einheitlichen Grundlage, wie sie von mir eben geschildert wurde, ohne Einhaltung einer Schablone; sie traten auf als Unterstützungsvereine mit ganz bestimmten Zwecken, als Arbeitervereinigungen mit der allgemeinen Tendenz der wirtschaftlichen Förderung der Mitglieder und unter Errichtung spezieller Anstalten für die einzelnen Aufgaben, wie Pensionskassen, Krankenhilfskassen, Konsumvereine, Genesungsheime und dergleichen mehr. Ich übergehe diese Einzelheiten, die in den Berichten der Werkvereine sich finden.

Wahr ist, daß ihnen die Unterstützung der Arbeitgeber vielfach zuteil wurde, oft aber auch nicht oder doch spät nach der Gründung, teilweise auch in ganz geringem und untergeordnetem Maße, ohne daß hierdurch Entstehung und Ausbildung aufgehalten wurde. Man hat den Arbeitervereinen schon aus dieser Unterstützung einen Vorwurf gemacht, sie als abhängig, als eigennützig bezeichnet. Auf den den Arbeitervereinen selbst hieraus gemachten Vorwurf komme ich zurück. Hier möchte ich nur das eine konstatieren: Wäre es nicht geradezu verwunderlich, ja widersinnig, würde der Arbeitgeber derartigen Unternehmungen Förderung, ja Unterstützung nicht zuteil werden lassen, welche die stete Wiederkehr von Zwistigkeiten, von Arbeitseinstellungen und dadurch die schweren Schädigungen in seinem Werke vermeiden wollen, welche in sachlicher, ruhiger Erörterung und unter verständiger Entgegennahme etwaiger Gegengründe Wünsche der Arbeiterschaft vorzubringen bestrebt sind, würde es nicht wider die Natur sein, wenn die Bildung solcher Werkvereine der Arbeitgeber dadurch direkt hindern wollte, daß er nicht ähnliche Vorteile den Arbeitern dieser Vereine ermöglicht, wie sie das stete Lockmittel zum Eintritt in die sozialdemokratischen Organisationen bilden?

So wenig an sich der solchem Vereine nicht angehörige Arbeiter irgendwie beim Arbeitgeber eine geminderte Stellung einnimmt und einnehmen darf, so sehr die gleiche Würdigung seines Wertes und seiner Tätigkeit auch ihm unbedingt zu teil werden muß, so begreiflich auf der anderen Seite wird es sein, wenn der Arbeitgeber die von ihm freiwillig gewährteu Leistungen, die ohnedies von den Kampforganisationen als unwürdig zurückgewiesen werden, zunächst jenen zugute kommen läßt, von denen er annehmen darf, daß sie nicht bei nächster Gelegenheit, dem Winke eines außenstehenden Agitators folgend, ihm in schädlichster Weise gegenübertreten. Und muß nicht der Arbeitgeber geradezu veranlaßt sein, derartigen Vereinen seine eingehendste Aufmerksamkeit zuzuwenden, wenn selbst von Führern sozialdemokratischer Organisationen das direkte Bekenntnis abgelegt wurde, daß ihre Macht an Plätzen, wo diese Vereine an Bedeutung gewonnen haben, lahmgelegt sei, und sie von jedem Kampfe selbst aufs dringendste unter Hinweis auf diesen Grund abrieten?

Und gleichwohl werden eine ganze Reihe von Einwänden gegen diese Organisationen erhoben! Nicht zu verwundern ist es, wenn solches von den Kampforganisationen, deren Bestrebungen die Werkvereine vereiteln, geschieht, nicht wunder darf es nehmen, wenn in den Chor der Schmähungen einstimmt jene vielfach zum Zerrbilde der Wissenschaft gewordene Volkswirtschaftslehre unserer Hochschulen. Aus diesen Reihen stammen die Vorwürfe des Helotentums, der vollkommenen Abhängigkeit vom Arbeitgeber, die Bezeichnung der Angehörigen der Werkvereine als „Kriecher und Heuchler". Man behauptet, daß in keiner Weise die Angehörigen der Werkvereine ihre wahre Ueberzeugung vertreten, daß sie lediglich um der sich ihnen bietenden Vorteile halber der Vereinigung sich angeschlossen haben und in ihrer wahren Ueberzeugung nach wie vor auf seiten der Kampforganisationen und deren Führer stehen. Diese Behauptung wird sich immer und immer wiederholen und ich möchte es aufgeben, hierzu ein Wort zu verlieren, würde es sich für mich darum handeln, jene zu überzeugen, die den Vorwurf erheben. An dieser Stelle aber möchte ich doch nicht unterlassen, auf das Unberechtigte dieses Vorwurfes einzugehen. Schon die persönliche Fühlungnahme mit den Führern der Werkvereine würde die irrige Annahme, es handle sich um Heuchelei, schwächen. Sicher aber schwindet diese Meinung, wenn überlegt wird, wie schwer den Angehörigen der Werkvereine ihr Beitritt zu denselben geworden, mit welcher Unzahl von Schmähungen, von Verunglimpfungen seitens der anders denkenden Arbeiter sie ihre Zugehörigkeit zu dem Werkvereine bezahlten. Ungleich mehr Mut und Ueberzeugungstreue gehört denn doch zweifellos dazu, sich insbesondere während der anfänglichen Schwäche eines sich bildenden Werkvereins zu ihm zu bekennen, als sich der Angehörigkeit zu einer Kampforganisation zu rühmen.

Und wie verhält es sich denn mit den Vorteilen, welche aus der Angehörigkeit zum Werkvereine entsprangen und die allein zur Teilnahme verleitet haben sollen? Ist es nicht gerade einer der in ihrer Mitgliederzahl umfangreichsten Werkvereine, der verhältnismäßig sehr wenig materielle Unterstützung seitens des Arbeitgebers erhält? Und tatsächlich war auch bei den wenigsten Werkvereinen, insbesondere bei ihrer Gründung irgendwelche materielle Förderung seitens des Arbeitgebers vorhanden, bei sehr vielen überhaupt gar nicht in Aussicht gestellt. Dort, wo jene angeblichen Kriecher und Heuchler während Arbeiterbewegungen als Arbeitswillige auftraten, war es wirklich nicht Mangel an Mut, was sie die Teilnahme am Streik vermeiden und zur Seite stehen ließ, und ich kann die bereits einmal ausgesprochene Ueberzeugung wiederholt äußern, daß der Schöpfer der Bezeichnung „Kriecher und Heuchler" kaum den Mut gehabt haben würde, mit diesen, von ihm als Kriecher und Heuchler bezeichneten gemeinsam als Arbeitswilliger die Reihen der von ihm so sehr in Schutz genommenen Streikposten zu passieren. Der in seiner Grazie ja unerreichbare Berliner Witz hat für Angehörige der Werkvereine das Wort „Blutapfelsinen" geprägt deshalb, weil die äußere Schale gelb, der Inhalt aber doch rot sei! Nun will gewiß nicht bestritten werden, daß auch bei Mitgliedern von Werkvereinen, wie überall es vorkommen kann, daß das Innere der äußeren Hülle nicht entspricht, die wahre Ueberzeugung nicht der zur Schau getragenen — obwohl dann die Angriffe der Gegner ganz ohne Grund und Anlaß wären, wenn dies bei der großen Mehrzahl zutreffen würde. Aber, um im Bilde jenes Obstkundigen zu bleiben, möchte ich doch die Frage aufwerfen, ob ihm nichts bekannt ist von jenen gefälschten Blutapfelsinen, in deren Haut künstlich rote Farbe eingespritzt wird, und die sich beim Oeffnen als sehr schön gelb erweisen? Glaubt der Schöpfer dieses geistreichen Gleichnisses nicht, daß innerhalb der sozialdemokratischen Gewerkschaft sich eine ganze Unzahl von Elementen befinden, die nichts weniger als freiwillig die rote Hülle tragen, sich nichts weniger als Umstürzler und vaterlandslos fühlen, die aber zwangsweise und aus Angst vor den unglaublichen Verfolgungen, Verhöhnungen, Störungen bei der Arbeit usw. in die rote Gewandung gepreßt worden sind? Mit derartigen Witzen wird also ein billiger Lacherfolg erreicht, in der Sache aber nicht das geringste bewiesen! Ohne deshalb für jeden einzelnen die Behauptung aufstellen zu wollen, daß seine innere Ueberzeugung der formellen Angehörigkeit zum Werkverein entspricht, glaube ich doch behaupten zu können, daß dies zum mindesten ebenso häufig der Fall ist, wie bei den Kampforganisationen!

Weiter wurde behauptet, es sei von den Werkvereinen auf das Streikrecht verzichtet worden und damit auf das wertvollste Recht des Arbeiters! Schon dieser Verzicht sei genügend für deren Charakterisierung! Nun ist aber nichts unwahrer als dieses! Zunächst möchte ich gerne erfahren, wie überhaupt auf das Streikrecht verzichtet werden soll und in welcher Weise eine Bindung auf diesem Gebiete erfolgen könnte. Es wäre interessant zu hören, wie jene, welche die Behauptung hierzu aufstellen, diese Frage beantworten werden, besonders bei dem Umstande, daß die Werkvereine niemals eine Erklärung in dieser Richtung abgegeben haben. Ihnen steht, wie jedem Arbeiter, als äußerstes Mittel das Mittel des Streiks gesetzlich zur Verfügung, wohl aber wählen sie dieses Mittel nicht ohne äußersten Zwang. Sie versagen es sich, ihre Wünsche sofort mit der Drohung der Arbeitsniederlegung zu begleiten und versuchen es, wie schon erwähnt, ihre Anliegen in ihrer Berechtigung dem Arbeitgeber klarzulegen und sich darüber zu informieren, ob sie berechtigt und durchführbar sind.

Nicht anders verhält es sich mit dem Vorwurf der Abhängigkeit und der Unfreiheit der Werkvereine! Nicht ein Werkverein wird bezüglich seiner Entschließungen in irgendwelcher Weise gebunden sein. Vergeblich wird nach einer Maßregel in den Satzungen oder in sonstigen Abmachungen gesucht werden, die solches zur Folge hätte. Weiter wurde stets, insbesondere in der ersten Zeit des Entstehens der Werkvereine darauf hingewiesen, daß die Freizügigkeit den Mitgliedern derselben ermangele. Durch ihre Zugehörigkeit zu einem bestimmten Werkverein, durch Einbuße des einen oder des anderen Vorteils beim Wegziehen vom Orte der Arbeitstätigkeit, werde der Arbeiter mehr oder minder an ein bestimmtes Werk gefesselt. Ohne den Vorteil der Freizügigkeit und einer im Wechsel liegenden Kenntnis verschiedener Verhältnisse irgendwie verkennen zu wollen, möchte ich doch die Frage auch anregen, ob es nicht im Interesse des Arbeiters wie des Arbeitgebers — des ersteren besonders nach Erreichung eines bestimmten Alters — gelegen ist, wenn ein gewisser dem Werk angehöriger, mit ihm eng verbundener Arbeiterstamm sich bildet. Aber der Vorwurf der mangelnden Freizügigkeit ist auch in dem erhobenen Umfange nicht mehr berechtigt, weil tatsächlich durch die Gründung der „Zentral-Unterstützungskasse“ die Möglichkeit jedem Angehörigen der Werkvereine gegeben ist, die Hauptleistung des Kranken- und Sterbegeldes sich auch beim Wegzuge vom Sitze des Werkvereins zu sichern. Hierzu tritt, daß bei der immer wachsenden Zahl der Werkvereine auch der Eintritt in einen solchen auf dem neugewählten Arbeitsplatze sich leicht ergibt.

Wichtiger als diese, gegen die Berechtigung der Werkvereine von seiten ihrer naturgemäßen Gegner erhobenen Einwände, sind selbstredend die Zweifel, die ihnen gegenüber von seiten der Unternehmer selbst geltend gemacht werden. An sich sollte man glauben, daß diese Bewegung von den Arbeitgebern mit außerordentlicher Genugtuung hätte begrüßt werden müssen. Das Umsichgreifen einer den Verhältnissen tatsächlich angepaßten Einsicht hätte als ein Unterpfand für Vermeidung der für die Industrie so schädlichen Arbeiterbewegungen gelten müssen. Dem ist aber nicht so und erstaunlicherweise kann die Bildung von Werkvereinen auf eine Förderung aus Arbeitgeberkreisen trotz der namentlich in großen Werken immer mehr zunehmenden Billigung der Gründung von Werkvereinen im allgemeinen nicht hinweisen. Ja, es ist ihnen sogar häufig nicht sehr freundlich entgegengetreten worden. Wenn man sich nach den Gründen hierfür fragt, so muß man bei der Nennung zunächst eines derselben, selbst auf die Gefahr hin anzustoßen, unbedingt wahr sein.

Als eine der wertvollsten Eigenschaften des deutschen Unternehmers ist jederzeit erachtet worden der berechtigte Stolz auf das von ihm selbst Geschaffene oder doch in seinem Werke Entstandene. Nachahmung anderer war ihm nicht eigen, lag ihm ferne! Und wenn nicht seinem Denken, seinem Schaffen eine Idee entsprungen war, wie Pallas Athene aus dem Haupte des Zeus, so war von vornherein sie nicht voll gewertet. Sollte nicht gerade diese an sich so lobenswerte Eigenschaft auch hier etwas mitgespielt haben? Denn ernstlich und bedeutend können die Einwände kaum erachtet werden, die aus den Arbeitgeberkreisen zu vernehmen sind. Es kann doch nicht als ernster Einwand gelten, wenn erklärt wird, man würde mit diesen Werkvereinen Unfrieden unter die Arbeiterschaft selbst bringen und ihn in einer dem Betriebe nachteiligen Weise verursachen. Eine gewisse Uneinigkeit unter der Arbeiterschaft auf dem Gebiete der Angehörigkeit oder Nichtangehörigkeit zur Kampforganisation wird überall da existieren, wo noch nicht die sozialdemokratische Gewerkschaft die alleinige Herrin des Gebietes ist, ein Zustand, der doch erfreulicherweise noch nicht in großem Umfange Platz gegriffen hat; denn auch dort, wo nur Kampforganisationen nebeneinanderstehen, wird der Unfriede im Kampfe eben unter diesen vorhanden sein. Daß naturgemäß eine vielleicht noch heftigere Befehdung eine dem Arbeitgeber nicht direkt feindlich gesinnte Vereinigung erfahren wird, läßt sich allerdings nicht bestreiten. Die gleiche Befeindung erfahren aber heute auch die nicht organisierten Arbeiter, verbunden mit einem steten Druck zum Eintritt in die sozialdemokratischen Gewerkschaften. Selbstverständlich muß im übrigen bei dem Bestehen eines Werkvereins auch für diesen, wie für andere Organisationen, aus der Werkstätte selbst jede Agitation ausgeschlossen bleiben. So wenig es einer Kampforganisation gestattet sein darf, ihre Agitation in die Werkstätten zu übertragen, so wenig wird dies — hierin darf kein Zweifel bestehen — auch dem Werkverein erlaubt sein. Die Behauptung, daß man um des Friedens willen die Gründung von Werkvereinen nicht begrüßen könne, ist eigentlich identisch mit der Erklärung, daß man es viel lieber sähe, wenn die Kampforganisationen durch ihren Terrorismus die gesamte Arbeiterschaft sich unterwerfen und geschlossen dem Arbeitgeber gegenüber auftreten können unter Erhaltung freilich des Friedens innerhalb der Arbeiterschaft zum Zwecke der Störung desselben gegenüber dem Arbeitgeber.

Ganz dasselbe gilt von dem Einwurfe, es könne der Werkverein selbst Terrorismus gegenüber den anderen Organisationen ausüben. Zunächst ist diese Gefahr selbst dort, wo der Prozentsatz der Angehörigen ein sehr hoher ist, nirgends bemerkt worden. — Im Gegenteil, die Minorität der anders Organisierten versucht mit Spott und Hohn gegen den Werkverein noch heute ihren Terrorismus fortzusetzen. Aber selbst bei Auftauchen dieser Gefahr wird eine zielbewußte Betriebsleitung diese sofort zu vermeiden in der Lage sein und mittels der Vertrauensleute einem solchen Unfug Einhalt tun können. Und wieder nicht anders steht es mit der befürchteten Geltendmachung unberechtigten Einflusses des Werkvereins im Betriebe. Dort, wo Werkvereine größeren Umfang angenommen haben, ist überall das Institut der Vertrauensleute geschaffen. Durch sie und eventl. einen Mittelsmann wird zunächst festgestellt werden können, inwieweit Wünsche der Arbeiterschaft, speziell aber allgemeiner Art, Berechtigung haben oder nicht. Nirgends ist die Erfahrung gemacht worden, daß etwa eine Lockerung der Disziplin oder eine unberechtigte Einwirkung auf den Betrieb versucht, geschweige denn erreicht wurde. Wenn, wie bei „Siemens-Schuckert" ein Prozentsatz von 80,5 der Belegschaft dem Werkverein angehört, würde eine derartige Einflußnahme gewiß bemerkt worden sein. Die Bestätigung des direkten Gegenteils liegt auch hier wie anderwärts vor!

So zerfließen die mir bekanntgewordenen Einwände gegen die Werkvereine in ein Nichts, sobald man ihnen ernstlich zu Leibe geht. Gerne aber bin ich bereit, von weiteren gleichen Bedenken noch Kenntnis zu nehmen und, soweit es mir möglich ist, Aufschluß über deren Berechtigung oder Nichtberechtigung zu geben.

Wenn ich es überhaupt unternommen habe, den etwas heißen Boden der Erörterung dieses Themas zu betreten, so war, wie bereits eingangs gesagt, bei mir die Ueberzeugung maßgebend, daß es unbedingt nötig sei, hier Klärung anzubahnen. Wenn schon an anderer Stelle die Bedeutung dieser Bewegung soweit erkannt wird, daß der bayerische Ministerpräsident, ganz im Gegensatz zu den — wollen wir sagen — recht recht vorsichtigen Aeußerungen seines Herrn Amtsvorgängers, den nicht hoch genug anzuschlagenden Freimut zu der Erklärung fand:

„es sei aus den sehr erfreulichen Ansätzen anderer Organisationen und Bildungen zu erhoffen, daß aus der besseren Einsicht der Arbeiterschaft selbst der Siegeslauf der Sozialdemokratie gehemmt werde",

wenn sogar auf dem Hansatage Professor Hans Delbrück den gelben Gewerkschaften eine große Zukunft prophezeien durfte und für dieselben die Sympathien der Oeffentlichkeit voll in Anspruch nahm, so muß doch ein innerer wahrer Kern der Bewegung inne wohnen, und ich glaube für meine Person die Ueberzeugung aussprechen zu dürfen, daß der Werkverein als eines jener Bollwerke gelten darf, unter dessen Schutz die deutsche Industrie es wagen kann, aber auch wagen muß, der aus den Kampforganisationen immer mehr anschwellenden Gefahr entgegenzutreten.

Freilich wird auch dieses Mittel allein nicht genügen. Aber wie so oft, muß eben eine geschlossene Kette aller möglichen und aller greifbaren Mittel bei Abwehr eines so gewaltigen Ansturmes gegenüberstehen; es darf in ihr kein Glied fehlen, keine Handhabe der Abwehr Vernachlässigung erfahren. Was aber von anderen Maßnahmen gilt, und so oft gerade in diesem Kreise gesagt wurde, muß auch bezüglich der Werkvereine betont werden.

Es muß auch auf diesem Gebiete, wenn anders die Berechtigung der Bewegung anerkannt wird, mit Entschiedenheit Stellungnahme erfolgen, die Widersprüche innerhalb der Industrie müssen dann schwinden, die Unterstützung muß eine einheitliche sein. Dann darf aber auch nichts in der Verwertung dieser Waffe versäumt werden, im gemeinsamen Interesse sowohl des Arbeitgebers wie Arbeitnehmers — meines Erachtens zum Besten der deutschen Industrie!

Vorsitzender: Meine Herren! Ich eröffne die Diskussion.

Kommerzienrat Dr. **Goldschmidt:** Meine Herren! Gestatten Sie mir ein paar Worte. Dasselbe Thema, das heute hier behandelt wird, ist vor wenigen Wochen im Verein zur Wahrung der Interessen der chemischen Industrie behandelt worden. Ich war dort Referent und daher nehme ich mir die Freiheit, auch hier einige Worte zu sagen.

Ich bin zunächst dem Vorstand des Centralverbandes sehr dankbar dafür, daß er dieses Thema auf die Tagesordnung gesetzt hat, weil ich es wirklich für zeitgemäß erachte, das Thema zu behandeln. Ich bedaure nur außerordentlich, daß wir nicht von einem so gründlichen Kenner, wie Herrn Dr. Guggenheimer, den Vortrag haben hören können, der jedenfalls auch auf manche Anfrage hätte Auskunft geben können.

Ich möchte zunächst voranstellen, daß man immer noch in der öffentlichen Meinung ganz außerordentlich vielen Unklarheiten über die Werkvereine begegnet. Selbstverständlich tun die Gegner alles, um falsche Vorstellungen von den Werkvereinen zu verbreiten. Es sind nicht nur die Sozialdemokraten; in viel schlimmerer Weise werden die Werkvereine von den christlichen Gewerkschaften verleumdet. Das hat vielleicht seine innere Ursache darin, daß die Werkvereine für die christlichen Gewerkschaften sehr gefährliche Konkurrenten sind. Sie wenden sich, zum Teil wenigstens, an diejenigen Klassen, aus denen auch die christlichen Gewerkschaften ihre Mitglieder schöpfen, an die älteren und ruhigeren Arbeiter — ich sage: zum Teil. Das mag es wohl erklären.

Ferner findet man aber auch bei Leuten, die nicht beeinflußt sind, irrtümliche Ansichten über die Werkvereine.

Vor allem begegnet man sehr oft der Anschauung: Ja, meine Arbeiter sind ja ganz zufrieden; ich merke nichts von Unruhen der Arbeiterschaft und ich binde mir mit Werkvereinen vielleicht selbst eine Rute. Dem möchte ich doch entgegenhalten, daß Sie von Unruhen in der Arbeiterschaft im allgemeinen erst dann etwas merken, wenn es zu spät ist. (Sehr richtig!) Erst wenn die Sozialdemokratie oder eine andere Gewerkschaft die Arbeiter derart organisiert hat, daß sie sicher ist, mit einem Streik Erfolg zu erzielen, dann tritt sie mit ihren Forderungen hervor und organisiert einen solchen Streik. Sehr selten ist sie so leichtsinnig, es vorher zu tun.

Andererseits erachte ich die Furcht, daß man sich mit einem solchen Werkverein eine Rute aufbindet, für unbegründet, wenn man dem Werkverein mit Vertrauen entgegentritt. Die ganze Werkvereinsbewegung nennt sich ja die wirtschaftsfriedliche, sie beruht auf dem gegenseitigen Vertrauen. Wenn also der Arbeiter kommt und sagt: Ich habe zu dir Vertrauen, muß man ihm auch umgekehrt das Vertrauen entgegenbringen. (Sehr richtig!) Man muß sich um die Leute kümmern: man muß die berechtigten Forderungen natürlich erfüllen (sehr richtig!); dann wird man auch in der Lage sein, die unberechtigten Forderungen zurückzuweisen. In dieser ständigen Fühlungnahme liegt ja ein unendlicher Wert. Man schaltet den Arbeitersekretär, den Außenstehenden, aus, der gar kein Interesse hat an einem guten Verhältnis zwischen Arbeitnehmer und Arbeitgeber, der für die ganzen Verhältnisse im einzelnen Werk gar kein Verständnis hat.

Die Bewegung zur großen Organisation, die wir überall sehen, sehen wir auch bei unseren Gewerkschaften, die zu Mitgliederzahlen von vielen hunderttausend Köpfen anschwellen. Da ist der Oberleiter gar nicht mehr in der Lage, zu sehen, welches die Bedürfnisse des einzelnen Werkes und des einzelnen Arbeiters sind. Die Forderungen werden im großen ganzen vollkommen unabhängig von den Bedürfnissen des einzelnen Arbeitsverhältnisses aus gewerkschaftlichen, aus politischen Gründen aufgestellt. Im Werkverein hat man den außerordentlichen Vorteil, daß man mit seinen eigenen Leuten zu tun hat, die den naturgemäßen und berechtigten Wunsch haben, ihre Lage innerhalb unserer Wirtschaftsordnung zu verbessern, die von dem Klassenkampf nichts wissen wollen, die den Wunsch haben, daß, wenn die Lebensmittel teurer werden, auch ihr Lohn steigt, die den Wunsch haben, eine möglichst bequeme Arbeit zu haben, möglichst sichere Arbeit, möglichst kurze Arbeitszeit. Das sind Dinge, über die sich reden läßt, sobald sie sich ermöglichen lassen, und etwas Weiteres als das Mögliche erstreben diese Leute nicht, wenn man mit ihnen verhandelt und ihnen das gibt, was man geben kann. Das sind die Erfahrungen, die ich und die meisten Firmen mit Werkvereinen gemacht haben.

Es wird nun von den Gegnern so dargestellt, als ob ein Werkverein nichts sei als eine Gründung des Arbeitgebers, ohne daß dafür Beweise erbracht werden. Freilich, das Entgegenkommen des Arbeitgebers ist eine Notwendigkeit für den Werkverein; er kann auf die Dauer nicht existieren, wenn der Arbeitgeber sich nicht um ihn kümmert oder gar ihn nicht haben will. Der Werkverein wird aber im allgemeinen Forderungen nicht aufstellen — ich habe das wenigstens kennen gelernt —, die sich nicht erfüllen lassen, schon weil es die alten

Arbeiter sind, die die Fühlung haben mit den Vorgesetzten, mit dem Meister, mit dem Werkführer, die auch andererseits wieder die Fühlung gewinnen mit den neueintretenden, mit den jüngeren Leuten. Das ist wenigstens bei uns der Fall. Die jungen Arbeiter werden gleich, wenn sie eintreten, von den älteren Arbeitern, von den Vertrauensleuten beobachtet. Sind sie schon eingefleischte Sozialdemokraten, dann kümmert man sich nicht um sie; sind sie aber Leute, die noch dem Einfluß zugänglich sind, so werden sie herangezogen und allmählich in die Reihen des Werkvereins gebracht.

Nun hat das natürlich zunächst gar keinen politischen Zweck. Politik ist dabei ausgeschaltet. Aber nichtsdestoweniger, meine Herren, hat das natürlich doch eine politische Folge. Die Leute, die sich von den Gewerkschaften, die sich von der Sozialdemokratie abkehren, aus Gegensatz zur Sozialdemokratie, sind eben dieser Partei fremd. Damit werden sie mit einem Male der Beeinflussung der bürgerlichen Parteien zugänglich, sie schließen sich diesen Parteien an, sie schreiben ja großenteils auf ihre Fahnen nationale Gedanken: „Ans Vaterland, ans teure schließ' dich an", „Friede ernährt, Unfriede verzehrt" usw. Dadurch werden sie wieder politisch zugänglich. Das ist doch das schlimme bei der jetzigen Lage, daß im großen und ganzen unsere Arbeiter gar nicht von uns beeinflußbar sind. Die einzige Tatsache, daß ein Arbeitgeber ihnen gegenübersteht, ist ja schon genügend, um den Mann als schlimmsten Gegner anzusehen! Das wird beseitigt und das ist auch von ganz außerordentlichem Einfluß.

Daß das Beispiel mit den Blutapfelsinen falsch ist, kann ich Ihnen beweisen. Ich habe bei mir eine Pensionskasse. Die Wahl des Vorstandes der Pensionskasse findet geheim mit verdeckten Stimmzetteln statt. Es ist also eine Beeinflussung, eine Kontrolle gar nicht möglich. Bei der letzten Wahl des Vorstandes vor ungefähr Jahresfrist hatten die Sozialdemokraten trotz der geheimen Wahl nur fünf Stimmen aufgebracht. Meine Herren, ich muß freilich dabei erwähnen, daß bei mir in der Pensionskasse jeder, der in die Pensionskasse eintritt, erst einmal ein Jahr lang Beiträge zu bezahlen hat, bevor er Stimmrecht erhält. Damit sind aus der Kasse die jungen, unruhigen Elemente ausgeschaltet, die Leute, die an der Kasse selbst gar kein Interesse haben, die heute eintreten und morgen wieder gehen. Stimmberechtigt ist in der Kasse nur derjenige, der ein dauerndes Interesse an ihr hat.

Ich möchte damit nur zeigen, daß diese Leute, die ich einmal als die Dauerarbeiter bezeichnen will, der Sozialdemokratie den Rücken kehren. Ich glaube, einen besseren Beweis gegen die Richtigkeit dieses Ausdruckes „Blutapfelsinen" kann ich gar nicht erbringen. Und meine Herren, es ist doch für uns von der allergrößten Bedeutung, daß es uns gelingt, einmal wieder zu den Arbeitern zu sprechen, daß wir nicht als Gegner, sondern als Freunde der Leute angesehen werden. Wenn wir das sind, werden wir sie auch politisch soweit beeinflussen können, daß sie sich von der Sozialdemokratie abkehren. (Beifall.)

Dr. **Bovenschen:** Meine Herren! Auch ich bedaure lebhaft, und ich glaube, Sie werden das alle tun, daß Herr Direktor Dr. Guggenheimer nicht selbst in der Lage gewesen ist, seinen Vortrag zu halten und dann vor allem in der Diskussion uns vielleicht noch einige Auskünfte zu geben, die uns für die Beurteilung des Themas, das jetzt zur Debatte steht, einen näheren Aufschluß gegeben hätten.

Herr Dr. Guggenheimer hat sich in seinem Referat darauf beschränkt, die Entstehungsgeschichte der Werkvereine zu schildern, darzulegen, was sie nach ihren Satzungen wollen, und dann außerdem die Einwürfe zu widerlegen, die gegen die Berechtigung der Werkvereine von den verschiedensten Gegnern ausgesprochen worden sind. Aber damit ist das Thema und diese Frage in keiner Weise erschöpft.

Ich freue mich, aus dem Munde von Herrn Kommerzienrat Goldschmidt gehört zu haben, daß man doch den Arbeiter-Werkvereinen eine politische Bedeutung beimißt, und auf diesen Punkt möchte ich mit einigen Worten zu sprechen kommen.

Meine Herren, die Werkvereine haben allerdings von Anfang an sich auf den Standpunkt gestellt, daß sie in erster Linie wirtschaftliche Vereinigungen seien, und daß sie sich um die Politik nicht kümmern wollen, wie es Herr Dr. Guggenheimer ausgedrückt hat, daß sie den sozialdemokratischen, also den politischen Kampforganisationen gegenüber eine mehr abwehrende Stellung einnehmen. Aber, meine Herren, trotz alledem ist die Frage der Werkvereine eine eminent politische. Ich muß hier natürlich einen kleinen Unterschied machen zwischen Werkvereinen und vaterländischen Vereinen. Die vaterländischen, auch nationalen Arbeitervereine haben, wie Ihnen ja bekannt sein wird, von vornherein mehr einen politischen Standpunkt vertreten. Sie haben sich in die politische Kampfstellung gegen die Sozialdemokratie begeben, während die Werkvereine mehr wirtschaftliche Interessen vertreten. Aber, meine Herren, die Werkvereine werden auf die Dauer mit dieser Politik der Zurückhaltung nicht auskommen, aus dem sehr einfachen Grunde nicht, weil sie schon in ihrem Gegensatz zu der Haltung der Sozialdemokratie von dem Verhalten der Sozialdemokratie und auch der anderen Gegner, der christlichen Gewerkschaften usw. abhängig sind. Mit anderen Worten, ihre Marschroute wird ihnen diktiert werden von der Sozialdemokratie, von ihren Gegnern in den christlichen Gewerkschaften und den Hirsch-Dunckerschen Gewerkvereinen. Also, meine Herren, es wird den Werkvereinen früher oder später gar nichts anderes übrig bleiben, als etwas mehr politisch zu werden, als das heute der Fall ist, und ich glaube, die Unternehmer, die auf ihren Werken Werkvereine haben, werden sich früher oder später zu der Anschauung bekehren müssen, daß sie auch ihrerseits dazu beitragen müssen, daß die Mitglieder der Werkvereine mehr als bisher von politischen Ideen durchdrungen werden.

Nun, meine Herren, vom rein privatwirtschaftlichen Standpunkt aus könnte man ja die Frage nach der politischen Betätigung der Werkvereine zunächst außer acht lassen. Aber auch der Unternehmer wird sich sagen müssen, daß die großen und wichtigen Fragen, die für ihn, für die Wirtschaftspolitik, für die Sozialpolitik entscheidende Bedeutung haben, doch nun einmal entschieden werden in politischen Organen, im Reichstag, in den Landtagen, daß also schließlich auch die Werkvereine politisch beeinflußt werden müssen, damit sie dereinst auch ein ausschlaggebender Faktor bei den politischen Wahlen werden, da ja durch die politischen Wahlen letzten Endes auch die wirtschaftlichen Interessen der Unternehmer bestimmt werden.

Herr Kommerzienrat Goldschmidt hat bereits darauf hingewiesen, daß durch das bloße Vorhandensein, durch die Tätigkeit der Werkvereine schon ein gewisses politisches Moment ausgelöst wird. Aber, meine Herren, ich habe in dem Vortrage des Herrn Dr. Guggenheimer einen Hinweis auf das vermißt, worauf ich eben zu sprechen kommen will, nämlich wie nun in der Praxis das Vorhandensein, die Tätigkeit der Werkvereine nach dieser Richtung hin gewirkt hat. Da, meine Herren, muß ich sagen, haben allerdings die letzten Wochen eine Reihe von sehr betrübenden und bedauerlichen Erfahrungen gebracht. (Sehr wahr!) Ich habe hier vor mir ein paar Ausschnitte aus sozialdemokratischen Zeitungen. Meine Herren, Sie werden wissen, daß man sozialdemokratischen Angaben gegenüber von vornherein sehr mißtrauisch sein muß, aber die Ziffern, die hier mitgeteilt werden, sind von anderen, von bürgerlichen Zeitungen bisher nicht widerlegt worden; man muß also annehmen, daß sie richtig sind.

Ich habe hier eine Notiz der „Leipziger Volkszeitung“ aus Krimmitschau. Da wird über Vorgänge bei den dortigen Stadtverordnetenwahlen berichtet. Die Herren, die sich mehr mit solchen Dingen beschäftigen, werden wissen, daß vor einer Reihe von Jahren in Krimmitschau, nachdem dort der Krimmitschauer Streik gewesen war, gerade die Stadtverordnetenwahlen eine große Rolle gespielt haben. Es wurden im Anschluß an den Krimmitschauer Streik nationale Arbeiterorganisationen gegründet, die sehr energisch in den Kampf bei den Stadtverordnetenwahlen eingriffen und zwar mit dem Erfolge, daß die auf die bürgerlichen Kandidaten vereinigten Stimmen nur um ganz wenige Stimmen hinter den sozialdemokratischen zurückblieben, so daß die Hoffnung bestand, daß bei intensiver Arbeit es in Zukunft möglich sein würde, auch in dieser Abteilung — bei uns ist es die dritte, in Sachsen die erste; hier wählen in der ersten Abteilung die Wähler mit einem Einkommen bis zu 1400 M. — den Sozialdemokraten das Wasser abzugraben. Es wurden damals die Stadtverordnetenwahlen dieser Abteilung für ungültig erklärt, und eine Neuwahl fand statt; aber leider erfüllte sich die Hoffnung nicht, sondern die für die Sozialdemokraten abgegebenen Stimmen vermehrten sich bei der Neuwahl, und, meine Herren, bei der letzten Stadtverordnetenwahl, wo auch nationale Arbeiterkandidaten aufgestellt waren, siegten die Sozialdemokraten mit rund 1150 gegen diesmal nur 320 nichtsozialdemokratische Stimmen. Es hat also ein erheblicher Rückgang der nationalen Arbeiterstimmen in Krimmitschau stattgefunden.

Ich habe hier ferner eine Mitteilung aus der „Magdeburger Volksstimme" vor mir, wo über das Ergebnis der Stadtverordnetenwahl im Bezirk Sudenburg berichtet wird. Da waren im Jahre 1910 2150 Stimmen für den Sozialdemokraten abgegeben worden und annähernd 1000 Stimmen für den bürgerlichen Kandidaten. Diesmal war neben dem bürgerlichen Kandidaten noch ein sogenannter gelber Kandidat aufgestellt worden. Die Sozialdemokraten bekamen aber im Jahre 1912 in diesem Bezirke 2285 Stimmen; ihre Stimmenzahl hat sich also vermehrt, während die des bürgerlichen Kandidaten sich erheblich vermindert hat und außerdem für den gelben Kandidaten nur 136 Stimmen abgegeben wurden. Wenn Sie die Stimmenzahl der beiden bürgerlichen Kandidaten zusammenzählen, so kommt trotz der gelben Kandidatur immer noch ein Minus von 147 Stimmen heraus für die bürgerlichen Kandidaturen.

Aber, meine Herren, noch viel trauriger ist der Verlauf der Wahl der Arbeiterbeisitzer zu dem Gewerbegericht gerade in Augsburg. Augsburg ist ja eine der Geburtsstätten der Werkvereinsbewegung. Auch dort haben wir einen sogenannten gelben Werkverein, den „Arbeiterverein vom Werk Augsburg", der, soviel ich mich erinnere, nach dem letzten Jahresbericht 2389, also wir wollen einmal sagen rund 2500 Mitglieder zählt. Dort haben vor kurzem, erst Anfang Dezember, die Gewerbegerichtswahlen stattgefunden. Die sogenannten

Gelben hatten früher 7 Beisitzer; wieviel die Sozialdemokraten hatten, geht aus dem Bericht nicht hervor. Im Jahre 1907 — nun kommen interessante Zahlen — wurden für die sozialdemokratischen Kandidaten rund 4000 Stimmen abgegeben, diesmal aber, meine verehrten Herren, 6500, also 2500 Stimmen mehr, und die Gelben mußten von ihren 7 Sitzen 4 an die sozialdemokratischen Gewerkschaften abgeben. Die Hirsch-Dunckerschen Gewerkvereine erhielten 300 Stimmen mehr, die christlichen 150 Stimmen mehr. Aber, meine Herren, die Kandidaten der sogenannten Gelben, die noch im Jahre 1907 2297 Stimmen erhalten hatten, bekamen diesmal nur 1413, und es wird von der „Münchener Post" auf Grund einer vorgenommenen Statistik hier festgestellt, daß kaum 20 pCt. der Wähler der Maschinenfabrik Augsburg für die gelbe Liste, dagegen 65 pCt. für die Liste der freien Gewerkschaften gestimmt haben.

Meine Herren, die Mitteilungen, die ich hier gemacht habe, sind vom allgemein-nationalen und vom politischen Standpunkt aus sehr zu bedauern (sehr richtig!), und uns allen, die wir ein Interesse haben an der Förderung der nationalen und wirtschaftsfriedlichen Arbeiterbewegung, mag sie sich im einzelnen nennen, wie sie will, müssen diese Berichte und diese Vorgänge, die ich mir erlaubt habe Ihnen vorzutragen, wie ein scharfes, schrilles Warnungssignal in die Ohren gellen. Wir müssen uns fragen: wie ist es möglich, daß speziell in Augsburg, wo die nationale Arbeiterbewegung so hervorragend gewesen ist, eine vollkommene Katastrophe bei den Gewerbegerichtswahlen über die Gelben gekommen ist.

Da komme ich wieder auf den Punkt, der mir besonders am Herzen liegt. Ich habe allerdings immer den Standpunkt vertreten, daß die Gelben auf die Dauer nicht ohne politische Betätigung auskommen werden, und ich möchte diese bedauerlichen Vorgänge in Krimmitschau, Augsburg usw. darauf zurückführen, daß die Werkvereine nicht genügend politisch geschult waren. Wir alle, die wir in der nationalen Arbeiterbewegung arbeiten, und namentlich die Unternehmer müssen mit allen Kräften darauf hinarbeiten, daß die Mitglieder dieser Werkvereine auch mit politischem Verständnis und mit starkem nationalen Bewußtsein durchdrungen werden, damit sie auch bei den Wahlen ihre Schuldigkeit tun. Wenn uns das gelingt, meine Herren — und dafür möchte ich gerade die Unterstützung der Herren Unternehmer erbitten —, dann werden die Werkvereine nicht nur das sein, was sie jetzt sind, ein bedeutungsvoller Faktor für die Erhaltung des Friedens in der Wirtschaft, im Betriebe, sondern sie werden dann auch eine zuverlässige Kerntruppe werden für den politischen Kampf gegen die Sozialdemokratie.

Landtagsabgeordneter Dr. **Beumer:** Meine Herren, ich will Ihre Verhandlungen nicht lange mehr aufhalten. Aber ich halte mich für verpflichtet, ein kurzes Wort zu sagen auf Grund der Erfahrungen, die ich bei der Tagung der nationalen Arbeiterverbände und der Werkvereine in diesem Sommer in Essen gemacht habe. Sie, meine Herren, sind ja alle durch die Zeitungen über die großartige Kundgebung, die dort von diesen Vereinen ausging, unterrichtet, und ich muß sagen, ich habe aus den Verhandlungen, die auf den Tag der öffentlichen Versammlung am anderen Morgen folgten und zu denen unter anderen viele Vertreter der Industrie eingeladen waren, die allerbesten Eindrücke bekommen. Diese veranlassen mich heute, auf den einen Punkt aufmerksam zu machen, daß die Frage der Werkvereine und der nationalen Arbeiterverbände durchaus nicht bloß eine Frage ist, die die industriellen Werke interessiert, sondern die vor allen Dingen auch hineinreicht in die kleingewerblichen Kreise.

Meine Herren, unter den sehr tüchtigen Männern, die dort seitens der genannten Verbände gesprochen haben, waren, soviel ich mich erinnere, unter anderen Vertreter des Konditorgewerbes, des Bäckergewerbes und des Fleischergewerbes, und die haben uns von dem Terrorismus der Sozialdemokratie ein Bild entrollt, an das ich in diesem Umfange bisher wirklich nicht geglaubt habe, obwohl ich täglich den „Vorwärts“ berufsmäßig lesen muß. Meine Herren, es ist uns dort unter anderem gesagt worden, daß der Terrorismus sozialdemokratischer Verbraucher so weit geht, daß sie hier in Berlin, in Dresden, in Leipzig usw. in den Konditor-, den Bäcker- und den Fleischerläden, bevor sie kaufen, den verkaufenden Gesellen fragen, ob er der sozialdemokratischen Gewerkschaft angehört und ob er sich durch die Vereinsmarke des sozialdemokratischen Gewerkvereins ausweisen kann. (Sehr richtig!) Kann das der betreffende verkaufende Geselle nicht, so geht der sozialdemokratische Verbraucher weg. Dafür bekommt dann natürlich der nichtsozialdemokratische Geselle von dem Meister den Rat, lieber die Stelle bei ihm zu verlassen oder in eine sozialdemokratische Gewerkschaft einzutreten, damit der Verkauf nicht leide.

Ja, meine Herren, das ist doch wirklich ein Bild des Terrorismus, unter dem der vaterländischgesinnte, der nationalgesinnte Arbeitnehmer leidet, und ein Bild, das zu gleicher Zeit beweist, wie die nationalgesinnten Arbeiter künstlich durch die terroristischen Mittel in die sozialdemokratischen Gewerkschaften hineingetrieben werden, sogar teilweise auf die Aufforderung ihres Meisters hin. (Sehr wahr!)

Ich muß sagen, ich war von den Ausführungen dieser drei Redner in Essen, die das in lebhafter Weise schilderten, aufs tiefste ergriffen, weil ich das Bedürfnis dieser Leute herausfühlte, national denken und das auch nach außen betätigen zu dürfen. Und, meine Herren, wenn Herr Kommerzienrat Dr. Goldschmidt hier mit Recht ausgeführt hat, daß wir wieder an die Arbeiter heran müssen, so glaube ich, daß dazu die nationalen Arbeitervereine und die Werkvereine eine Brücke bilden, die wir betreten sollten. (Zustimmung.) Mit dem Optimismus, der mich in meinem ganzen Leben, auch sogar im politischen Leben beseelt, glaube ich, daß wir alle Veranlassung haben, die hundert- und aberhunderttausend Arbeiter, die jetzt lediglich unter dem Joche des sozialdemokratischen Terrorismus seufzen, durch unsere Mitarbeit aus diesem Joche zu befreien. (Lebhafte Zustimmung.) Meine Herren, das ist eine Arbeit, die allerdings Schweiß erfordert, die aber, wie ich glaube, des Schweißes der Edlen wert ist. (Beifall.)

Heuer: Meine sehr geehrten Herren! Gestatten Sie mir, einem Vertreter des Hauptausschusses nationaler Arbeiterverbände, zu dem der Bund deutscher Werkvereine, der Bund vaterländischer Arbeitervereine, die nationalen Fleischer-, Bäcker- und andere Zunftvereine gehören, ein paar Worte auf die Ausführungen des Herrn Dr. Bovenschen.

Zunächst Augsburg. Es muß in Betracht gezogen werden, daß die Sozialdemokratie geradezu mit einem beispiellosen Terror bei diesen Wahlen vorgeht. Es wird direkt eine Falle, möchte ich sagen, gebildet. Mann an Mann stehen die Genossen mit ihren Wahlzetteln, und sobald irgendein Wähler kommt, von dem sie nicht ganz genau wissen, daß er zu ihnen gehört, wird dem Betreffenden der Zettel aus der Hand gerissen, und ein anderer Zettel hineingesteckt, bis zum Wahltisch hin — das lassen sich die Herren Wahlvorsteher um des lieben Friedens willen gefallen — wird der Wähler beobachtet, so daß er keinen anderen Zettel als den sozialdemokratischen abgeben kann.

Dann weiter in Krimmitschau. Hier bestanden und bestehen auch heute noch nationale Arbeiterunterstützungsvereine, die seinerzeit ganz Hand in Hand gingen mit dem Bund vaterländischer Arbeitervereine. Nun ist es im vorigen Jahre Herrn Pastor Richter mit Hilfe anderer Herren gelungen, diese Vereine vom Bunde abzuwenden. Es wurde von diesen Herren gesagt: Der Arbeiter muß sich gewerkschaftlich organisieren, da wir die gewerkschaftliche Arbeit als eine fruchtbringende für die Arbeiter erkennen. So wurden diese Arbeitervereine von uns gewendet und in das gegnerische Lager hinübergeführt. Es ist aber hier zu beachten, daß trotz alledem von der großen Zahl, die damals in diesen Vereinen vorhanden war, immer noch eine ganze

Anzahl, und zwar mehrere Hundert, für die vaterländische Sache eingetreten sind, und daß, obwohl in Sachsen einmal die politischen Verhältnisse eigenartig liegen, zum anderen eine Reihe Pastoren, die Führer der evangelischen und katholischen Arbeitervereine, darauf drücken, daß die Arbeiter sich gewerkschaftlich organisieren und drittens, daß sogar auch ein Syndikus eines Arbeitgeber-Verbandes ungewollt, oder vielleicht aus politischen Gründen daran mitgearbeitet hat, die Arbeiter für die Gewerkschaften einzufangen (hört, hört!), trotzdem war es möglich, soviel gesundes Blut dort zu erhalten. Das ist ein Beweis für die Erziehungsarbeit, die bisher schon unsere Bewegung geleistet hat. (Sehr richtig!)

Nun zu Wurzen. In Wurzen besteht ein vaterländischer Arbeiterverein seit einem halben Jahre. Diesem Verein hatten sich ungefähr 180 Mann bisher angeschlossen. Jetzt nach der Stadtverordnetenwahl sind es mehr geworden — ungefähr 300 —. Von diesen waren 110 Mitglieder stimmberechtigt. Diese 110 Mitglieder haben alle gewählt und haben außerdem vermocht, 55 Mann, die weder der christlichen, noch der Hirsch-Dunckerschen, noch unserer Bewegung angehörten, für die Liste der sogenannten Gelben zu gewinnen; gewiß ein Zeichen, daß auch hier die Bewegung kräftig fortschreitet. Und vier Wochen darauf ist es mit Hilfe unseres Vereins dort in Wurzen gelungen, die Genossen aus dem Stadtparlament herauszubringen. Dasselbe war in Tangermünde der Fall, wo wir die Genossen hinausgeworfen haben; und ebenso auch in Waltershausen, wo ebenfalls ein Ortsverein von uns besteht.

Wir sind also kräftig dabei, politisch unsere Arbeitsbewegung dahin zu bringen, wohin sie muß. Aber was in 40 Jahren vom deutschen Volke versaut ist — verzeihen Sie den Ausdruck (sehr wahr!) —, läßt sich nicht in ein, zwei oder drei Monaten, oder in ein, zwei oder drei Jahren wieder gut machen. Der Klassenkampfgedanke ist so in das Hirn des deutschen Arbeiters hineingehämmert worden, daß er nur langsam wieder herauszutreiben ist.

Dann möchte ich darauf aufmerksam machen, daß wir noch eine gewisse Richtung innerhalb der Werkvereinsbewegung haben, die wir die Berliner Richtung nennen, die sich politisch weniger betätigt, als die Essener Richtung, der wir vom Bunde vaterländischer Arbeitervereine infolgedessen mehr zuneigen.

Von diesem Standpunkt sind alle Wahlresultate zu betrachten. Hinzu kommt, daß eine große Zahl von Arbeitern es einfach verschmäht, zur Wahl zu gehen, weil sie oft zur Farce wird. Es wird absolut nicht das Lokal reingehalten; es werden Posten gestellt, und nun muß sich der betreffende Wähler gefallen lassen, daß ihm vor wie im Wahllokal mit den gemeinsten Schimpfworten fortwährend um die Ohren gehauen wird. Daß das bei einem charaktervollen Menschen nicht dazu beiträgt, ihn ins Wahllokal zu bringen, ist selbstverständlich.

Wenn uns dann weiter vorgeworfen wird, daß unsere Bewegung keine Charaktere züchtet, weil nur der Kampf Charaktere züchtet, dann möchte ich fragen, welche Arbeiterorganisation wohl größere Kämpfe zu bestehen hat als gerade die nationale und wirtschaftsfriedliche Bewegung. Es gibt keine Bewegung, die größere und schwerere Kämpfe zu bestehen hat, und gerade in diesen Kämpfen werden wir — des bin ich sicher — den Sieg schon deswegen erringen, weil wir das Gute wollen, das Gute verfechten. Wenn wirklich die übrige Arbeiterbewegung so gut wäre, wie das von den Führern ausgeschrien wird, dann sollte man nicht diesen Terror anwenden, wie es geschieht. Ich muß wiederholen, was ich schon seit 1907 stets getan habe, daß hieran die Regierung mit schuld ist. Wir haben von Anfang an darauf aufmerksam gemacht, daß gerade durch das Streikpostenstehen die Arbeiterschaft direkt gezwungen wird, auch dann, wenn sie arbeiten will, ihre Arbeitskraft brach liegen zu lassen. Es ist nach meiner Ansicht nicht lediglich Aufgabe des Staates, dafür zu sorgen, daß, wenn sich irgendjemand gegen bestehende Gesetze vergangen hat, er zu möglichst hohen Strafen verknackt wird, sondern es ist seine Aufgabe, dafür zu sorgen, daß solche Dinge überhaupt in einem Kulturstaat nicht vorkommen können. Der Staat muß vorbeugend wirken und nicht hinterher kommen mit großen und schweren Strafen. Dadurch wird nicht etwa ein nationaler Arbeiterstand erzogen, sondern im Gegenteil, dadurch wird ohne Frage der großen Verhetzung, die wir seit vierzig Jahren in unserem Deutschen Reiche spüren, nur noch mehr die Wege geebnet.

Ich möchte deshalb die Herren, die hier versammelt sind, bitten: Arbeiten Sie mit uns mit allen Kräften daran, daß eine wirklich vaterländisch denkende Arbeiterschaft in immer größerem Umfange wieder im Deutschen Reiche Platz greift, unterstützen Sie die Werk- und die vaterländische Vereinsbewegung mit Rat und Tat, bringen Sie den Arbeitern, die dem Unternehmer mit Vertrauen entgegenkommen, dasselbe Vertrauen entgegen und wir werden wieder zu gesünderen Verhältnissen kommen, als sie heute sind.

Reichstags- und Landtagsabgeordneter Dr. **Arendt**: Meine Herren! Spät kommt Ihr, doch Ihr kommt, möchte ich zu der heutigen Debatte hier in dieser Vereinigung sagen. Es ist sehr spät, aber hoffentlich noch nicht zu spät. Es wäre, wie der Herr Vorredner sehr richtig hervorgehoben hat, in unserem Vaterlande vielleicht ganz anders gekommen, wenn die deutsche Industrie früher und rechtzeitig die Frage der Organisation der Arbeiter stärker und besser in die Hand genommen hätte.

Meine Herren, ich habe mich zum Worte gemeldet, weil ich Ihnen von der wirtschaftlichen Organisation in meinem Wahlkreise in Mansfeld berichten wollte. Es ist das eine der ältesten in Deutschland und eine der wichtigsten. Ich kann bestätigen, daß diese Organisation aus der Belegschaft heraus entstanden ist und nicht von der Leitung. Im Gegenteil; mein verstorbener Freund, der damalige Oberberg- und Hüttendirektor, Geheimrat Leuschner war im Anfang recht unangenehm überrascht, als gelegentlich eines Tumultes auf einem Schacht, der von jugendlichen Arbeitern begangen worden war, eine Anzahl älterer Bergleute zusammentrat und sagte: das kann so nicht weitergehen, wir müssen jetzt selbst Hand anlegen, damit unsere Arbeiterjugend nicht verroht. Ich habe ihn mit Mühe damals dahin gebracht, daß er diese Bewegung entstehen ließ, daß er nicht eingriff, und er war mir dafür nachher dankbar; denn sie hat sich in der Tat gut bewährt, und ich glaube, daß, wenn es gelang, den großen Mansfelder Streik siegreich zu bestehen, dies wesentlich auch durch die Haltung der reichstreuen Bergleute geschehen ist.

Es ist damals seitens der Gewerkschaft eine genaue Statistik aufgestellt, und da hat sich ergeben, daß von den nicht im reichstreuen Verband stehenden Bergleuten $^3/_4$ am Streik teilnahmen, von den reichstreuen dagegen $^2/_3$ arbeitswillig blieben. Und was das damals sagen wollte, davon wird sich jeder von Ihnen überzeugt halten, der sich der Beschreibung erinnert, wie diese Arbeitswilligen damals wie die Helden und Märtyrer ihrer Arbeit nachgingen, angesichts der Ausschreitungen der Streikenden.

Meine Herren, wenn man, wie Herr Kollege Beumer vorhin hervorhob, wahrnimmt, was jetzt seitens der Sozialdemokratie in unserem Staate geschehen darf, dann muß man wirklich zuweilen bezweifeln, ob wir noch in einem Rechtsstaate leben. (Sehr richtig!) Meine Herren, ich muß sagen, ich habe mich selten im Leben so geschämt, wie in einer Wählerversammlung, wo mir ein einfacher Handwerksmeister entgegentrat und sagte: Ja, was nützt uns denn die ganze Wählerei, wenn wir solche Gesetze haben, daß es erlaubt ist, in Zeitungen und Reden alles zu untergraben, worauf der Staat und worauf die Gesellschaft beruht! (Sehr wahr!) Wie ist es denn eigentlich möglich, daß unser König und daß unsere Parlamente nicht dagegen einschreiten! Ja, was sollte man diesem schlichten, einfachen Manne entgegnen, was sollte man ihm sagen über den Doktrinarismus, der in Deutschland herrscht und der leider auch in vielen Köpfen von großen und bedeutenden Industriellen noch nicht verschwunden ist, obgleich sie doch die Erfahrungen ausreichend hätten machen müssen. Meine Herren, mir ist es recht oft passiert, daß ich mit Arbeitgebern gesprochen habe, die auf dem Standpunkt stehen: sozialdemokratisch organisierte Arbeiter sind für uns die bequemsten; da verhandeln wir mit den Herren Sekretären, mit denen sich sehr gut verhandeln läßt, und dann sind wir mit der Sache fertig. Ja, meine Herren, das ist ein Standpunkt, der sich natürlich auf das allerbitterste rächen muß. Denn es handelt sich da nicht bloß um die Frage der Arbeitszeit und der Lohnfestsetzung, sondern, was für die Industrie viel wichtiger ist, das ist die ganze Handhabung der Gesetzgebung in den Parlamenten. Und, meine Herren, welchen Einfluß hat denn die Industrie noch nach dieser Richtung hin?

Man hat den Hansabund begründet, um eine bessere Vertretung von Handel, Gewerbe und Industrie herbeizuführen. Aber, meine Herren, woran liegt es denn, daß Handel, Gewerbe und Industrie schlecht vertreten sind? Das liegt doch daran, daß die Sitze, in welchen Handel, Industrie und Gewerbe den Haupteinfluß haben müßten, alle sozialdemokratisch vertreten werden (sehr richtig!), und daß diese sozialdemokratischen Vertreter Feinde von Handel, Gewerbe und Industrie sind, daß die Hansestädte uns Vertreter in den Reichstag senden, deren ganze Tätigkeit eine handelsfeindliche ist, und daß die großen Industriezentren von Leuten vertreten werden, die glauben, daß das Wohl der Arbeiter gefördert werden könnte, wenn man so feindlich wie möglich gegen die Unternehmer vorgeht und damit doch eigentlich den Ast absägt, auf dem die ganze Arbeit und die Arbeiter sitzen.

Meine Herren, das liegt doch bis zu einem gewissen Grade daran — das möchte ich hier ganz offen aussprechen als ein Freund und ein warmer Freund der Industrie, von der ich glaube, daß sie die große Entwickelung unseres Vaterlandes hauptsächlich mit ihrer Intelligenz und mit ihren großen Fortschritten zuwege gebracht hat —, daß die Industrie nach der Richtung hin etwas einseitig ist, daß sie sich immer zu sehr auf ihre eigene Tätigkeit beschränkt und zu wenig auf das große Ganze geblickt hat, von dem sie doch nur ein Teil ist. Die Industrie muß ihrer ganzen Bedeutung nach eine größere, eine bessere Vertretung haben, und das kann sie nur, wenn sie die hinter ihr stehenden Arbeitermassen wieder um sich versammelt.

Worauf beruht denn der große politische Einfluß der landwirtschaftlichen Unternehmer? Er beruht darauf, daß sie bisher noch einen größeren Einfluß auf ihre Wählerkreise haben, und dasselbe muß die Industrie erstreben in ihrem und in unserer aller Interesse Das kann sie aber nicht, so lange die Arbeitermassen sozialdemokratisch. sind, und deshalb ist diese Bewegung innerhalb der Arbeiterkreise, welche eine wirtschaftsfreundliche Organisation anstrebt, eine so außerordentlich wichtige, weit über den Rahmen der Industrie hinausreichende. (Sehr richtig!) Sie kann der Ausgangspunkt werden für die Gesundung unserer leider so schwer darniederliegenden öffentlichen Zustände.

Dazu aber ist erforderlich, meine Herren, daß man nicht vornehm die Nase rümpft, wenn von Politik und wenn von Parteien die Rede ist. Selbstverständlich sollen sie keine Parteipolitik im ganzen treiben; es ist die Sache jedes einzelnen, wie er sich dazu stellen will und wo er sich dazu stellen will. Aber Pflicht eines jeden ist es, daß er für sein Teil überhaupt eine Stellung in diesem notwendigen Parteikampf ergreift und nicht glaubt, daß er klug und weise handelt, wenn er sagt: ach, das geht ja doch alles auch ohne mich; ich lese höchstens meine Zeitung und schimpfe zu Hause. (Heiterkeit.) Nein, meine Herren, das ist nicht das Richtige. Es ist auch nicht das Richtige für die Arbeiterverbände. Die Arbeiterverbände sollen natürlich nicht Parteipolitik im engeren Sinne treiben, aber sie sollen auch politisch in den Kampf gegen die Sozialdemokratie eintreten. (Sehr wahr!) Das ist ihre Existenzgrundlage, und auf dieser Grundlage wird es dann vielleicht auch möglich sein, daß der hier angedeutete Gegensatz zu den christlichen nationalen Gewerkschaften sich doch in etwas mildert. Das würde ich sehr wünschen, meine Herren. (Sehr richtig! Zuruf: Ausgeschlossen!)

Es ist ja richtig, daß diese christlichen nationalen Gewerkschaften in den Gelben eine Konkurrenz sehen, daß sie sich vor ihnen fürchten. Aber wenn sie sehen, daß die Gelben nicht mehr aus der Welt zu schaffen sind, daß sie da sind, daß sie mächtig sind, dann werden sie auch erkennen, daß sie in ihnen unter Umständen wichtige Bundesgenossen haben können, und deshalb ist es sehr gut, wenn man diese Kämpfe in einer Form führt, bei der man sich doch klar ist, daß man unter Umständen auch zusammenzustehen hat, und das möchte ich auch den Arbeitgebern empfehlen.

Nach den letzten Erfahrungen ist doch ein Riß zwischen den christlichen Nationalen und den Sozialdemokraten eingetreten, der nicht mehr überbrückbar scheint, und das ist sehr wesentlich und nützlich. Ich glaube, wir sollten das Alte nach der Richtung vergessen und sollten für die Zukunft uns sagen: Es ist doch außerordentlich wichtig und geradezu entscheidend, daß wir noch diese Hunderttausende von christlichen und nationalen Arbeitern haben als Verstärkung in dem Kampf gegen die Sozialdemokratie, die sich als Arbeiterpartei aufspielt und in Wahrheit die arbeitsfeindlichste Partei ist, die es überhaupt gibt, und auch in den entscheidenden Kämpfen über die Gestaltung unserer inneren Politik.

Wenn man hier auf einzelne Vorgänge hingewiesen hat, meine Herren, so will ich nur ein kurzes Wort über Augsburg sagen. Ist es denn verwunderlich, daß da die nationalen Arbeiter ihre Pflicht gegenüber der Sozialdemokratie nicht tun, wenn dank der Großblockidee auch die Arbeitgeber für die Sozialdemokratie eingetreten sind? (Sehr wahr!) Meine Herren, solange das möglich ist, solange dürfen wir auch gegen nationalgesinnte Arbeiter keinen Vorwurf nach dieser Richtung hin erheben. (Zustimmung). Wir sollten erst einmal über die Kinderkrankheiten unseres Parteiwesens hinauskommen und sollten uns sagen, daß nicht Fraktionspolitik entscheidet, sondern vaterländische Politik, und daß vaterländische Politik unter allen Umständen den Gegensatz gegen die revolutionäre, umstürzende Sozialdemokratie fordert. (Lebhafter Beifall.)

Scheda: Meine Herren, in dem Referat des Herrn Dr. Guggenheimer ist darauf hingewiesen worden, daß Herr Professor Delbrück kürzlich auf dem Hansabundstage erklärt hat, es müsse doch ein guter Kern in dieser Arbeiterbewegung stecken, und deshalb habe sie noch eine große Zukunft. Ich möchte mir erlauben, kurz darauf hinzuweisen, worin dieser gesunde Kern besteht.

Unter den vielen Feinden unserer neuen Bewegung befinden sich auch die christlichen Gewerkschaften, und einer ihrer Vertreter, der Zentrumsabgeordnete Schiffer, hat vor kurzem die Tribüne des Deutschen Reichstages dazu mißbraucht, um die schwersten Beleidigungen und Angriffe gegen die Werkvereine loszulassen. Eine christliche Gewerkschaftszeitung in München-Gladbach hat diese Angriffe übernommen, und das gab den Werkvereinen die erwünschte Gelegenheit, durch einen Prozeß feststellen zu lassen, wie weit diese Beleidigungen und Anschuldigungen von seiten der christlichen Gewerkschaften begründet sind. In diesem Prozeß ist nun der Herr Abgeordnete Schiffer zeugeneidlich vernommen worden, und es stellte sich dabei heraus, daß dieser Mann, der von der Reichstagstribüne aus die Mitglieder der Werkvereine als „Hörige, als Heuchler, als Speichellecker" gebrandmarkt hat, auch nicht die Spur eines Beweises für seine schweren Beleidigungen besitzt. Er entschuldigte sich damit, er habe nicht darauf gerechnet, daß die Frage in der Gerichtsverhandlung aufgerollt werden würde, und deshalb könne er keinen Beweis führen. Die Werkvereine hatten aber durch Vernehmung mehrerer Werkvereinsführer Gegenbeweis angetreten, und da hat sich herausgestellt, daß z. B. der Werkverein Krupp mehrere Monate bestanden hat, bevor die Direktion der Firma Krupp überhaupt Kenntnis von dem Werkverein bekommen hat, daß der Werkverein bei Stumm in Neunkirchen gegen den Willen der Direktion entstanden ist, daß also die angebliche totale Abhängigkeit, die würdelose Hörigkeit der Werkvereine von ihren Arbeitgebern nicht besteht. In diesem Prozeß ist auch von seiten der christlichen Gewerkschaften ein Kathedersozialist als Sachverständiger vorgeführt worden. Es war der Privatdozent an der Berliner Hochschule und Redakteur der „Sozialen Praxis, Herr Dr. Zimmermann. Ich möchte Ihnen einige Worte aus seinem Gutachten vorlesen. Er führte folgendes an: „Die Wissenschaft lehne die gelben Werkvereine als schädlich für die Arbeiter ab. Zwischen Arbeitnehmern und Arbeitgebern herrsche ein erheblicher Interessengegensatz. Die Interessengemeinschaft zwischen beiden Teilen sei nur eine „produktions-technische, aber keine wirtschaftlich-soziale". Die Arbeiter könnten ihre Interessen nur durch einen starken Druck auf den Arbeitgeber wahren, und hierzu sei eine straffe Organisation erforderlich, gerade so wie zwei Staaten ihre Interessen gegeneinander nur dann mit Erfolg vertreten könnten, wenn sie entsprechende Machtmittel besäßen. Deshalb seien die Gewerkschaften die beste Organisation für die Arbeiter zur Ausfechtung der „naturnotwendigen Klassenkämpfe". —

Hier, meine Herren, haben Sie die Grundanschauung der Gewerkschaften und der Kathedersozialisten, daß die Klassenkämpfe eine „naturnotwendige" Erscheinung seien, und daß Arbeitgeber und Arbeiter sich gegenüberstehen müßten wie zwei feindliche Staaten, von Kopf bis zu Fuß schwer bewaffnet.

Im Gegensatz hierzu hat die wirtschaftsfriedliche Arbeiterbewegung auf ihrer Tagung im November 1911 folgende Entschließung gefaßt, die ihre Ansicht über das Verhältnis des Arbeiters zum Arbeitgeber zum Ausdruck bringt:

„Die bestehenden Gewerkschaften sind bei ihrem an sich berechtigten Bestreben, die Lage ihrer Mitglieder zu verbessern, in die falsche Bahn des Klassenkampfes gedrängt worden. Die notwendige, kulturelle und wirtschaftliche Hebung der deutschen Arbeiterschaft kann nur durch gemeinsame Arbeit aller Volksgenossen gefördert werden, während der Klassenkampf mit seinen bedrohlichen Begleiterscheinungen, wie Arbeitseinstellung, Aussperrung, Verrufserklärung, ein Verbrechen gegen die gesunde nationale Entwickelung ist."

„Klassenkampf" heißt also das Feldgeschrei der Gewerkschaften, während „Arbeitergemeinschaft" das Losungswort der „wirtschaftsfriedlichen" Arbeiterbewegung ist.

Meine Herren! Die Irrlehre vom Klassenkampf ist von Marx aufgestellt worden auf Grund elender englischer Arbeitsverhältnisse, die von den unsrigen himmelweit verschieden waren. Seitdem ist ein halbes Jahrhundert vergangen, und wenn die Nationalökonomie auch noch keine exakte Wissenschaft geworden ist, die auf alle Fragen des wirtschaftlichen Lebens eine zuverlässige Antwort erteilen kann, so wissen wir heute jedenfalls, daß diese Lehre falsch ist. Unsere Arbeiter sehen in dem Unternehmer nicht das „Kapital" als Gegensatz zur „Arbeit", sondern sie sehen in dem Unternehmer auch den Arbeiter, dessen Produktivkapital keineswegs arbeiterfeindlich ist. Ein moderner Nationalökonom hat den Unternehmer im Gegensatz zum „Lohnarbeiter" als „Ertragsarbeiter" treffend bezeichnet, und beide Arbeiter, Ertragsarbeiter und Lohnarbeiter zusammen, bilden erst unsere nationale Arbeit. Auf Grund unserer ganz anderen wissenschaftlichen Auffassung bildet sich auch ein ganz anderes Verhältnis zwischen Lohnarbeiter und Unternehmer: das Verhältnis des Vertrauens, von dem Herr Kommerzienrat Goldschmidt bereits gesprochen hat. Die nationalen Arbeiter wissen, daß ohne den Unternehmer und Organisator unserer Volkswirtschaft sie selbst auch keine Arbeit finden würden, und sie stimmen mit dem überein, was einmal Geheimrat Kirdorf gesagt hat: „Sucht die Arbeitsgelegenheiten möglichst zu vermehren, dann ist die soziale Frage gelöst!" Diese Aufgabe, die Arbeitsgelegenheiten zu schaffen und zu vermehren, ist die richtige Arbeit der Unternehmer.

Wenn nun von Angriffen auf die Werkvereine die Rede gewesen ist, so möchte ich erwähnen, daß das Wort von den „Blutapfelsinen", das von den Berliner Werkvereinen gesagt worden ist, bereits in einer Schrift der Berliner Werkvereine selbst auf das richtige Maß zurückgeführt worden ist. Dort heißt es nämlich: „Ein großer Teil der Berliner Gelben besteht aus ehemaligen Sozialdemokraten, und um aus Roten Gelbe zu machen, bedarf es einer langen Erziehungsarbeit. In der Uebergangszeit muß man mit Rückfällen in die rohe Barbarei rechnen."

Es ist auch hier hervorgehoben worden: was in langen Jahren gesündigt ist, kann man nicht in wenigen Monaten wieder gutmachen.

Wenn nun Herr Dr. Bovenschen herorgehoben hat, daß auch der politische Kampf notwendig sei, so ist das durchaus berechtigt. Aber die Durchführung dieser Forderung ist doch nur dann möglich, wenn der Staat auch die Arbeiter schützt. Wir haben von Herrn Heuer gehört, wie der Arbeiter, der zur Wahlurne geht, Spießruten laufen muß. Wenn der Staat ihn nicht schützt und auch dem Arbeitswilligen nicht Sicherheit gewährleistet, so kann man vom Arbeiter nicht verlangen, daß er seine Gesundheit, sein Leben bei den Wahlen zu Markte trägt. Die Regierung muß dafür sorgen, daß die persönliche Freiheit, die für den Arbeiter bei uns nicht mehr existiert, endlich wieder gewährleistet wird.

Ich kann mich nur den Wünschen anschließen, die bereits Herr Heuer ausgesprochen hat. Meine Herren, suchen Sie das Interesse und das Verständnis für die wirtschaftsfriedliche Arbeiterbewegung in Ihren Kreisen zu vermehren und zu erhöhen, und suchen Sie diese Bewegung zu unterstützen. (Bravo!)

Kommerzienrat Dr. **Goldschmidt:** Ich möchte noch ganz kurz auf die Frage eingehen: Wie weit sollen wir die Werkvereine zu politischen Zwecken benutzen? Meine Herren, zunächst ist doch der Werkverein ein Selbstzweck. Er sammelt die Arbeiter eines Werkes, damit diese Arbeiter in Gemeinschaft mit den Arbeitgebern im Frieden ihre Arbeit leisten, zum Besten der gesamten Unternehmung. Mit diesem Programm kehren ja bereits die Arbeiter in den Werkvereinen ihre Spitze gegen die Gewerkschaften und gegen die Sozialdemokratie, und dieser Gegensatz kommt überall zum Ausdruck. Ueberall sind die Werkvereine nationale Vereine und betonen das, vielleicht die einen mehr, die anderen etwas weniger. Das muß uns vorläufig genügen. Damit machen wir zunächst einmal die Mitglieder der Werkvereine in nationalem Sinne, in politischem Sinne — ich möchte einen chemischen Ausdruck gebrauchen — reaktionsfähig; es können die bürgerlichen Parteien an sie herantreten. In dem heutigen Stadium unserer Parteiverhältnisse, bei der ungeheuren Zerrissenheit und der Vielheit der Parteiverhältnisse würde ich es für bedauerlich halten, einen Werkverein auf irgendeine politische Partei festzulegen. (Sehr richtig!) Ueberlassen Sie es den nationalen Parteien, die Mitglieder der Werkvereine zu beeinflussen. Das wird ihnen auch gelingen, meine Herren. (Sehr wahr!) Sie werden nicht mehr, wie bisher, blind der Sozialdemokratie nachlaufen und in jedem Arbeitgeber und in jedem Vertreter des Staates und der nationalen Parteien einen Gegner sehen. Damit müssen wir uns vorläufig genügen lassen. Was die Entwickelung weiter bringen wird, können wir heute nicht übersehen.

Ich möchte auch das wünschen, daß die christlichen Gewerkvereine erkennen, daß ihrem Programm nach die Werkvereine ihnen am nächsten stehen. Zurzeit ist das Verhältnis leider ein derartiges, daß die Werkvereine ein außerordentliches Maß von Selbstbeherrschung üben müssen, um die Angriffe, die gerade von der christlichen Seite auf sie ausgehen, in einer Art und Weise zu beantworten, daß für später ein gemeinsames Arbeiten möglich bleibt. (Beifall.)

Kommerzienrat Dr. **Kauffmann:** Meine Herren, die Ausführungen der letzten Herren Redner waren hochinteressant. Sie gipfeln aber alle übereinstimmend in der Aufforderung an die Industrie, die wirtschaftsfriedlichen Arbeitervereine im allgemeinen — das sind sowohl die Werkvereine, wie auch die auf weiterer Grundlage errichteten nationalen Arbeitervereine — zu unterstützen, zu begünstigen und zu fördern als Gegengewichte gegen die sozialdemokratischen Gewerkschaften einerseits und auch als Gegengewichte gegen die christlichen Gewerkschaften, mit denen wir ja aus bestimmten Gründen ebenfalls nicht in vollem Umfange sympathisieren können.

Ich habe aber in den Ausführungen der letzten Herren Redner ein Eingehen auf den Gesichtspunkt vermißt, den Herr Dr. Bovenschen in den Vordergrund seiner Ausführungen gestellt hat, nämlich auf das Verhältnis der Werkvereine und der nationalen Arbeitervereine zueinander, wobei der Kardinalunterschied zwischen diesen beiden darin liegt, daß der Werkverein nur Angehörige eines bestimmten Werkes umfaßt, der allgemeine nationale Arbeiterverein aber Angehörige der verschiedensten Werke zusammen umfaßt. In dieser Beziehung kann ich mich nur den Ausführungen anschließen, die Herr Dr. Bovenschen gemacht hat, und gerade weil es allgemein anerkannt worden ist, daß eine politische Betätigung der nationalen Arbeitervereine bis zu einem gewissen Grade — zwar nicht ihr Eintreten für eine bestimmte politische Partei, aber doch im allgemeinen ihre Betätigung in nationalem Sinne — wünschenswert ist, gerade aus diesem Grunde möchte ich mich zu der Meinung bekennen, daß, wo immer man zu wählen haben wird zwischen einem Werkverein und einem allgemeinen nationalen Arbeiterverein, man den letzteren zu bevorzugen haben wird, da er, von den engeren und speziellen Arbeitsverhältnissen des einzelnen Werkes losgelöst, in viel höherem Grade als ein Werkverein seine Aufgabe darin suchen muß, sich allgemeinen wirtschaftlichen und politischen Fragen zuzuwenden und seine staatserhaltenden und wirtschaftsfriedlichen Gesinnungen öffentlich und politisch zu betätigen.

Ich darf erwähnen, daß in meiner Heimat — ich stamme auch aus einem Bergrevier, nämlich aus dem Waldenburger Revier — speziell Bergarbeitervereine auf vollständig der gleichen Grundlage bestehen, wie es uns Herr Reichstagsabgeordneter Dr. Arendt von Mansfeldt, mitgeteilt hat. Sie führen sogar denselben Titel: „Reichstreue Bergarbeitervereine". Diese Vereine umfassen Angehörige der verschiedensten bergbaulichen Werke und betätigen sich in weitgehendem Maße politisch, nicht als Förderer einer bestimmten Partei, sondern der nationalen Parteien gegen die Sozialdemokratie. Es werden in diesen Vereinen auch politische Fortbildungskurse und Vorträge für die Arbeiter veranstaltet. Leider ist unser Wahlkreis seit 15 Jahren sozialdemokratisch im Reichstag vertreten. Wenn wir uns aber jemals Aussicht darauf machen wollen, daß unser Wahlkreis einmal in andere Hände übergehen möchte, so können wir diese Aussicht höchstens auf die reichstreuen Bergarbeitervereine gründen.

Ich erwähne, daß auch in der Textilindustrie, wenigstens in der Lausitz, nationale Arbeitervereine bestehen, die auf der sächsischen, vorhin erwähnten Krimmitschauer Grundlage, mit guten Erfolgen begründet worden sind und die, wie ich glaube, ebenso wie unsere niederschlesischen reichstreuen Bergarbeitervereine dem allgemeinen deutschen Bunde vaterländischer Arbeitervereine angeschlossen sind, der seinen Sitz in Braunschweig hat. Ich würde es sehr bedauern, wenn bei uns, wo diese Vereine bestehen und sich als segenbringend erwiesen haben, ihnen eine Konkurrenz dadurch gemacht würde, daß außerdem noch nationale Werkvereine, d. h. Vereine, die sich auf ein bestimmtes Werk beschränken, gegründet würden. Die Vereine rekrutieren sich doch aus den gleichen Kreisen, und es würde dann ein gegenseitiges Sich-Konkurrenzmachen entstehen, ich glaube aber, daß aus den angegebenen Gründen die allgemeinen nationalen oder vaterländischen Arbeitervereine, deren Angehörige sich nicht auf ein bestimmtes Werk beschränken, meistens in erster Linie Förderung finden sollten. Das schließt nicht aus, daß dort, wo die nationalen Arbeitervereine noch nicht Boden gefaßt haben oder aber aus irgendwelchen Gründen nicht lebensfähig erscheinen, oder wo es sich um ein sehr bedeutendes detachiertes Werk an einem Ort außerhalb eines größeren Industriezentrums handelt, auch Werkvereine begründet und gefördert werden. Aber in erster Linie würde ich doch glauben, daß den allgemeinen, nicht auf ein bestimmtes Werk sich beschränkenden nationalen oder vaterländischen Arbeitervereinen auch selbst gegenüber den Werkvereinen der Vorzug gegeben werden muß. (Beifall.)

Vorsitzender: Meine Herren, es hat sich niemand mehr zum Wort gemeldet. Ich schließe dann die Diskussion und frage den Herrn Referenten, ob er das Schlußwort wünscht.

Geschäftsführer Regierungsrat a. D. Dr. jur. **Schweighoffer:** Meine Herren! Ich darf in Vertretung des Herrn Dr. Guggenheimer wohl der Genugtuung Ausdruck geben, daß sein von mir verlesener Vortrag hier so anregend gewirkt hat, und wenn Herr Dr. Guggenheimer sich in seinen Schlußäußerungen erbot, noch erläuternd und erklärend zur Diskussion beitragen zu wollen, so glaube ich, daß dieses nachgeholt worden ist durch die Erörterungen, die sich eben an den Vortrag angeschlossen haben.

Ich bitte, meine Herren, mich zu bevollmächtigen, Herrn Dr. Guggenheimer von dem Verlaufe der Verhandlungen, von dem Interesse, das sein Vortrag erregt hat, benachrichtigen zu dürfen.

Vorsitzender: Ich will darauf aufmerksam machen, daß den Herren, die in der Diskussion gesprochen haben, das Stenogramm zugeht, und mit Rücksicht darauf, daß es sich hier doch um eine sehr wichtige Sache handelt, und daß die Diskussion, wie ja überhaupt alle die Diskussionen, die in den Delegiertenversammlungen des Centralverbandes stattfinden, einschließlich der Referate, an die sie sich anschlossen, in unseren Mitteilungen veröffentlicht werden, möchte ich die Herren bitten, bei der Durchsicht der Stenogramme recht sorgfältig verfahren zu wollen.

Meine Herren, bevor ich die Sitzung schließe, habe ich Ihnen noch mitzuteilen, daß mir soeben folgendes Telegramm des Herrn Bueck zugegangen ist:

„Durch heutigen Machtspruch des Arztes ans Zimmer gefesselt, bitte ich, den Herren Delegierten wärmsten Dank auszusprechen für ihre Glückwünsche, die ich als erneuten, mich ungemein erfreuenden Beweis unveränderter freundlicher und wohlwollender Gesinnung betrachte. (gez.) Bueck."

Meine Herren, ich frage, ob aus dem Kreise der Delegierten noch etwas vorzubringen ist. Das scheint nicht der Fall zu sein.

Dann schließe ich mit verbindlichem Dank an die Herren, die hier noch solange ausgehalten haben, insbesondere an den Herrn Vertreter der Reichsregierung, die Versammlung.

Schluß gegen 3¾ Uhr.

Beschlüsse.

Die von der Versammlung der Delegierten am 12. Dezember 1912 angenommeuen Beschlüsse lauten:

I.

Angesichts der auf eine Vereinheitlichung des Angestelltenrechtes abzielenden Bestrebungen, insbesondere mit Rücksicht auf die Verhandlungen der beiden letzten deutschen Juristentage zu Danzig im Jahre 1910 und zu Wien im Jahre 1912 erachtet es der Centralverband Deutscher Industrieller für seine Pflicht, nachdrücklichst darauf hinzuweisen, daß diese Bestrebungen nicht dazu führen dürfen, die Angestellten (Kopfarbeiter) mit den Lohnarbeitern (Handarbeiter) sozial und rechtlich auf eine gleiche Stufe zu stellen. Der Centralverband hält an seiner bereits früher verschiedentlich dargelegten Auffassung fest, daß die Angestellten ihrer Bildung und wirtschaftlich-technischen Funktion nach ein Zwischenglied zwischen Unternehmern und Lohnarbeitern bilden **und daher eine vermittelnde und in sozialem Sinne ausgleichende Stellung einnehmen.** Daraus ergibt sich, daß die Rechtsverhältnisse zwischen Angestellten und Unternehmern auf anderen gesetzlichen Grundlagen aufgebaut werden müssen als die Rechtsverhältnisse zwischen Lohnarbeitern und Unternehmern. Das Angestelltenrecht muß sich neben dem Arbeiterrecht selbständig entwickeln.

Mit Rücksicht auf die große Bedeutung, welche der Schaffung eines selbständigen Angestelltenrechtes für die gesamte deutsche Industrie zukommt, soll ein besonderer Ausschuß mit der Aufgabe betraut werden, in eine eingehende Beratung darüber einzutreten, ob das bestehende Angestelltenrecht einer größeren Vereinheitlichung und ob und inwieweit es einer Abänderung bedarf. Ueber das Ergebnis dieser Beratungen, bei denen auch die Angestelltenkreise zur Mitwirkung zu berufen sind, ist der Versammlung der Delegierten des Centralverbandes tunlichst bald Bericht zu erstatten.

II.

Der Centralverband Deutscher Industrieller hält es mit Rücksicht auf die geplante Einführung eines staatlichen Petroleummonopols für geboten, auf die schweren und vielseitigen Bedenken hinzuweisen, die sowohl aus allgemeinen volkswirtschaftlichen Gründen als auch vor allem im Interesse des gesamten deutschen Verbrauchs unter den gegenwärtigen Verhältnissen gegen eine Verstaatlichung der Leuchtölversorgung zu erheben sind.

Er gibt der Ansicht Ausdruck, daß das Reichspetroleummonopol neben einer vollständigen Umwälzung der wirtschaftlichen Lage des deutschen Petroleumhandels eine starke Belastung des deutschen Kapitalmarkts zur Folge haben wird und daß ferner ohne die bestimmte Sicherung einer nach Menge und Beschaffenheit ausreichenden Leuchtölversorgung mit einer erheblichen Preiserhöhung für die Verbraucher gerechnet werden muß.

Der Centralverband Deutscher Industrieller erblickt daher in der Vorlage kein zur Verbilligung des Leuchtöls geeignetes Mittel und muß deshalb gegen die Vorschläge der verbündeten Regierungen solange Verwahrung einlegen, bis die Frage der Notwendigkeit eines staatlichen Einschreitens sowie der Durchführbarkeit des gesetzgeberischen Problems einwandfrei gelöst ist.

III.

In Anbetracht der Tatsache, daß das vom Preußischen Abgeordnetenhause verabschiedete Wassergesetz in der vorliegenden Fassung eine zweckmäßige Grundlage für die gesunde Entwickelung der Wasserwirtschaft, vor allem der auf Wassernutzung angewiesenen gewerblichen Unternehmungen abzugeben verspricht, Aenderungen von grundsätzlicher Bedeutung aber eine Gefährdung für das Zustandekommen des Gesetzes bedeuten, sieht der Centralverband von der Geltendmachung unerfüllt gebliebener Wünsche der Industrie ab und gibt sich der Erwartung hin, daß das Preußische Herrenhaus die Gesetzesvorlage in der ihr vom Abgeordnetenhause gegebenen Gestalt genehmigt.

Festmahl.

Abends 7 Uhr begann im Hotel Adlon das Festmahl, ebenfalls unter sehr reger Beteiligung. Der Herr Minister für Handel und Gewerbe, welcher sein Erscheinen zugesagt hatte, war in letzter Stunde dringlich verhindert Der Vorsitzende, Herr Landrat Rötger, bemerkte in der Begrüßungsrede, der Gedankenaustausch am grünen Tisch sei vielleicht nicht soviel wert, wie an gedeckten Tafeln. Die wünschenswerten Beziehungen mit Herren von der Regierung, Parlamentariern und last not least mit der Presse, seien reger geworden, wenn schon seitens der letzteren dem älteren Centralverband Deutscher Industrieller vielleicht weniger Aufmerksamkeit geschenkt werde als jüngeren Erscheinungen. Der kürzlich seitens eines Ministers getanen Aeußerung, es möchte sich ein Vertrauensverhältnis zwischen Regierung und Industrie herausbilden, stimmte Redner gern zu; nur müßte der Centralverband als erwachsenes Kind behandelt werden und seine eigene Meinung haben dürfen. Redner gedachte schließlich der Wolken am politischen Horizont. Wenn wir trotzdem in Ruhe unserem Beruf nachgehen können, so beruhe das mit auf unserer Kultur und gesunden Kraft. Dabei sei des Kaisers zu gedenken, der in schwerer Stunde stets bisher die nationale Ehre gewahrt habe. Die Rede gipfelte in dreifachem Hurra auf Seine Majestät den Kaiser, in welches die Versammlung stehend lebhaft einstimmte. Namens der Gäste dankte Abg. Freiherr von Zedlitz. Alte Leute, wie er, blickten gern in die Vergangenheit zurück. Vor 50 Jahren wurde Bismarck als Vertrauensmann des Königs berufen. Welcher Wechsel seit damals, wo Deutschland wirtschaftlich und politisch kaum mehr als ein geographischer Begriff war. Unter unserer nationalen Wirtschaftspolitik, für welche der Centralverband von Anfang an gewirkt, haben wir uns so emporgearbeitet, daß wir auf dem Kontinente weitaus in erster Linie stehen und wirtschaftlich England nahekommen. Die deutsche Industrie, deutsche Unternehmung, deutsche Intelligenz werden in der ganzen Welt bewundert. Redner toastete auf die deutsche Industrie und den

Centralverband Deutscher Industrieller. Schließlich feierte Abg. Dr. Beumer mit Hinweis auf den heutigen Geburtstag Buecks seinen alten Freund und Kollegen in Verbindung mit dem derzeitigen Geschäftsführer Dr. Schweighoffer. Er wies hin auf das Leben harter Arbeit, das Bueck 82 Jahre lang gehabt, und auf den Segen der Arbeit überhaupt, welche durch unsere neue Sozialpolitik möglichst herabgedrückt werde. Mit der Entwickelung, dem Leben deutscher Arbeit, werde Buecks Name dauernd verknüpft bleiben. Dr. Beumer sprach dem Vorsitzenden und dem Direktorium den Dank aus und berichtete, wie Herr Bueck seine große Freude darüber kundgegeben, daß er gesehen habe, wie sein Amt als Geschäftsführer des Centralverbandes in würdige Hände übergegangen, wie Dr. Schweighoffer es weiter versehe in alter, bewährter Tradition. Schließlich ergriff Herr Dr. Schweighoffer das Wort und dankte in wärmster Weise für die äußerst wohlwollenden Worte, die er aus dem Munde eines so hervorragenden Vorkämpfers der deutschen Industrie gehört; er glaube daraus entnehmen zu dürfen, daß die von ihm vertretenen Ideen auch die der Mitglieder des Centralverbandes seien. Nach längerer Tätigkeit in der Staatsverwaltung habe Redner, als er von der Theorie zur Praxis kam, das Glück gehabt, unter einem Manne arbeiten zu können, dessen ganze Wucht und Energie seiner Persönlichkeit ihn ohne weiteres in den Bann seiner Gedanken zwang und von dem er gelernt habe, das Große stets vor das Geringere zu stellen. Die Versammlung dürfe überzeugt sein, daß er in diesem Sinne weiterarbeiten werde. Dazu ermutige und befähige ihn die Erkenntnis, daß der Centralverband die beste Stütze finde in den ihm angeschlossenen Verbänden und ihren Leitern und Geschäftsführern. Dort finde sich eine unerschöpfliche Summe von Intelligenz, die unsere Arbeit fördere und sich ihr aufpräge. Redner bat die angeschlossenen Verbände um solche weitere getreuliche Unterstützung und schloß mit einem Hoch auf die Leiter dieser Verbände.

Nach dem Mahle blieb man noch bis zu später Nachtstunde in angeregter Unterhaltung beisammen.

Liste der Anwesenden
in der
Ausschußsitzung am 11. Dezember 1912 in Berlin.

Mitglieder des Direktoriums:

Herr Rötger, Landrat a. D., Vorsitzender, Berlin.

„ Koenig, G., Geh. Regierungsrat, Vorsitzender des Direktoriums des Vereins der Deutschen Zucker-Industrie, Zweiter stellvertretender Vorsitzender, Berlin W, Kleiststr. 32.

„ Brückner, Richard, Fabrikbesitzer, Calbe a. S.

„ Ehrhardt, Max, Baurat, Weimar.

„ Hilger, Geh. Bergrat, Generaldirektor der Vereinigten Königs- und Laurahütte, Vorsitzender der Oestlichen Gruppe des Vereins Deutscher Eisen- und Stahl-Industrieller, Berlin NW, Dorotheenstr. 50.

„ Hugenberg, Geh. Finanzrat, Vorsitzender im Direktorium der Fried. Krupp A.-G., Essen (Ruhr).

„ Kirdorf, E., Geh. Kommerzienrat, Generaldirektor der Gelsenkirchener Bergwerks-Akt.-Ges., Rheinelbe bei Gelsenkirchen.

„ von Rieppel, A., Dr.-Ing. h. c. und Dr. phil., Kgl. Geh. Baurat, Vorsitzender des Bayerischen Industriellen-Verbandes, Erster stellvertretender Vorsitzender, Nürnberg, Aeußere Cramer-Klettstr. 12.

„ Schlumberger, Th., Geh. Kommerzienrat, Vorsitzender des Elsässischen Industriellen-Syndikats, Mülhausen i. Els.

„ Semlinger, H., Geh. Kommerzienrat, Vorsitzender des Vereins Süddeutscher Baumwollindustrieller, Bamberg.

Herr Vogel, Geh. Kommerzienrat, Vorsitzender des Verbandes der Textilindustriellen Chemnitz, Chemnitz.

„ Vorster, Jul., Geh. Kommerzienrat, Mitglied des Hauses der Abgeordneten, Vorsitzender des Vereins der Industriellen des Reg.-Bez. Köln, Köln.

„ Werminghoff, Generaldirektor, Weißer Hirsch bei Dresden

Mitglieder der Geschäftsführung:

Herr Schweighoffer, Dr., Regierungsrat a. D., Geschäftsführer, Berlin.

„ von Stojentin, Dr., stellvertretender Geschäftsführer, Berlin.

„ Ballerstedt, Dr., Berlin.

„ Ebner, Dr., Berlin.

„ Hoff, Dr., Berlin.

„ Krause, Dr., Berlin.

„ Zakrzewski, Dr., Berlin.

Mitglieder:

Herr Beukenberg, Baurat, Dortmund.

„ Beumer, Dr., Generalsekretär, Düsseldorf.

„ Bock, Heinrich, Kommerzienrat, Würzburg.

„ Frölich, Geschäftsführer, Düsseldorf.

„ Fromm, E., Geh. Kommerzienrat, München.

„ Goldberger, Geh. Kommerzienrat, Berlin W.

„ Goldschmidt, Karl, Dr., Kommerzienrat, Essen (Ruhr).

„ Gottstein, L., Dr., Kommerzienrat, Breslau I.

„ Großberger, Generaldirektor, Kneuttingen.

„ Guggenheimer, Dr., Augsburg.

„ Haas, Karl, Dr., Geh. Kommerzienrat, Waldhof b. Mannheim.

„ Haumann, Oberbürgermeister, Generaldirektor der Vereinigten Stahlwerke van der Zypen und Wissener Eisenhütten, Köln a. Rh.

„ Hirsch, Syndikus, Essen (Ruhr).

„ Hummel, Friedrich, Generaldirektor, Ettlingen.

„ Kamp, Kommerzienrat, Berlin-Grunewald.

„ Kauffmann, Georg, Dr., Kommerzienrat, Hermsdorf a. d. Katzbach, Kreis Goldberg in Schlesien.

Herr Kiener, André, Handelskammer-Präsident, Colmar i. Els.
„ Knochenhauer, Bergrat, Kattowitz (O.-S.).
„ Körting, Berth., Geh. Kommerzienrat, Hannover.
„ Kramer, i. Fa. Raab, Karcher & Co., Duisburg.
„ Kraushaar, Dr., Generaldirektor, Hannover.
„ Krüger, Generalleutnant, Exzellenz, Berlin-Westend.
„ Kuhlo, Dr., Syndikus, München.
„ Langen, C. O., Kommerzienrat, M.-Gladbach.
„ Meesmann, Geschäftsführer, Mainz.
„ Müllensiefen, Th., Kommerzienrat, Crengeldanz.
„ Müller, Waldemar, Geh. Ober-Finanzrat, Berlin.
„ Neubarth, Eugen, Kommerzienrat, Forst i. L.
„ Reusch, Kommerzienrat, Gutehoffnungshütte-Oberhausen II, Rheinland.
„ Röchling, Louis, Kommerzienrat, Völklingen a. Saar.
„ Rocke, Dr., Geschäftsführer, Hannover.
„ Schaafhausen, Direktor, Neuwelzow (N.-L.).
„ Schott, F., Geh. Kommerzienrat, Heidelberg.
„ Schrödter, E., Dr.-Ing., Düsseldorf.
„ von Schubert, Generalleutnant, Exzellenz, Berlin.
„ Siemens, Bergrat, Halle a. S.
„ Springorum, Kommerzienrat, Dr.-Ing., Dortmund.
„ Steller, Paul, Generalsekretär, Köln a. Rh.
„ Stumpf, F., Generalsekretär, Osnabrück.
„ Tille, Dr., Generalsekretär, Saarbrücken 3.
„ Voltz, Dr., Generalsekretär, Kattowitz (O.-Schl.)
„ von Vopelius, Max, Dr., Hüttenbesitzer, Sulzbach a. d. Saar.
„ Wandel, Justizrat, Essen (Ruhr).
„ Wiebe, Dr., Handelskammer-Syndikus, Bochum.
„ Zanders, Hans, Kommerzienrat, Bergisch-Gladbach.

Ferner waren anwesend:

Herr Fleitmann, Iserlohn.
„ Karcher, Kommerzienrat, Dillingen (Saar).
„ Krueger, Düsseldorf.
„ Schöler, Vertreter des Verbandes Deutscher Tonindustrieller, Charlottenburg.
„ Turk, i. Fa. Gebr. Stumm, G. m. b. H., Neunkirchen.
„ Vielhaber, Prokurist, Vertreter der Firma Fried. Krupp, Essen (Ruhr).

Entschuldigt hatten sich:

Vom Direktorium:

Herr Abt, Kommerzienrat, Saarbrücken.
„ Bueck, H. A., Generalsekretär, Berlin.
„ Flohr, Geh. Baurat, Hamburg.
„ von Siemens, Wilhelm, Dr.-Jng., Geh. Regierungsrat, Berlin.
„ Schrey, Regierungs- und Geh. Baurat, Berlin.

Von Mitgliedern:

Herr Baur, Baurat, Kiel (Germaniawerft).
„ Böcking, Rud., Geh. Kommerzienrat, Brebach.
„ Eichler, Generaldirektor, Berlin.
„ von Langen, Gottlieb, Köln a. Rh.
„ Laurenz, Anton, Kommerzienrat, Ochtrup i. W.
„ Lueg, H., Geh. Kommerzienrat, Dr.-Jng., Düsseldorf.
„ Meyer, Paul, Dr., Berlin.
„ Mittelstaedt, Wilhelm, Oberlangenbielau.
„ Oswald, W., Kommerzienrat, Koblenz.
„ Rennen, Kommerzienrat, Oberhomburg.
„ Röll, Wilh., Kommerzienrat, Aue i. Erzgebirge (Sachsen).
„ Schmid, Th. W., Direktor, Hof i. Bayern.
„ von Skene, Karl, Geh. Kommerzienrat, Klettendorf b. Breslau.
„ Ugé, Kommerzienrat, Kaiserslautern (Pfalz).
„ Vischer, Generaldirektor, Untertürkheim.
„ Walter, W., Direktor, Hannover-Linden.
„ Websky, Ernst, Fabrikbesitzer, Tannhausen (Schlesien).
„ Williger, Bergrat, Kattowitz.
„ Winkler, Paul, Geh. Kommerzienrat, Fürth i. Bayern.

Liste der Anwesenden
in der
Delegiertenversammlung am 12. Dezember 1912 in Berlin.

Vertreter der Reichs- und Preußischen Staatsbehörden:

Vertreter des Reichsamts des Innern:

Herr Geh. Regierungsrat Siefart, Berlin.

Vertreter des Ministeriums für Landwirtschaft, Domänen und Forsten:

Herr Regierungsrat Kreutz, Berlin.
„ Geh. Oberregierungsrat Dr. Engelhard, Berlin.

Vertreter des Reichstags:

Herr Karl Lützel, Pirmasens.
„ Dr. Hugo Böttger.
„ Dr. List, Eßlingen.
„ Dr. Quarck, Coburg.
„ Dr. Arendt.

Vertreter des Abgeordnetenhauses:

Herr Weingutsbesitzer Veltin, Berncastle.
„ Justizrat Bitta, Breslau.
„ Geh. Regierungsrat Brütt, Rendsburg.
„ Landrat Schulze-Pelkum, Hamm.
„ Dr. von Kries, Filehne.
„ Kommerzienrat Krawinkel, Vollmerhausen (Köln).

Ferner nahmen als **Vertreter von befreundeten industriellen Organisationen** teil:

Des Vereins zur Wahrung der Interessen der chemischen Industrie Deutschlands:

Herr Kraemer, G., Professor Dr., Berlin.
„ Horney, Dr., Berlin.

Der Ständigen Ausstellungskommission für die deutsche Industrie:

Herr Berliner, Alfred, Dr., Berlin.
„ Goldberger, Geh. Kommerzienrat, Vorsitzender, Berlin.
„ Heimann, Dr., Berlin.

Mitglieder des Direktoriums:

Herr Rötger, Landrat a. D., Berlin, Vorsitzender.
„ Koenig, G., Geh. Regierungsrat, Vorsitzender des Direktoriums des Vereins der Deutschen Zucker-Industrie, Zweiter stellvertretender Vorsitzender, Berlin W, Kleiststr. 32.
„ Abt, Kommerzienrat, Saarbrücken.
„ Brückner, Richard, Fabrikbesitzer, Calbe a. S.
„ Ehrhardt, Max, Baurat, Weimar.
„ Hilger, Geh. Bergrat, Generaldirektor der Vereinigten Königs- und Laurahütte, Vorsitzender der Oestlichen Gruppe des Vereins Deutscher Eisen- und Stahl-Industrieller, Berlin NW, Dorotheenstr. 50.
„ Hugenberg, Geh. Finanzrat, Vorsitzender im Direktorium der Fried. Krupp A.-G., Essen (Ruhr).
„ von Rieppel, A., Dr.-Ing. h. c. und Dr. phil., Kgl. Geh. Baurat, Vorsitzender des Bayerischen Industriellen-Verbandes, Erster stellvertretender Vorsitzender, Nürnberg, Aeußere Cramer-Klettstr. 12.
„ Schlumberger, Th., Geh. Kommerzienrat, Vorsitzender des Elsässischen Industriellen-Syndikats, Mülhausen im Elsaß.
„ Schrey, Regierungs- und Geh. Baurat, Berlin.
„ Semlinger, H., Geh. Kommerzienrat, Vorsitzender des Vereins Süddeutscher Baumwoll-Industrieller, Bamberg.

Herr von Siemens, Wilhelm, Dr.-Ing., Geh. Regierungsrat, Vorsitzender des Aufsichtsrats der Siemens-Schuckertwerke, Berlin SW, Askanischer Platz 3.

„ Vorster, Jul., Geh. Kommerzienrat, Mitglied des Hauses der Abgeordneten, Vorsitzender des Vereins der Industriellen des Regierungsbezirks Köln, Köln.

„ Werminghoff, Generaldirektor, Weißer Hirsch bei Dresden.

Mitglieder der Geschäftsführung:

Herr Schweighoffer, Dr., Regierungsrat a. D., Geschäftsführer, Berlin.

„ von Stojentin, Dr., stellvertretender Geschäftsführer, Berlin.

„ Ballerstedt, Dr., Berlin.

„ Ebner, Dr., Berlin.

„ Hoff, Dr., Berlin.

„ Krause, Dr., Berlin.

„ Lohan, Dr., Berlin.

„ Zakrzewski, Dr., Berlin.

Mitglieder:

Herr Batscheck, Generaldirektor des Deutschen Braunkohlen-Industrie-Vereins, Halle a. S.

„ Beisert, Geschäftsführer des Deutschen Braunkohlen-Industrie-Vereins, Halle a. S.

„ Beukenberg, Baurat, Generaldirektor, Vertreter der Akt.-Ges. Phoenix, Hörde i. W.

„ Beumer, W., Dr., Mitglied des Hauses der Abgeordneten, Generalsekretär des Vereins zur Wahrung der gemeinsamen wirtschaftlichen Interessen in Rheinland und Westfalen und der Nordwestlichen Gruppe des Vereins Deutscher Eisen- und Stahl-Industrieller, Düsseldorf.

„ Bock, Heinrich, Kommerzienrat, Würzburg.

„ Boelcke, Dr., Vertreter des Gesamtverbandes Deutscher Metallindustrieller, Berlin.

„ von Borsig, E., Kommerzienrat, Berlin-Tegel.

„ Bothe, Fr., stellvertr. Syndikus der Handelskammer Essen, Essen.

„ Graf Brockdorff, Dr., General-Bevollmächtigter Sr. Durchlaucht des Fürsten von Donnersmarck, Charlottenburg.

„ Brockhaus, Prokurist der Firma Berliner Kalk-Sandsteinwerke Rob. Guthmann, G. m. b. H., Berlin.

Herr Buschmann, B., Vertreter der Ziegelei-Berufsgenossenschaft, Charlottenburg.

„ Butz, Dr., Vertreter des Vereins für die bergbaulichen Interessen im Oberbergamtsbezirk Dortmund, Essen (Ruhr).

„ Coste, D., Kommerzienrat, Biere.

„ van Delden, Kommerzienrat, Gronau i. Westf.

„ Dierig, Günther, Dr., Vertreter der Firma Christian Dierig, G. m. b. H., Oberlangenbielau.

„ Dietrich, Dr., Syndikus der Handelskammer Plauen.

„ Eckert, Vertreter des Vereins für die bergbaulichen Interessen Niederschlesiens, Neu-Weißstein.

„ von Erckelenz, Vertreter der Gasmotorenfabrik Deutz, Berlin.

„ Faelligen, Dr., Syndikus des Oberschlesischen Grubenholz-Syndikats, Beuthen.

„ Fasolt, Dr., Vertreter des Vereins für die wirtschaftlichen Interessen der deutschen Elektrotechnik, Berlin.

„ Fellinger, Rich., Dr., Vertreter des Siemens-Concern, Berlin.

„ Fleitmann, Iserlohn.

„ Frölich, Fr., Dipl.-Ingenieur, Geschäftsführer des Vereins Deutscher Maschinenbau-Anstalten, Düsseldorf.

„ Fromm, Generaldirektor der Maxhütte, München.

„ Funcke, Bergrat, Bergwerksdirektor, Vorstandsmitglied der Gelsenkirchener Bergwerksaktiengesellschaft, Kamen i. Westf.

„ Goldschmidt, Karl, Dr., Kommerzienrat, Essen (Ruhr).

„ Gottstein, Dr., Kommerzienrat, Breslau.

„ Grabenstedt, Dr., Generalsekretär des Gesamtverbandes Deutscher Metallindustrieller, Berlin.

„ Großberger, Generaldirektor, Kneuttingen.

„ Guggenheimer, Dr., Direktor, Augsburg.

„ Haas, Karl, Dr., Geh. Kommerzienrat, Waldhof bei Mannheim.

„ Hallbauer, Kommerzienrat, Lauchhammer.

„ Hampke, Dr., Geschäftsführer der Gewerbekammer Hamburg, Hamburg.

„ Hartleben, Vertreter der Firma Friedr. Krupp, Berlin.

„ Hasse, Regierungsrat, Vertreter der Handelskammer Oppeln, Oppeln.

„ Hasse, Hans, Vertreter des Vereins Deutscher Werkzeugmaschinenfabriken Berlin, Berlin.

„ Haßlacher, Dr., Vertreter der Rheinischen Stahlwerke, Duisburg-Meiderich.

Herr Haumann, Oberbürgermeister, Generaldirektor der Vereinigten Stahlwerke van der Zypen und Wissener Eisenhütten, Köln a. Rh.

„ Heermann, Ad., Vertreter des Allgemeinen Industrieverbandes Hamburg, Hamburg.

„ Hellenberg, Marienhütte.

„ Heubner, Dr., Syndikus der Handelskammer Schweidnitz.

„ Heymann, Hermann, Kommerzienrat, Berlin.

„ Hippenstiel, Geh. Regierungsrat, Vertreter der Zucker-Berufsgenossenschaft, Berlin.

„ Hirsch, Mitglied des Hauses der Abgeordneten, Syndikus der Handelskammer für die Kreise Essen, Mülheim (Ruhr) und Oberhausen, Essen (Ruhr).

„ Holstein, Vertreter des Arbeitgeberverbandes der rheinischen Seidenindustrie, Crefeld.

„ Höring, Vertreter der Firma Siemens & Halske, Berlin.

„ Hummer, Friedrich, Generaldirektor, Ettlingen.

„ Illgner, Oppeln.

„ Janssen, Vertreter der Bergwerksgesellschaft Trier zu Hamm, Cappenberg.

„ John, W., Dr., Syndikus des Verbandes Ostdeutscher Industrieller, Danzig.

„ Joly, Kommerzienrat, Wittenberg.

„ Jüngst, Geh. Bergrat, Berlin W, Kurfürstendamm 214.

„ Junk, Direktor, Chemnitz.

„ Kamp, Kommerzienrat, Berlin-Grunewald.

„ Karcher, Kommerzienrat, Dillingen (Saar).

„ Kauffmann, Georg, Dr., Kommerzienrat, Hermsdorf a. d. Katzbach.

„ Kiener, André, Handelskammer-Präsident, Colmar i. Els.

„ Kind, Dr., Düsseldorf.

„ Kirdorf, A., Geh. Kommerzienrat, Mülheim (Ruhr).

„ Knochenhauer, Bergrat, Vertreter des Oberschlesischen Berg- und Hüttenmännischen Vereins, Kattowitz.

„ Kobrow, Paul, Vertreter der Gewerbekammer Hamburg, Hamburg.

„ Körting, B., Geh. Kommerzienrat, Hannover.

„ Kramer, i. Fa. Raab, Karcher & Co., Duisburg.

„ Kratz, Vertreter des Vereins für die bergbaulichen Interessen im Oberbergamtsbezirk Dortmund, Essen (Ruhr).

„ Krause, Max, Kgl. Baurat, Direktor von A. Borsig, Berlin.

„ Kraushaar, Dr., Generaldirektor, Hannover.

Herr Krieger, B., Dr., Vertreter des Verbandes Deutscher Tonindustrieller und des Vereins der Kalksandsteinfabriken.
„ Krüger, Generalleutnant z. D., Exzellenz, Geschäftsführer des Vereins der Fabrikanten landwirtschaftlicher Maschinen und Geräte sowie des Verbandes Deutscher Maschinenfabrikanten für Brauereiindustrie, Berlin.
„ Kubatz, Dr., Geschäftsführer des Vereins zur Wahrung der Interessen der Asphaltindustrie in Deutschland, Berlin.
„ Kuhlo, Dr., Syndikus des Bayerischen Industriellen-Verbandes, München.
„ Langen, C. O., Kommerzienrat, M.-Gladbach.
„ Linde, Gustav, Regierungsbaumeister a. D., Direktor des Vereins Deutscher Ingenieure, Berlin.
„ Lindner, Vertreter der Bergwerksgesellschaft Hibernia, Herne, Herne.
„ Lohmann, H., Oberbergrat a. D., Vertreter der v. Kulmizschen Zentralverwaltung, Saarau (Schl.), Breslau.
„ Ludwig, Vertreter der Mansfeldschen Gewerkschaft, Eisleben.
„ Lübbers, Dr., Syndikus der Handelskammer Altona.
„ Maennicke, Bergassessor, Vertreter des Vereins der Kaliinteressenten, Magdeburg.
„ Mathies, Regierungsrat, Berlin.
„ Meesmann, Direktor, Geschäftsführer des Mittelrheinischen Fabrikantenvereins, Mainz.
„ Meidel, Vertreter des Vereins Deutscher Brücken- und Eisenbau-Fabriken, Berlin.
„ Mirus, Dr., Syndikus, Vertreter des Vereins Deutscher Zellstoff fabrikanten, Berlin.
„ Mollat, Dr., Syndikus der Handelskammer Siegen und Geschäftsführer des Berg- und hüttenmännischen Vereins, Siegen.
„ Müllensiefen, Kommerzienrat, Vertreter des Vereins deutscher Tafelglashütten, Kassel, Crengeldanz.
„ Müller, Geh. Ober-Finanzrat a. D., Berlin.
„ Müller, Brebach, Halbergerhütte.
„ Mundt, Artur, Vertreter des Deutschen Gypsvereins, Berlin.
„ Neubarth, Eugen, Kommerzienrat, Vorsitzender des Forster Fabrikantenvereins, Forst i. Lausitz.
„ Nienaber, Assessor, Vertreter des Verbandes der Glasindustriellen Deutschlands und der Glasberufsgenossenschaft Berlin, Berlin.

Herr Nitzsche, Dr., Vertreter des Verbandes der Eisenindustrie Hamburgs, Hamburg.

„ Nothmann, Vertreter der Oberschlesischen Stahlwerksgesellschaft, Berlin.

„ Peltzer, Adolf Fr., Fabrikbesitzer, Vertreter des Vereins der Textilindustriellen von M.-Gladbach und Umgegend, M.-Gladbach,

„ Pfeil, Vertreter der Firma Siemens & Halske, Berlin.

„ Pohl, Dr., Vertreter des Arbeitgeberverbandes für die Provinz Sachsen und der Vereinigung Deutscher Baumwollstrickgarnfabrikanten, Magdeburg.

„ von Reiswitz, Freiherr, Vertreter des Arbeitgeberverbandes Hamburg-Altona und des Allgemeinen Industrieverbandes Hamburg, Hamburg.

„ Reusch, Kommerzienrat, Generaldirektor der Gutehoffnungshütte, Oberhausen (Rheinland).

„ Rhazen, Regierungsrat a. D., Generaldirektor der Gasmotorenfabrik Deutz, Köln.

„ Rocke, Dr., Syndikus, Hannover.

„ Röchling, Louis, Kommerzienrat, Völklingen a. Saar.

„ Rohrlich, Direktor des Magdeburger Braunkohlen-Bergbau-Vereins, Oschersleben.

„ Runge, Vertreter des Vereins Berliner Kaufleute, Berlin.

„ Schaafhausen, Direktor, Neu-Welzow (N.-L.).

„ Schaltenbrand, Direktor, Vorsitzender des Direktoriums des Stahlwerksverbandes, Düsseldorf.

„ Schieß, Dr., Vertreter des Rheinisch-Westfälischen Kohlen-Syndikats, Essen (Ruhr).

„ Schlüter, Vertreter des Verbandes Deutscher Müller, Berlin, Berlin.

„ Schniewindt, Vertreter der Handelskammer Altena, Altena.

„ Schöler, Vertreter des Verbandes Deutscher Tonindustrieller, Charlottenburg.

„ Schott, F., Geh. Kommerzienrat, Heidelberg.

„ Schröder, Vertreter der A. Riebeckschen Montanwerke, A.-G., Halle a. S., Halle a. S.

„ Schrödter, E., Dr.-Ing., Ingenieur, Geschäftsführer des Vereins Deutscher Eisenhüttenleute, Düsseldorf.

„ von Schubert, Generalleutnant z. D., Mitglied des Reichstags, Exzellenz, Berlin.

„ Schulze, Vertreter der A. Riebeckschen Montanwerke, A.-G., Halle a. S., Halle a. S.

Herr Schürholz, H., Vorsitzender des Verbandes Deutscher Cocosindustrieller, Hervest-Dorsten.

„ Siemens, Bergrat, Halle a. S.

„ von Skene, Philipp, Vertreter der Firma vom Rath, Schöller & Skene, Breslau.

„ Springorum, Kommerzienrat, Generaldirektor, Vorsitzender des Vereins Deutscher Eisenhüttenleute, Dortmund.

„ Stein, C., Vertreter der Gasmotorenfabrik Deutz, Berlin.

„ Steller, Paul, Generalsekretär des Vereins der Industriellen des Regierungsbezirks Köln und des Vereins Deutscher Werkzeugmaschinenfabriken, Köln.

„ Stumpf, F., Generalsekretär des Georgs-Marien-Bergwerks- und Hütten-Vereins, Syndikus der Handelskammer zu Osnabrück.

„ Supf, Carl, Vorsitzender des Kolonialwirtschaftlichen Komitees, Berlin.

„ Tille, Dr., Generalsekretär, Saarbrücken 3.

„ Thurm, Neusalz a. O., Vertreter der Gruschwitz-Textilwerke A.-G., Neusalz a. O.

„ Töwe, Dr., Vertreter des Gesamtverbandes deutscher Metallindustrieller, Halle a. S.

„ Treutler, Bergwerksdirektor, Saarau i. Schlesien.

„ Tschierschky, Dr., Geschäftsführer des Vereins der Deutschen Textilveredlungsindustrie, Düsseldorf.

„ Turk, i. Fa. Gebr. Stumm, G. m. b. H., Neunkirchen.

„ Urbach, Vertreter des Cementwarenfabrikantenvereins Deutschlands, Berlin.

„ Vielhaber, Prokurist, Vertreter der Firma Fried. Krupp, Essen (Ruhr).

„ Voltz, Dr., Generalsekretär, Kattowitz.

„ von Vopelius, Max, Dr., Hüttenbesitzer, Sulzbach a. d. Saar.

„ Voye, Dr., Geschäftsführer der Handelskammer Hagen und des Vereins der Märkischen Kleineisenindustrie, Hagen.

„ Wächter, C., Vertreter der Handelskammer Plauen, Zwickau (Sa.).

„ Wandel, Justizrat, Vertreter der Firma Fried. Krupp, A.-G., Essen (Ruhr).

„ Weinlig, Generaldirektor, Burg Lede b. Beuel a. Rh.

„ Wenzel, Kommerzienrat, Leipzig.

„ Wiebe, Dr., Syndikus der Handelskammer Bochum, Bochum.

„ Wiegand, Generaldirektor, Vertreter des Vereins deutscher Fabriken feuerfester Produkte, Köln.

Herr Woltmann, Vertreter der Gutehoffnungshütte, Oberhausen (Rhld.)
„ Zanders, Hans, Kommerzienrat, Bergisch Gladbach.
„ Zörner, Bergrat, Generaldirektor, Kalk bei Köln.

Als Gäste waren anwesend:

Herr Bovenschen, Dr., Geschäftsführer des Reichsverbandes gegen die Sozialdemokratie.
„ Bührig, Dr., Vertreter des Wasserwirtschaftlichen Verbandes, Berlin.
„ Eberle, Dr., Bürgermeister, Vorsitzender des Reichsdeutschen Mittelstandsverbandes, Nossen (Sa.).
„ Ernst, Richard, i. Fa. Gebr. Sulzer, Mannheim.
„ Fahrenbach, L., Geschäftsführer des Reichsdeutschen Mittelstandsverbandes, Leipzig, Senefelderstr. 13/17.
„ Flamm, Geh. Regierungsrat, Professor, Vorsitzender des Zentralvereins für deutsche Binnenschiffahrt, Nicolassee.
„ Flathmann, Geschäftsführer, Charlottenburg.
„ Glaser, Ingenieur, Berlin.
„ Grotewold, Dr., Vertreter des Zentralvereins für deutsche Binnenschiffahrt Berlin, Berlin.
„ Harland, Vertreter des Vereins der Industriellen Pommerns, Stettin.
„ C. Heuer, Geschäftsführer des Bundes vaterländischer Arbeitervereine, Berlin.
„ Krupp, Dr., Bergassessor, Bergheim.
„ Mehner, Oberhausen.
„ Oeking, Vertreter des Stahlwerks Oeking, Düsseldorf.
„ Pattberg, Direktor, Hamburg.
„ Paxmann, Berlin.
„ Pieper, Bochum.
„ Reincke, Stolp (Pom.).
„ Scheda, Vertreter des Förderungsausschusses für vaterländische Arbeitervereine, Berlin.
„ Schrader, Regierungsrat, Leipzig.
„ Späth, Direktor, Düsseldorf.
„ Stahmer, Kommerzienrat, Osnabrück.
„ Tänzler, Dr., Syndikus, Berlin.
„ Tübben, Dr., Nikolassee (Bergakademie).
„ Weber, Berlin.
„ Ziegler, Dr., Geschäftsführer der Vereinigung der in Deutschland arbeitenden Feuerversicherungsgesellschaften, Berlin.

Als Vertreter der Presse waren anwesend:

Herr Elsner, Otto, Redakteur, Berlin.
„ Gessel, Redakteur der Deutschen Journalpost Schweder & Hertzsch, Berlin.
„ Herzberg, Vertreter des Korrespondenz-Bureaus, Berlin.
„ Joel, „Voss. Ztg.“, Berlin.
„ Krause, Redakteur, „Berliner Politische Nachrichten“, Berlin.
„ Neumann, „Rheinisch-Westf. Zeitung“, Berlin.
„ Pietsch, Th., Dr., Vertreter der „Schlesischen Zeitung“, Berlin.
„ Pohl, Dr., Chefredakteur, „Die Post“, Berlin.
„ Schweinburg, Chefredakteur der „Berliner Pol. Nachrichten“, Berlin.
„ Steinmann-Bucher, Herausgeber der „Deutschen Industrie-Zeitung“, Berlin.

Entschuldigt hatten sich:

Vom Direktorium:

Herr Bueck, H. A., Generalsekretär, Berlin.
„ Flohr, Geh. Baurat, Hamburg.
„ Kirdorf, E., Geh. Kommerzienrat, Generaldirektor der Gelsenkirchener Bergwerks-Akt.-Ges., Rheinelbe bei Gelsenkirchen.
„ Vogel, Geh. Kommerzienrat, Vorsitzender des Verbandes der Textilindustriellen, Chemnitz.

Von Mitgliedern:

Herr Baur, Direktor, Vertreter der Spinnerei und Weberei, Offenburg.
„ Böcking, Geh. Kommerzienrat, Halbergerhütte, Post Brebach.
„ Eichler, Generaldirektor des Kalisyndikats, Staßfurt.
„ Koechlin, Alb. G., Steinen (Baden).
„ von Langen, Gottlieb, Köln.
„ Laurenz, Kommerzienrat, Ochtrup i. W.
„ Lueg, H., Geh. Kommerzienrat, Dr.-Ing., Düsseldorf.
„ Mayer, Paul, Dr., Vertreter des Vereins zur Wahrung gemeinsamer Wirtschaftsinteressen der Deutschen Elektrotechnik, Berlin.
„ Mittelstaedt, Vertreter der Firma Christian Dierig, G. m. b. H., Oberlangenbielau.
„ Moldenhauer, Professor Dr., Vertreter des Allgemeinen Versicherungsschutzverbandes, Köln.

Herr Riedt, Dr.-Ing., Generaldirektor, Gleiwitz.
„ Oswald, W., Kommerzienrat, Koblenz.
„ Rennen, Kommerzienrat, Oberhomburg.
„ Röll, W., Kommerzienrat, i. Fa. Erdmann Kircheis, Aue i. E.
„ von Skene, Karl, Geh. Kommerzienrat, Klettendorf b. Breslau.
„ Schmid, Th. W., Direktor, Hof i. B.
„ Ugé, Kommerzienrat, Kaiserslautern (Pfalz).
Verkaufsstelle des deutschen Kupferdrahtverbandes, Köln.
Herr Vischer, Generaldirektor, Untertürkheim.
„ Walter, Fabrikdirektor, Hannover-Linden.
„ Websky, Ernst, Fabrikbesitzer, Tannhausen.
„ Williger, Bergrat, Kattowitz.
„ Winkler, Paul, Geh. Kommerzienrat, Fürth i. Bayern.

Geschäftsbericht

für die Zeit vom 9. Dezember 1910 bis zum 12. Dezember 1912.

Der letzte Bericht über die geschäftliche Tätigkeit des Centralverbandes ist im Anschluß an die Versammlung der Delegierten am 10. Dezember 1910 in Nr. 120 der „Verhandlungen, Mitteilungen und Berichte des Centralverbandes Deutscher Industrieller" vom Januar 1911 veröffentlicht worden. Seit dieser Zeit haben vier Delegiertenversammlungen stattgefunden: am 28. April und 7. November 1911 in Berlin, am 21. Mai 1912 in München und am 12. Dezember 1912 in Berlin. Es wurden vier Ausschußsitzungen abgehalten, und zwar am 27. April und 6. November 1911 in Berlin, am 21. Mai 1912 in München und am 11. Dezember 1912 in Berlin. Das Direktorium des Centralverbandes ist zu neun Sitzungen zusammengetreten, und zwar am 21. März, 27. April und 21. Juni 1911 in Berlin, am 6. September 1911 in Baden-Baden, am 6. November 1911, am 15. Februar 1912 in Berlin, am 20. Mai 1912 in München, am 23. Oktober und am 11. Dezember 1912 in Berlin.

Im **Bestande der Mitglieder des Centralverbandes** trat folgender Wechsel ein:

Neu beigetreten sind 18 Verbände und Korporationen sowie 30 Einzelmitglieder und Einzelfirmen. Ausgeschieden sind 15 Verbände, davon 5 infolge Auflösung, und 23 Einzelmitglieder, so daß der Centralverband auch in der Berichtsperiode einen weiteren Zuwachs an Mitgliedern aufzuweisen hat.

Im einzelnen stellt sich Zu- und Abgang der Mitglieder folgendermaßen dar:

Neu aufgenommen sind:

Handelskammer Osnabrück.
Verein deutscher Seidenwebereien, Düsseldorf.
Verband deutscher Kaltwalzwerke, Hagen i. W.
Zentrale für Gasverwertung, Berlin.
Südwestliche Gruppe des Vereins deutscher Eisen- und Stahlindustrieller, Saarbrücken.

Verein zur Wahrung der Interessen der Asphaltindustrie Deutschlands, Berlin.
Rheinisch-westfälischer Bezirksverband deutscher Färbereien und chemischen Waschanstalten, Mülheim-Ruhr.
Verkaufsvereinigung für Stickstoffdünger G. m. b. H., Berlin.
Verein deutscher Pappenfabrikanten E. V., Berlin.
Verband der Terraininteressenten Deutschlands (Grundstückskammer), Berlin.
Zentralstelle zur Förderung der deutschen Portland-Zementindustrie, Charlottenburg.
Roheisenverband G. m. b. H., Essen-Ruhr.
Städtereinigung und Ingenieurbau Aktiengesellschaft, Berlin.
Verband deutscher Buntwebereien und verwandter Betriebe, Düsseldorf.
Verein zur Förderung des Großschiffahrtsweges vom Rhein zur deutschen Nordsee.
Verein Ottensener Industrieller, Altona.
Verein deutscher Nietenfabrikanten, Düsseldorf-Gerresheim.
Allgemeiner Industrieverband, Hamburg.
Pokorny & Wittekind, Frankfurt a. M.
Bergwerksgesellschaft Georg von Giesches Erben, Zalenze.
Siemens-Schuckert-Werke G. m. b. H., Berlin.
Dittersdorfer Filz- und Kratzentuchfabrik, Dittersdorf.
F. Soennecken, Bonn.
Dr. Graf von Brockdorff, Generalbevollmächtigter Sr. Durchlaucht des Fürsten von Donnersmarck, Neudeck.
Oskar Buchholz, Wilmersdorf.
Gebr. Dietrich, Papier- und Zellulosefabrik, Merseburg.
Corona Fahrradfabrik, Brandenburg.
Freiherr von Strombeck, Eisenhütte Ortrand.
Silesia, Neue Oppelner Portland-Zementfabrik, Oppeln.
Ludwig Rocholl, Stockfabrik, Kassel.
Dr. Kurt von Eichborn, Breslau.
Aktiengesellschaft vorm. Seidel & Naumann, Dresden.
Karl Moschel, Metallschraubenfabrik und Schraubendreherei, Offenbach a. M.
Dr.-Ing. Emil Schrödter, Düsseldorf.
Ludwig Becker, Fabrik für Maschinen und Dampfkessel-Armaturen, Offenbach a. M.
Fabrikbesitzer Fritz Carl Reincke, Stolp.
Schmirgelwerk Dr. Rudolf Schönherr, Fürth b. Chemnitz.
Kommerzienrat von Hoesch, Königstein i. Sa.

Westdeutsche Kalkwerke Aktiengesellschaft, Cöln.
Eisenwerk Nürnberg Aktiengesellschaft vorm. J. Tafel & Co., Nürnberg.
F. M. Weber, Papier- und Pappenfabrik, Leipzig.
Wilh. Freiherr von Pechmann, München.
Jos. C. Huber, Graphische Kunstanstalt, Diessen vor München.
H. E. Schniewind, Elberfeld.
Otto Elsner, Buchdruckerei und Verlagsanstalt A.-G., Berlin.
Elsässische Maschinenbau-Gesellschaft, Mülhausen i. Els.
Grafenberger Walzwerk G. m. b. H., Düsseldorf-Grafenberg.
Mansfeldsche Kupferschiefer bauende Gewerkschaft.

Ausgeschieden sind:

Handelskammer Lennep.
Verein deutscher Fahrradfabrikanten, Frankfurt a. M.
Verkaufsstelle des deutschen Kupferrohrverbandes G. m. b. H., Cöln (infolge Auflösung).
Deutsches Zündholz-Syndikat G. m. b. H., Dresden (infolge Auflösung).
Rheinisch-westfälisches Ziegelsyndikat-Dortmund (infolge Auflösung).
Braunkohlen-Brikett-Syndikat, Helmstedt (infolge Auflösung).
Stabeisen-Konvention (infolge Auflösung).
Wollwarenfabrikanten-Verein, Görlitz.
Bergischer Fabrikanten-Verein, Remscheid.
Verband deutscher Baumwollgarnverbraucher, Dresden.
Verband deutscher Färbereien und chemischen Waschanstalten, Hamburg.
Verband ostdeutscher Industrieller, Danzig.
Technischer Verein, Augsburg.
Vereinigte Siegerländer Hütten G.m.b.H., Siegen (infolge Liquidation).
Verband deutscher Lackfabrikanten, Berlin.
Karl Feuerlein, Feuerbach-Stuttgart.
Tüllfabrik Lindau, Kintzinger & Schmückle, Lindau i. B.
Direktor Gustav Gradner, Stuttgart.
Direktor Manger, Cleve/Rheinld.
Bernburger Portland-Zementfabrik.
S. Fränkel, Neustadt i. Schl.
Farbholz-Extraktfabrik Gebr. Müller, Benrath.
Voigt & Haeffner, Frankfurt a. M.
Robert Berger, Pößneck.
Württembergische Gardinenweberei, Uerdingen.
Mannesmannröhrenwerke Düsseldorf.
Baumwollspinnerei Unterhausen.
Maschinenfabrik Hasenclever, Düsseldorf.

Vereinigte chemische Werke Charlottenburg.
Chemische Fabrik Einergraben, Barmen.
Johann Wilh. Scheidt, Kettwig.
C. G. Haubold jr., Chemnitz.
Industriebörse Mannheim, E. V.
C. A. Schlechtendahl, Barmen.
E. Albers & von Drathen, Meldorf.
Friedrich Curtius, Chemische Fabrik Duisburg (infolge Auflösung).
Maschinenfabriken vorm. Gebr. Guttsmann A.-G., Breslau.

Ferner ist durch den Tod

C. W. Schütz, Hamburg, ausgeschieden.

Der Centralverband selbst trat als Mitglied dem neugegründeten Verein gegen das Bestechungsunwesen bei.

Schon der Geschäftsbericht vom Jahre 1902 (vgl. Heft 94 der Berichte S. 107) konnte bei einer weit geringeren Mitgliederzahl — es gehörten damals dem Centralverbande 80 körperschaftliche Mitglieder weniger an — feststellen, daß von den nach der letzten Berufsstatistik in der Industrie des Deutschen Reiches Erwerbstätigen $^7/_{10}$ im Centralverbande durch ihre Organisationen vertreten waren, ein Verhältnis, das sich bei der außerordentlichen, selbst das starke Wachstum der deutschen Industrie prozentual überragenden Ausdehnung des Centralverbandes sicherlich nicht zu seinen Ungunsten verschoben hat. Ein ziffernmäßiger Nachweis hierfür wird sich voraussichtlich im nächsten Geschäftsbericht auf Grund einer in Arbeit befindlichen Kartothek erbringen lassen.

Diese Tatsache sollte allein schon genügen, die Ansicht, der Centralverband sei in der Hauptsache eine Vertretung der „Schwer"- (nach herrschendem Sprachgebrauch wohl Montan-)Industrie, als irrig zu erweisen, denn die Montanindustrie stellt nach der Reichsstatistik nicht einmal ein Zehntel der in der Gesamtindustrie Erwerbstätigen dar.

Außerdem zeigt aber auch ein kurzer Blick in die Liste der Mitglieder, daß diese zum weit überwiegenden Teil zur sogenannten Fertigindustrie gehören, eine Tatsache, die wiederum besonders für die Berichtsperiode durch vorstehenden Einzelnachweis über Zugang und Abgang der Mitglieder des Centralverbandes erhärtet wird.

In der **Organisation des Centralverbandes** traten folgende Aenderungen ein:

Die Mitgliederzahl des Direktoriums wurde durch Beschluß der Delegiertenversammlung vom 28. April 1911 von 12 auf 18 erhöht, und die Geschäftsführung der Hauptstelle deutscher

Arbeitgeberverbände durch Aenderung des § 16 der Satzungen der Hauptstelle in der Delegiertenversammlung vom 6. November 1911 von der Geschäftsführung des Centralverbandes, mit der sie bis dahin verbunden, abgezweigt. Doch bleibt der Geschäftsführer des Centralverbandes berechtigt, an allen Sitzungen und Versammlungen der Organe der Hauptstelle mit beratender Stimme teilzunehmen, und der Syndikus der Hauptstelle ist nach Maßgabe der vom Vorstande aufgestellten Geschäftsordnung verpflichtet, dem Geschäftsführer des Centralverbandes von allen wichtigen Vorgängen in der Hauptstelle Mitteilung zu machen.

Die satzungsgemäße Neuwahl des gesamten Direktoriums auf die Dauer von drei Jahren hatte statt in der Delegiertenversammlung vom 21. Mai 1912. Danach sind Mitglieder des Direktoriums die Herren: Landrat a. D. Rötger, Berlin, Vorsitzender; Geh. Baurat Dr.-Jng. A. von Rieppel, Nürnberg, Vorsitzender des Bayerischen Industriellen-Verbandes, erster stellvertretender Vorsitzender; Geh. Regierungsrat Koenig, Berlin, Vorsitzender des Direktoriums des Vereins der deutschen Zuckerindustrie, zweiter stellvertretender Vorsitzender; Kommerzienrat Abt, Saarbrücken, Mitglied des Vorstandes der Firma Gebr. Abt in Ensheim und Forbach; Kommerzienrat Brückner, Calbe a. d. S., Vorsitzender des Vereins deutscher Papierfabrikanten; Generalsekretär a. D. H. A. Bueck, Berlin; Baurat Ehrhardt, Weimar, Vorsitzender des Verbandes deutscher Tonindustrieller; Geh. Baurat Flohr, Hamburg; Geh. Bergrat Hilger, Berlin, Vorsitzender der östlichen Gruppe des Vereins deutscher Eisen- und Stahlindustrieller; Geh. Finanzrat Hugenberg, Essen, Vorsitzender des Direktoriums der Firma Fried. Krupp; Geh. Kommerzienrat Kirdorf, Rheinelbe b. Gelsenkirchen, Generaldirektor der Gelsenkirchener Bergwerks-Aktiengesellschaft; Geh. Kommerzienrat Schlumberger, Mülhausen i. Els., Vorsitzender des Elsässischen Industriellen-Syndikats; Regierungs- und Geh. Baurat Schrey, Charlottenburg, Vorsitzender des Verbandes ostdeutscher Industrieller; Geh. Kommerzienrat Semlinger, Bamberg, Vorsitzender des Vereins süddeutscher Baumwollindustrieller; Geh. Regierungsrat Dr.-Jng. von Siemens, Berlin, Vorsitzender des Aufsichtsrates der Siemens-Schuckert-Werke; Geh. Kommerzienrat Vogel, Chemnitz, Vorsitzender des Verbandes der Textilindustriellen Chemnitz; Geh. Kommerzienrat Vorster, M. d. A., Vorsitzender des Vereins der Industriellen des Regierungsbezirkes Cöln; Generaldirektor Werminghoff, Weißer Hirsch b. Dresden.

In den Vorstand der Hauptstelle deutscher Arbeitgeberverbände ist an Stelle des Herrn Geh. Kommerzienrates E. Kirdorf, der sein Amt niedergelegt hatte, Herr Kommerzienrat Wiedemann in Augsburg vom Direktorium gewählt worden.

Am 31. Dezember 1910 hat sich Herr Generalsekretär H. A. Bueck, welcher seit dem 1. April 1887 die Geschäfte des Centralverbandes geleitet hatte, kurz nach Vollendung seines 80. Lebensjahres von der Geschäftsführung zurückgezogen und ist in den Ruhestand getreten. In Anerkennung seiner außerordentlichen Verdienste um das deutsche Wirtschaftsleben wurde ihm Allerhöchst der Rote Adlerorden II. Klasse mit Eichenlaub verliehen, und es wurde aus weiten Kreisen der deutschen Industrie zum dauernden Andenken an den scheidenden Generalsekretär des Centralverbandes mit erheblichen Mitteln ein „Bueck-Fonds" gestiftet, der bestimmt ist, dauernden Zwecken des Centralverbandes dienstbar zu sein. Außerdem wurde eine Marmorbüste Buecks von einem namhaften Künstler angefertigt und im Sitzungssaale des Centralverbandes aufgestellt.

Die Leitung der Geschäfte des Centralverbandes ging am 1. Januar 1912 in die Hände des Regierungsrates a. D. Dr. jur. Ferdinand Schweighoffer über, der in Uebereinstimmung mit dem Ausschuß vom Direktorium in seiner Sitzung am 8. Dezember 1910 zum Geschäftsführer gewählt worden war. Dr. Schweighoffer war unmittelbar nach seinem Ausscheiden aus dem Staatsdienste, bereits vom 1. April 1910 an, als stellvertretender Geschäftsführer im Centralverbande tätig gewesen.

Am 16. August 1911 ist Herr Hüttenbesitzer R. von Vopelius, M. d. H., der seit einer Reihe von Jahren Vorsitzender des Centralverbandes Deutscher Industrieller gewesen war, nach langem schweren Leiden gestorben. An seine Stelle wurde in den Wirtschaftlichen Ausschuß zur Vorbereitung und Begutachtung handelspolitischer Maßnahmen Herr Kommerzienrat Wenzel, Leipzig, Vorsitzender des Vereins deutscher Wollkämmer- und Kammgarnspinner, auf Grund eines Vorschlages des Direktoriums des Centralverbandes von dem Herrn Reichskanzler berufen.

Herr Kommerzienrat C. D. Langen, M.-Gladbach, wurde, gleichfalls auf Vorschlag des Direktoriums, als Vertreter des Centralverbandes Deutscher Industrieller von dem Herrn Staatssekretär des Innern zum Mitglied der Wirtschaftlichen Kommission der Reichskolonialverwaltung ernannt.

Herr Geh. Baurat Schrey wurde als weiterer Vertreter des Centralverbandes in die von der Interessengemeinschaft vor mehreren Jahren begründete Ständige Ausstellungskommission entsandt.

Das **Direktorium des Centralverbandes** hat auf dem Gebiete der **Handelspolitik** nachstehendes veranlaßt:

Infolge der Erschwernisse, die der Einfuhr deutscher Waren nach Frankreich besonders seit dem Inkrafttreten der letzten Zolltarifnovelle in steigendem Maße bereitet worden sind, hatte sich die unzureichende amtliche Vertretung der deutschen Wirtschaftsinteressen — es bestehen in Frankreich nur 6 Konsulate und 9 Vizekonsulate — besonders stark fühlbar gemacht. Das Direktorium des Centralverbandes hatte deshalb die Errichtung eines besonderen deutschen Generalkonsulats bei dem Herrn Reichskanzler befürwortet. Diesem Wunsche ist bei der Aufstellung des Reichshaushaltsetats für 1913 dadurch Rechnung getragen worden, daß die für die Einrichtung eines solchen Generalkonsulats erforderlichen Mittel in Ansatz gebracht worden sind.

Während der Unterhandlungen über den Abschluß des deutsch-schwedischen Handelsvertrages wurden auf Ersuchen der zuständigen amtlichen Stellen mehrere Sachverständigen-Gutachten nach Benehmen mit den hierfür in Betracht kommenden industriellen Kreisen abgegeben und dem Herrn Minister für Handel und Gewerbe in 3 Eingaben überreicht.

Ferner wurde das Direktorium des Centralverbandes erneut in einer Eingabe dahin vorstellig, die seinerzeit in Aussicht genommene endgültige vertragliche Regelung der deutsch-kanadischen Handelsbeziehungen nunmehr mit tunlichster Beschleunigung und mit Nachdruck zu betreiben. Gleichzeitig wurden Anträge zu den kanadischen Zollsätzen, geordnet nach den Tarifnummern des kanadischen Zolltarifs, der Eingabe in einer Anlage beigefügt.

Weiter hat das Direktorium die ihm aus dem Kreise der Mitglieder des Centralverbandes bezüglich des holländischen Zolltarifentwurfs zugegangenen Wünsche mit einer allgemeinen Begründung schon unter dem 26. Juli 1911 in einer Eingabe dem Herrn Reichskanzler unterbreitet und später noch weitere Schritte in dieser Richtung unternommen. Die Eingabe wies u. a. darauf hin, daß es sich vielfach um hochwertige Fabrikate handele, für deren Bezug der holländische Verbraucher bisher in der Hauptsache auf den deutschen Export angewiesen sei, und deren beträchtlich erhöhte Verzollung weder im Interesse der holländischen Verbraucher, noch der holländischen Industrie selbst liege. Die Eingabe ersucht die Reichsregierung, auf eine Abschwächung der von der holländischen Regierung zu Ungunsten Deutschlands beabsichtigten Zollerhöhungen hinzuwirken oder den baldigen Abschluß eines Handelsvertrages mit den Niederlanden in Erwägung zu ziehen.

Mehrfache Bemühungen deutscher Firmen, Kalkstickstoff (Calcium-Cyanamid) nach **Uruguay** einzuführen, waren bisher erfolglos gewesen, da von den dortigen Zollbehörden dieser Artikel als „Drogen" mit einem Wertzoll von 48 pCt. belegt wurde. Es stellte sich dadurch der Preis so hoch, daß ein Absatz dieses Düngemittels ausgeschlossen war. Infolge der vom Centralverbande erhobenen Vorstellungen bei den Reichsbehörden ist durch Vermittlung der Kaiserlich Deutschen Ministerresidentur in Montevideo inzwischen in Uruguay durch Artikel 12 eines am 26. Oktober v. J. veröffentlichten Gesetzes die **Zollfreiheit für Kalkstickstoff als Düngemittel** festgesetzt worden.

Dem Centralverbande wurde eine Reihe von **Zollbeschwerden** von seinen Mitgliedern, die sich auf die Zolltarife der Vertragsstaaten und Meistbegünstigungsländer bezogen, übermittelt. Auf Grund der vom Centralverbande an maßgebenden amtlichen Stellen erhobenen Vorstellungen ist es in zahlreichen Fällen gelungen, eine Abstellung der diesen Beschwerden in den einzelnen Staaten zu Grunde liegenden Mißstände zu erwirken.

Sehr eingehende **Gutachten** hat der Centralverband unter Berücksichtigung der allgemeinen wirtschaftlichen Lage und unter Abwägung der einzelnen Wünsche der hier in Betracht kommenden Interessenten erstattet in Bezug auf den **zollfreien Veredelungsverkehr**: Sie betrafen

den Veredelungsverkehr mit ausländischen Muffen aus nicht schmiedbarem, bearbeitetem Eisenguß in Verbindung mit einem Dichtungsring aus Kautschuk (Tarifnummer 783); den Veredelungsverkehr mit Formgußstücken aus Aluminium (Teilen von Teigknetern) in unbearbeitetem Zustande (Tarifnummer 845);

den Veredelungsverkehr mit ausländischen schmiedeeisernen bearbeiteten Naben für Automobilräder (Tarifnummer 799), die mit eisernen Speichen und Felgen versehen werden sollen;

den Veredelungsverkehr mit in Form von Ringen aufgewundenem, gewalztem, rohem Eisendraht von 5 bis 5,5 mm Stärke der Tarifnummer 791 — Zollsatz 2,50 M. für 1 dz;

den Veredelungsverkehr mit ausländischem, rohem, gewalztem Eisendraht in Ringen von mehr als 1,5 mm Stärke, Tarifnummer 791 — Zollsatz 2,50 Mk.;

den Veredelungsverkehr mit ausländischen Drahtseilen, die durch Einspleißen von inländischen Kauschen und Eisenringen zu Tressen verarbeitet werden sollen;

den Veredelungsverkehr mit belgischen rohen Röhren und Röhrenformstücken aus nicht schmiedbarem Eisenguß der Tarifnummern 778 und 779 sowie mit rohen gewalzten oder gezogenen Röhren aus schmiedbarem Eisen mit einer Wandstärke von 2 mm oder darüber und von weniger als 2 mm — Tarifnummer 794;

den Veredelungsverkehr mit rohem Eisenblech (Schwarzblech) in rechtwinkligen Tafeln von 0,4 mm Stärke (Tarifnummer 786, Zollsatz 4,50 M. für 1 dz);

den Veredelungsverkehr mit Schwarzblechen (im wesentlichen von 0,22, 0,20 und 0,16 mm Stärke) zu Zwecken der Lampenfabrikation;

den Veredelungsverkehr mit Verzierungen aus Messingblech und gegossenem Messing (Tarifnummer 878, Zollsatz 30 M. für 1 dz) für Moskitobettstellen.

Auf Grund der Bestimmungen des § 113 des Vereinszollgesetzes vom 1. Juli 1869 pflegt der Bundesrat aus Billigkeitsrücksichten die zollfreie Wiedereinlassung inländischer Waren zu gestatten, wenn die Ware im Auslande nicht ihren Eigentümer gewechselt hat, und wenn die Wiedereinfuhr speziell durch den Hersteller der Ware, nicht aber durch einen dritten Inländer erfolgt. Das Reichsschatzamt hatte den Centralverband um eine Aeußerung ersucht, ob die Ausdehnung dieses Zollerlasses auf alle Fälle der Wiedereinfuhr durch jeden Inländer zu erstreben sei. Auf diese Anfrage hat das Direktorium sich gutachtlich dahin geäußert, daß nach den §§ 113 und 118 des Vereinszollgesetzes der Bundesrat nur Vorschriften für die Gewährung des Zollerlasses aus Billigkeitsrücksichten erlassen dürfe, bei deren Anwendung ohne jeden Zweifel festgestellt werden kann, daß die zollfrei wieder eingeführte Ware identisch ist mit der betreffenden, vorher ausgeführten deutschen Ware. Der Beweis der Identität wird aber der Zollbehörde in vielen Fällen nur dann erbracht werden können, wenn die betreffende Ware von dem den Zollerlaß beantragenden Fabrikanten selbst hergestellt ist. Aehnlich dürften auch die Verhältnisse hinsichtlich der Entscheidung der Frage liegen, ob überhaupt Billigkeitsrücksichten anzuerkennen sind. Einen Anspruch hierauf hat nur der Hersteller der Ware, der sie ins Ausland gesandt und sie, weil sie vom Empfänger zurückgewiesen oder aber bei Bestellung z. B. einer Ersatzmaschine in Zahlung gegeben wird, wieder einführen muß. In diesen, wie in den Fällen, in denen der Besteller inzwischen in Konkurs geraten oder nicht zu erreichen ist, muß der deutsche Hersteller die Fracht und außerdem den ausländischen Zoll usw. tragen, und er wird daher aus Billigkeitsrücksichten verlangen können, daß ihm der deutsche Zoll erlassen wird. Jeder andere Inländer, der die Ware nicht selbst hergestellt hat, kann Billigkeitsrücksichten kaum geltend machen, da er irgend welchen Nachteil nicht erlitten hat. Eine Aenderung der bestehenden Bestimmungen durch den Bundesrat, die dahin gehen würde, daß jeder Inländer die deutsche Ware, selbst wenn sie den Eigentümer im Auslande gewechselt hat, aus Billigkeitsrücksichten zollfrei wieder einführen darf, würde sonach mit den Vorschriften des Vereinszollgesetzes vom 1. Juli 1869 in Widerspruch stehen und kann daher als zulässig nicht erachtet werden. Eine Abänderung der bestehenden Bestimmungen des Vereinszollgesetzes durch ein neues Gesetz wird aber auch nicht als wünschenswert bezeichnet werden können. Würde z. B. durch ein neues Gesetz jedem Inländer gestattet werden, die früher deutsche Ware zollfrei wieder einzuführen, so würde die Gefahr bestehen, daß auch Waren nichtdeutschen Ursprunges als angeblich deutsche zollfrei nach Deutschland eingeführt werden, wodurch eine Schädigung sowohl des Reichsfiskus als der einheimischen Industrie herbeigeführt werden würde.

Bezüglich unserer Handelsstatistik hat der Bundesrat durch Beschluß vom 2. Februar 1911 die Ausdehnung der Verpflichtung zur Wertanmeldung auf die sämtlichen Waren der Ausfuhr und auf die Einfuhr von Tabakblättern und Tabakerzeugnissen, Fellen zur Pelzwerkbereitung, Leder und Lederwaren, Maschinen, Feuerwaffen, Uhren usw. angeordnet. Das Nebeneinanderbestehen zweier Systeme, der Wertanmeldung für die Ausfuhr und für 3 v. H. der Einfuhr und der Wertabschätzung durch Sachverständige für die übrigen 97 v. H. der Einfuhrwaren, bereiteten, wie der Präsident des Kaiserlich Statistischen Amts dem Centralverband mitgeteilt hatte, betriebstechnische Schwierigkeiten. Außerdem führe es zu einer dauernden Ueberschätzung der Einfuhr und zu unrichtigen Schlußfolgerungen über die Bedeutung des deutschen Außenhandels. Der Centralverband wurde daher um gutachtliche Aeußerung ersucht, ob die Wertanmeldung auf die gesamte Einfuhr auszudehnen sei. Nach Benehmen mit den Interessenten hat sich der Centralverband für die Einführung der obligatorischen Wertanmeldung für sämtliche nach Deutschland zur Einfuhr, sowie aus dem deutschen Zollgebiet zur Ausfuhr gelangenden Waren ausgesprochen. Es wurde zwar nicht verkannt, daß die Einführung dieser Verpflichtung eine gewisse Belästigung für die Importeure, Spediteure usw. und auch für die direkt importierende deutsche Industrie mit sich bringt. Dagegen bleibt aber zu berücksichtigen, daß sowohl der deutsche Importhandel, als auch die deutsche Industrie ein sehr großes Interesse an einer wirklich korrekten Handelsstatistik haben. Sie soll die Hauptgrundlage für unsere ganze Handelspolitik, insbesondere für die Behandlung der einzelnen Positionen des Zolltarifs bei Handelsverträgen usw. bilden. Das bisher bestehende System der Wertabschätzung erscheint als eine ungenügende Methode, da sie nur auf Einzelangaben der befragten Interessenten beruht, denen selbst nur einige Geschäftsabschlüsse zur Verfügung stehen oder bekannt geworden sind.

Auf dem Gebiete der Handelspolitik haben sich die zur Interessengemeinschaft gehörenden Verbände: die Centralstelle für Vorbereitung von Handelsverträgen, der Verein zur Wahrung der Interessen der chemischen Industrie Deutschlands und der Centralverband Deutscher Industrieller in der Berichtsperiode in 5 Sitzungen betätigt. Sie haben sich planmäßig mit den vorbereitenden Arbeiten für den Abschluß künftiger Handelsverträge beschäftigt. Das Ergebnis der Verhandlungen in den Sitzungen vom 21. Dezember 1910 und 24. Mai 1911 war die Feststellung der vertraulichen Denkschrift: „Deutschlands zollpolitische Stellung gegenüber dem Auslande". Diese Denkschrift ist von den Vertretern der Interessengemeinschaft dem Herrn Staatssekretär des Innern in einer Konferenz am 9. Juni 1911 überreicht worden. In den weiteren Sitzungen der Interessengemeinschaft vom 21. November und 1. Dezember 1911 sowie vom 20. März 1912 wurde eine neue vertrauliche Denkschrift beraten und in einer Abschlußkonferenz am 4. Mai 1912 endgültig festgestellt. Sie ist unter dem Titel: „Die Meistbegünstigungsfrage und ihre Behandlung bei der bevorstehenden Erneuerung der Handelsverträge" gedruckt und dem Herrn Staatssekretär des Innern unter dem 13. Mai 1912 in 20 Exemplaren überreicht worden. Ferner wurde von der Interessengemeinschaft beschlossen, noch 2 weitere Denkschriften und zwar über den Zolltarif und über die Tarifverträge anzufertigen.

Auf Anregung des Kolonialwirtschaftlichen Komitees wurde am 24. November 1911 eine Besprechung mit zahlreichen Vertretern der Metall-, Eisen- und Maschinenindustrie und des Kolonialwirtschaftlichen Komitees über den Zusammenschluß der Metall-, Eisen- und Maschinenindustrie mit der Technischen Kommission des Kolonialwirtschaftlichen Komitees zum Zwecke der Förderung des Absatzes von Maschinen und anderen industriellen Erzeugnissen nach unseren Kolonien abgehalten. In dieser Besprechung gelangte allgemein die Ueberzeugung zum Ausdruck, daß die Bestrebungen des Kolonialwirtschaftlichen Komitees und die Interessen der Metall-, Eisen- und Maschinenindustrie in den mannigfachsten Beziehungen sich eng berühren. Auf Grund einer weiteren kommissarischen Beratung am 8. Dezember 1911 wurde vom Centralverbande an 34 Vereine der Metall-, Eisen- und Maschinenindustrie das Ersuchen gerichtet, in geeigneter Weise diejenigen ihrer Vereinsmitglieder, die ein Interesse für die Bestrebungen des Kolonialwirtschaftlichen Komitees hätten, zur Bewilligung eines festen Beitrages für die Jahre 1912 bis 1916 zu veranlassen. Diesem Ersuchen ist vielfach entsprochen worden.

Weiterhin hatsich der Centralverband durch Vermittelung einer größeren Anzahl industrieller Werke die Förderung eines Unternehmens angelegen sein lassen, das geeignet erscheint, dem deutschen Namen im fernen Osten größere Geltung zu verschaffen. Es handelte sich um den Ausbau eines mit der deutschen Schule für Chinesen in Tsinanfu verbundenen Museums zu einem allgemeinen deutschen Kultur-, Handels- und Industriemuseum, durch dessen Sammlungen dem über Deutschlands Handel und Industrie noch schlecht unterrichteten chinesischen Volke Gelegenheit geboten werden soll, sich von dem Hochstand deutscher Kultur und der Leistungsfähigkeit deutscher Industrie ein Bild zu machen. Eine reichhaltige Auswahl von den verschiedensten Fabrikatproben, Katalogen, Abbildungen und dergleichen ist an den Schulleiter, Dr. Paul Lucht, nach Ostasien abgegangen. Die Wahl von Tsinanfu als Standort für das Museum erscheint besonders glücklich, da es als Handels- und Verkehrsmittelpunkt der Provinz Schantung und Knotenpunkt wichtiger Eisenbahnlinien hervorragende Bedeutung besitzt.

Bezüglich des Panamakanals, dessen offizielle Eröffnung für das Jahr 1915 geplant ist, der indessen in bestimmtem Umfange dem Verkehr bereits im August d. J. übergeben werden soll, richtete das Direktorium des Centralverbandes an den Herrn Reichskanzler unter eingehender Begründung die Bitte, bei der Bundesregierung der Vereinigten Staaten von Amerika dahin vorstellig zu werden, daß die in Aussicht genommene Abgabenfreiheit für die amerikanische Küstenschiffahrt in dem inredestehenden Gesetz beseitigt, und hinsichtlich der Schiffsvermessungsart nachträglich eine Bestimmung in das Gesetz eingefügt werde, auf Grund deren das Moorsomsche Nettoregisterverfahren ausnahmslos zur Anwendung gelange. Gegebenenfalls dürfte eine internationale Verständigung der hauptsächlich am Panamakanalverkehr beteiligten Staaten anzustreben sein.

Auf dem Gebiete des **Gewerbewesens, der Gewerbe- und Sozialpolitik** hat sich das Direktorium des Centralverbandes wiederholt mit der wichtigen Frage des Schutzes der Arbeitswilligen und einem Verbot des Streikpostenstehens beschäftigt und eine Eingabe an den Herrn Reichskanzler gerichtet, die im Heft 123 der Berichte (S. 7ff.) abgedruckt ist. Sie war gestützt auf ein reiches Tatsachenmaterial, dessen spätere wesentliche Vervollständigung die Grundlage einer weiteren, die erste ergänzenden Eingabe bildete. Das gesamte Material wurde seines vertraulichen Charakters wegen nur den Behörden übermittelt. Das große Interesse sowohl der Industrie wie des gesamten heimischen Gewerbes an der Einführung gesetzlicher Maßnahmen zum Schutze einer wirklichen Freiheit der Arbeit kam auch in zwei Resolutionen der Versammlung der Delegierten zum Ausdruck. Insbesondere wies der auf dem Delegiertentage des Centralverbandes vom 21. Mai 1912 angenommene Beschlußantrag darauf hin, daß angesichts des letzten Streiks der Bergarbeiter im Ruhrrevier die wachsende Vergewaltigung Arbeitswilliger und die Unzulänglichkeit der bestehenden gesetzlichen Abwehrmittel in Erscheinung getreten seien, und daß aufs dringendste eine Neuregelung der einschlägigen Bestimmungen, vor allem ein gesetzliches Streikpostenverbot zu fordern seien: im Interesse der staatlichen Ordnung, der Freiheit des Erwerbslebens und der gedeihlichen Entwickelung des allgemeinen Wirtschaftslebens.

Die im Jahre 1902 vom Bundesrat erlassenen Ausnahmebestimmungen über die Beschäftigung von Arbeiterinnen und jugendlichen Arbeitern in Glashütten, Glasschleifereien und Glasbeizereien sowie Sandbläsereien hatten eine Gültigkeitsdauer von 10 Jahren. Sie liefen somit am 31. März 1912 ab. Das Direktorium des Centralverbandes hat in einer am 1. April 1911 an den Bundesrat gerichteten, sehr eingehend begründeten Eingabe aus betriebstechnischen Gründen und im Interesse der unbedingt erforderlichen Ausbildung jugendlicher Arbeiter gebeten, die bisherigen Bestimmungen mit einigen Abänderungen gemäß § 139a Absatz 5 der Reichsgewerbeordnung für die Dauer von 10 Jahren zu verlängern. Der Bundesrat hat indessen diese Verordnung bedauerlicherweise nur auf ein Jahr, bis zum 31. März 1913 in Kraft belassen.

Zur Frage der Sonntagsruhe im Handelsgewerbe beschloß das Direktorium des Centralverbandes, in einer Eingabe dafür einzutreten, daß in den Kontoren und den nicht mit offenen Verkaufsstellen verbundenen Betrieben des Handelsgewerbes an Sonn- und Festtagen, entgegen dem Vorschlage der Regierung, die hier eine Sonntagsarbeit überhaupt nur als Ausnahme gestatten will, eine zweistündige Beschäftigung als Regel gesetzlich normiert werde, und daß den höheren Verwaltungsbehörden und Gemeinden überlassen bleibe, gewisse Ausnahmen im Sinne des Gesetzes zu gestatten.

Zu dem preußischen Gesetzentwurf betreffend die Errichtung und den Besuch von Pflichtfortbildungsschulen ist sämtlichen Mitgliedern der bürgerlichen Parteien des preußischen Landtages eine Eingabe übermittelt worden, in der gebeten wurde, den näher dargelegten berechtigten Wünschen der industriellen Bevölkerung Rechnung zu tragen.

Nach Veröffentlichung des ersten Entwurfs eines Versicherungsgesetzes für Angestellte hatte der Centralverband bereits am 4. März 1911 eine besondere Kommission zwecks Beratung zu einer Sitzung zusammenberufen, an welcher auch zwei Vertreter des Reichsamts des Innern teilnahmen. Ueber die sehr sachverständigen und gründlichen Verhandlungen dieser Kommission ist ein ausführliches Protokoll in dem Heft 121 der Berichte veröffentlicht worden. Ihren Niederschlag fanden sie in einer dem Bundesrat unter dem 14. März 1911 überreichten Eingabe. In ihr wird einleitend hervorgehoben, daß bei der Beratung des Entwurfes nicht ausschließlich die Vertretung der Arbeitnehmer gehört werden dürfe, wie dies bisher geschehen sei. Es wird weiterhin die Warnung ausgesprochen, etwa aus politischen Gründen die Verabschiedung der Vorlage zu übereilen. Nach eingehender Erörterung der Bedenken gegen die geplanten Maßnahmen wird dann der Gedanke des Ausbaues der Invalidenversicherung einer Prüfung unterzogen und die Beschaffung von Unterlagen gefordert, um die Zulänglichkeit und Durchführbarkeit eines solchen Ausbaues zu ermitteln. Ferner wird eine zweifelsfreie Umgrenzung der Versicherungspflicht, Vereinfachung des Verwaltungsapparates und Beteiligung der Versicherten an der Verwaltung, sowie eine gründliche Nachprüfung der rechnerischen und finanziellen Grundlagen der Versicherung verlangt. Insbesondere aber wird die Forderung erhoben, an Stelle der unannehmbaren Vorschläge des Entwurfs, bestehende Pensionskassen und private Versicherungsverträge unbedingt als Ersatzinstitute zuzulassen. In Ergänzung und Fortführung dieser dem Bundesrat gemachten Vorstellungen wurden weiterhin in Gemeinschaft mit dem Deutschen Handelstage, dem Bayerischen Industriellenverbande und einigen anderen industriellen Vertretungskörperschaften zwei Denkschriften ausgearbeitet, in denen der Nachweis erbracht wurde, daß es Wege gäbe, auf denen die Frage der Angestelltenversicherung technisch vollkommener, sozialpolitisch gerechter und für die Beteiligten — Angestellte wie Arbeitgeber — befriedigender würde gelöst werden können, als durch die von der Regierung in Vorschlag gebrachte Sonderversicherung, ohne daß die Belastung sich höher gestellt haben würde.

Der Geschäftsführung des Centralverbandes waren wiederholt aus den Kreisen der Mitglieder Klagen darüber zugegangen, daß auswärtige Firmen bei Begleichung der Fakturenbeträge sich den Abzug eines gewissen Prozentsatzes der rechnungsmäßigen Forderung zwecks Stärkung ihres Angestellten-Hilfsfonds vorbehalten hatten. Diese Unsitte, eigene sozialpolititche Lasten auf fremde Schultern abzuwälzen, hat sich in Belgien, Frankreich und Rußland, wie vor allem in den Ländern der habsburgischen Monarchie immer unangenehmer fühlbar gemacht. Der Centralverband hat es daher für zweckmäßig erachtet, gegen die Ausdehnung dieses Mißbrauches rechtzeitig Abwehrmaßregeln einzuleiten und hat bereits im Sommer v. J. durch eine Rundfrage in den Kreisen seiner Mitglieder eingehende Erhebungen in der Sache angestellt. Sein Vorgehen erbrachte den Beweis, daß den auf diesem Gebiet zutage getretenen Mißständen nur dann wirksam begegnet werden kann, wenn eine geschlossene Aktion seitens der deutschen Exportkreise erfolgt. Demgemäß hat der Centralverband sich die Aufgabe gestellt, im allgemeinen Interesse auf eine Bekämpfung solcher Rechnungskürzungen mit Nachdruck hinzuwirken und ist zu diesem Zwecke mit maßgebenden Kreisen in Unterhandlung getreten.

Einem Antrage des Vereins der Industriellen des Regierungsbezirks Cöln, die gesetzliche Festlegung des Osterfestes auf den zweiten Sonntag im April beim Bundesrat zu befürworten, konnte das Direktorium des Centralverbandes nicht nähertreten, nachdem der Herr Staatssekretär des Innern dem Deutschen Handelstage mitgeteilt hatte, daß amtlichen Berichten zufolge weder bei der römischen Kurie noch bei der für die griechisch-katholische Kirche maßgebenden Stelle Geneigtheit für diesen Vorschlag bestehe, so daß keine Möglichkeit gegeben sei, die Angelegenheit mit Aussicht auf Erfolg amtlich zu betreiben.

Auf dem Gebiete des **Verkehrswesens** hat kaum jemals eine frühere Zeit die Forderung, daß die Ueberschüsse der Staatseisenbahnverwaltung nicht lediglich zu fiskalischen Zwecken, sondern in erster Linie zu Verkehrsverbesserungen und -erleichterungen verwandt werden sollen, derart berechtigt erscheinen lassen, wie das Jahr 1912. Der Spätherbst und Winter brachten bei allerdings stark gesteigertem Verkehr einen solch empfindlichen Wagenmangel und derartige Verkehrsstockungen, daß von einem wirklichen Versagen des Eisenbahnbetriebes gesprochen werden konnte, und enorme Verluste nicht bloß für die Kohlenerzeugung und andere Rohstoffindustrien, sondern auch für weiterverarbeitende Industriezweige und insbesondere für die Arbeiter durch Verlust von Arbeitsgelegenheit eintraten.

Der Centralverband Deutscher Industrieller hat in seiner seit mehr als sechs Jahren konsequent durchgeführten Aktion immer von neuem darauf hingewiesen, daß in Gemäßheit des bei der Verstaatlichung der Eisenbahnen in Preußen von Regierung und Volksvertretung aufgestellten Grundsatzes die Staatsbahnen nicht nur als staatliche Einnahmequelle zu dienen haben. Gestützt auf frühere Eingaben vom Jahre 1906 und vom Jahre 1909 wurden im Jahre 1911 nochmals eingehende Erhebungen veranstaltet, verschiedene Beratungen in kleineren Sachverständigen- und Interessentenkreisen abgehalten und dann im Oktober 1911 in einer größeren, aus den verschiedensten Teilen Deutschlands und den verschiedensten Industriezweigen sowie von Vertretern der Landwirtschaft, des Deutschen Handelstages usw. besuchten Konferenz eine neue, von der Geschäftsführung des Centralverbandes ausgearbeitete Denkschrift an den preußischen Landtag beraten und festgestellt. In dieser am 15. Dezember 1911 dem Herrenhause und dem Abgeordnetenhause überreichten und den einzelnen Mitgliedern persönlich zugesandten Eingabe war u. a. dargelegt, daß zurzeit nicht nur gemäß einer zum Etat für 1910 beschlossenen Bestimmung jährlich etwa 230 Millionen Mark aus den Eisenbahnüberschüssen für andere Staatszwecke bereitgestellt werden müssen, sondern auch noch nach starker Dotierung des Extraordinariums sehr hohe Rücklagen zu fiskalischen Zwecken gemacht werden. An den „Ausgleichsfonds", der dazu dienen soll, eine entsprechende Ergänzung der Ablieferung von Eisenbahnüberschüssen an die Staatskasse in schlechten Jahren zu ermöglichen — wenn die Ueberschüsse den bestimmten Betrag von jetzt etwa 230 Millionen nicht erreichen — wurden für 1910 71 Millionen, für 1911 162 Millionen und für 1912 150 Millionen abgeführt. Für 1913 sind 93 Millionen vorgesehen, so daß in nur 4 Jahren diese Rücklage vielleicht 1/2 Milliarde Mark erreichen würde, wenn nicht nachträglich bedeutende Summen für Verkehrsverbesserungen daraus entnommen werden müßten, welche besser von vornherein dafür bestimmt worden wären.

Der Centralverband hat in Berücksichtigung des Umstandes, daß die Güterfracht, welche einen sehr wesentlichen Teil der Herstellungskosten für die heimische Produktion darstellt und in früherer Zeit fortwährend zum Nutzen des heimischen Erwerbslebens sank, seit länger als einem Jahrzehnt auf den preußisch-hessischen Staatsbahnen mit etwa 3,55 Pfg. im Durchschnitt für den Tonnenkilometer stabil geblieben und 1910 sogar auf 3,58 Pfg. gestiegen ist, seine Bemühungen zunächst auf eine **Ermäßigung der Abfertigungsgebühren** gerichtet. Er ist hierbei von der Ansicht ausgegangen, daß eine Erleichterung in dieser Hinsicht **allen** Verkehrsinteressenten in Industrie und Landwirtschaft, welche Wagenladungen verfrachten oder beziehen, gleichmäßig zugute komme, und daß die Eisenbahnverwaltung bei der derzeitigen für sie günstigeren Verwendung größerer Wagen von durchschnittlich 15 Tonnen tatsächlich mehr an Abfertigungsgebühr erhält, als sie ursprünglich selbst für angebracht erachtete und bestimmte. Bevor die erwähnten Eingaben im März und April 1912 im Budget-Ausschuß und im Plenum des Abgeordnetenhauses zur Verhandlung kamen und weiterhin im Juni den Landeseisenbahnrat beschäftigten, wurden in steter Fühlungnahme mit den meistbeteiligten, dem Centralverbande angeschlossenen großen Verbänden entsprechende Ergänzungseingaben verfaßt. In der Budgetkommission erklärte alsdann der Herr Minister, daß den Wünschen bis zu einem gewissen Grade Rechnung getragen und eine Ermäßigung der Abfertigungsgebühr von 3 M. bei 15-Tonnen- und von 4 M. bei 20-Tonnenwagen eintreten solle, und diese Ermäßigung ist am 1. Oktober 1912 tatsächlich in Kraft getreten. Zufolge eines Beschlusses des Abgeordnetenhauses sind ferner die vorerwähnten Ergänzungseingaben des Centralverbandes der Regierung als Material überwiesen worden, so daß der Centralverband wohl behaupten darf, daß er mit der zähen Verfolgung der Angelegenheit an der Herbeiführung dieser allgemeinen Verkehrserleichterung in erster Linie mitgewirkt hat. Es darf auch darauf hingewiesen werden, daß die Eisenbahnverwaltung nach den letzten Erfahrungen nunmehr 60 Millionen Mark nachträglich für Wagenbeschaffung, Ausbau von Bahnhofsgeleisen usw. bereitgestellt hat, und daß für 1913 im Etat bedeutend höhere Summen zu diesem Zwecke vorgesehen sind.

Im einzelnen wurde bezüglich der **Eisenbahntarife** eine größere Reihe von Eingaben auf Anregung und im Interesse der Mitglieder, und von Gutachten, die auch seitens der Eisenbahnverwaltung erbeten wurden, angefertigt. Eine Eingabe richtete sich gegen die Frachtverteuerungen, welche durch längere Entfernungsberechnung bei den für große Städte hergestellten sog. Umgehungsbahnen entstehen. Mit Erfolg wurde außerdem für die Versetzung von **Margarine** in den Eilguttarif eingetreten; im Interesse der an der Meeresküste gelegenen Eisenbauanstalten wurden Abänderungsvorschläge zu den bezüglichen **Seehäfen-Ausnahmetarifen** gemacht; ebenso in einer Eingabe die Detarifierung von **Gipssteinen** und Gipsabfällen für die Zementindustrie nachgesucht. Weitere Betätigung bei den zuständigen Eisenbahnbehörden betraf die Ausnahmetarife für Getreide nach Rußland, den Bezug von Schleifsteinen aus Belgien, die Tarife für Tafelglas usw.

Im Postwesen war für das Jahr 1912 die — zurzeit noch beim Reichstag schwebende — gesetzliche Regelung der Vorschriften über den Postscheckverkehr in Aussicht genommen. Der Centralverband brachte auf der vor Ausarbeitung des betreffenden Gesetzentwurfs seitens der Regierung einberufenen Konferenz der am meisten beteiligten Berufszweige die Wünsche der im Verbande vereinigten Industrie zur Geltung. In mehreren Eingaben zuletzt unter dem 20. Dezember 1912 ist auch der Ausbau der neu eingeführten Brieftelegramme gefordert worden.

Mit Rücksicht auf die große Bedeutung des von der preußischen Regierung dem Landtage vorgelegten Entwurfes eines Wassergesetzes für die Industrie hatte der Centralverband „Grundzüge" dieses Entwurfes herausgegeben, in denen die wesentlichsten Bestimmungen desselben kurz und übersichtlich zusammengestellt waren, wobei die für die industriellen Unternehmungen bedeutungsvollen Neuerungen besonders hervorgehoben wurden. Diese Grundzüge sind den Mitgliedern sowie auch anderen Interessenten übermittelt worden. Des weiteren ist auch über den Verlauf der ersten und zweiten Lesung des Gesetzes den Mitgliedern Bericht erstattet worden. Ferner hat der Centralverband vor Beginn der zweiten Lesung des Wassergesetzentwurfes in der Kommission des Abgeordnetenhauses im Verein mit dem Deutschen Handelstag, dem Verein zur Wahrung der Interessen der chemischen Industrie Deutschlands und dem Wasserwirtschaftlichen Verband eine gemeinsame Versammlung am 9. Sepember v. J. im Architektenhause zu Berlin abgehalten. Zu dieser Versammlung waren die Vertreter der Kommission des Abgeordnetenhauses sowie Vertreter der preußischen Regierung eingeladen worden. Die Verhandlungen und die Beschlüsse dieser Versammlung haben einen nicht unwesentlichen Einfluß auf die endgültige Gestaltung des Gesetzes im Interesse der Industrie ausgeübt.

Eine ausführliche Denkschrift über das Schleppmonopol auf dem Rhein-Weserkanal ist den Behörden und parlamentarischen Körperschaften Ende Oktober 1912 zugestellt worden. In dieser Denkschrift war der Ansicht Ausdruck gegeben, daß der seitens der Mehrheit der Parteien des preußischen Abgeordnetenhauses vom Schleppmonopol erhoffte „eisenbahnmäßige Betrieb" auf der neu zu bauenden Wasserstraße sich unter den gegebenen Verhältnissen niemals werde erreichen lassen, daß vielmehr die Einführung des staatlichen Schleppmonopols gegenwärtig als ein schwerer verkehrspolitischer Fehler angesehen werden müsse, ganz abgesehen davon, daß die in Aussicht genommenen Schlepplohntarife dem Gesichtspunkt einer genügenden Entlastung der Eisenbahnen auch nicht annähernd Rechnung trügen. Es war daher gefordert worden, daß, falls man nicht die Entwickelung des Verkehrs der freien Initiative privater Unternehmungen überhaupt überlassen wolle, von der Einführung des staatlichen Schleppmonopols auf dem Kanal im Interesse der Entwickelung des Verkehrs wie der Förderung unserer gesamten Volkswirtschaft doch wenigstens bis auf weiteres abgesehen werde, und daß vor allem der Dortmund-Ems-Kanal, insbesondere der Verkehr von und zu den Emshäfen unter allen Umständen dem Monopolbereich entzogen bleibe.

Neben seiner Betätigung auf den großen allgemeinen Gebieten unserer Wirtschaftspolitik, äußeren Handelspolitik, Sozialpolitik, Gewerbepolitik und Verkehrspolitik, hat der Centralverband im Laufe der verflossenen Berichtsperiode auf Grund eingehender Beratungen noch verschiedentlich Stellung zu wichtigen **wirtschaftspolitischen Sondermaterien** nehmen müssen.

In der Sitzung des preußischen Abgeordnetenhauses vom 18. Januar 1911 wurde von einigen Abgeordneten bei Erörterung der Mittel zur Hebung des Kurses der Staatsanleihen angeregt, die Aktiengesellschaften anzuhalten, einen großen Teil ihrer Bestände in Staatsanleihen festzulegen. Diese Anregung hatte in den Kreisen der Mitglieder des Centralverbandes erhebliche Beunruhigung hervorgerufen, zumal man annehmen mußte, daß unter „Beständen" nicht nur die Reservefonds der Aktiengesellschaften zu verstehen seien. Das Direktorium des Centralverbandes hat in einer Eingabe an den Herrn Finanzminister gegen eine eventuelle gesetzgeberische Verwirklichung derartiger Vorschläge auf das entschiedenste Protest erhoben.

Hinsichtlich des Patentwesens wurde zum 9. Januar 1911 anläßlich einer von dem Herrn Staatssekretär des Innern angesagten Konferenz über die Abänderung des Pariser Unionsvertrages eine Vorbesprechung der hierfür beabsichtigten Vorschläge anberaumt, bei der gleichzeitig auch zu der in Aussicht stehenden Patentreform sowie zu dem Entwurf eines Gesetzes betr. den Patentausführungszwang Stellung genommen wurde. Auf Grund des Ergebnisses dieser Besprechung wurden dem Reichsamt des Innern die Wünsche der beteiligten Industriezweige zu einer Reform des Patentgesetzes dargelegt. Am 19. Januar 1912 fand alsdann eine abermalige Sitzung des Patentausschusses des Centralverbandes statt, in der beschlossen wurde, zur Beteiligung an den Vorarbeiten für die Reform des Patentrechtes an die gesamte Industrie heranzutreten und sie aufzufordern, sich an der Bildung eines großen neutralen Patentausschusses und an der Sammlung und Bearbeitung der Unterlagen zu beteiligen. Von seiten der Mitglieder des bisherigen Patentausschusses wurden der Geschäftsführung Vorschläge hinsichtlich der Zusammensetzung des neu zu bildenden Gremiums gemacht, auf Grund deren den benannten Vereinen, Firmen und Einzelpersonen besondere Einladungsschreiben zugingen, die in kurzer Darstellung den allgemeinen Sachverhalt und die Ziele des beabsichtigten Vorgehens erläuterten. Nach Maßgabe der durchweg zustimmenden Beantwortung erfolgte die Konstituierung des großen Patentausschusses.

Am 12. Juli 1912 übersandte der Herr Reichskanzler dem Centralverband Entwurf und Begründung des Ausführungsgesetzes zur revidierten Pariser Uebereinkunft zum Schutze des gewerblichen Eigentums zur Kenntnisnahme und zwecks Mitteilung etwaiger Wünsche hinsichtlich der neuen Vorschriften. Die Geschäftsführung richtete an sämtliche Mitglieder eine dementsprechende Rundfrage, der das Ausführungsgesetz im Entwurf sowie eine erläuternde Sachdarstellung beigefügt waren. Das Ergebnis dieser Rundfrage wurde dem Reichsamt des Innern in zwei Eingaben vom 13. und 24. September 1912 übermittelt, in welchen die Abänderung einiger Vorschriften angeregt wurde. Diese Vorschläge betrafen im wesentlichen folgende Punkte:

1. Nachfrist für die Einreichung der Prioritätsbelege,
2. fakultative Vorlage der Prioritätsbelege,
3. Bestimmungen über die Befristung der Prioritätserklärung im Rahmen des Ausführungsgesetzes,
4. Ermäßigung der Gebühren für die Anmeldung von Verbandszeichen,
5. Uebertragbarkeit der Verbandszeichen,
6. Gebühr für die Umschreibung von Einzelzeichen,
7. Recht auf Führung des Verbandszeichens,
8. Vorschriften der im Entwurf vorgesehenen Zeichensatzung zur Bekämpfung des Mißbrauchs von Verbandszeichen.

Nach einem Erlaß des Herrn Reichskanzlers, der durch Rundschreiben zur Kenntnis der Mitglieder des Ausschusses des Centralverbandes gebracht wurde, ist vielfach die Beobachtung gemacht worden, daß von seiten einzelner kaufmännischer und industrieller Firmen dienst- und übungspflichtigen Personen des Beurlaubtenstandes die Erfüllung ihrer staatsbürgerlichen militärischen Pflichten durch Androhung der Entlassung oder durch anderweitige Bedingungen erschwert worden ist. Unter Hinweis darauf, daß es im Interesse des Staatswohles unerläßlich sei, auch die aus ihrem Dienst- und Arbeitsverhältnis bei Privatfirmen schwer abkömmlichen militärpflichtigen Personen möglichst häufig zu Uebungen bei der Waffe heranzuziehen, ist vom Herrn Reichskanzler das Ersuchen ausgesprochen worden, dieser wichtigen Frage die gebotene Rücksichtnahme angedeihen zu lassen. Auf das ergangene Rundschreiben ist dem Centralverband eine große Reihe von Zuschriften übermittelt worden, in denen allgemein anerkannt wurde, daß selbstverständlich auf die militärische Pflicht der Angestellten die gebührende Rücksicht genommen werden müsse. Dabei wurde aber andererseits auch dem Wunsche Ausdruck gegeben, daß die militärischen Behörden auf die besonderen Verhältnisse der industriellen Unternehmungen etwas mehr Rücksicht nehmen möchten, als es vielfach geschehe. Diese und andere Wünsche sind dem Herrn Reichskanzler (Reichsamt des Innern) in einer besonderen Eingabe unterbreitet worden.

Mit der Frage der Gegengeschäfte hat sich das Direktorium des Centralverbandes bereits seit längerem eingehend beschäftigt und hat hierzu in der Sitzung vom 23. Oktober 1912 erneut Stellung genommen. Zufolge eines in dieser Sitzung gefaßten Beschlusses ist von seiten der Geschäftsführung das auf Seite 208 dieses Heftes zum Abdruck gebrachte Rundschreiben an die Mitglieder des Centralverbandes versandt worden, das in weiten Kreisen der Industrie durchaus zustimmende Beurteilung gefunden hat. In einigen besonders als Mißstand gekennzeichneten Fällen hat es sich der Vorsitzende des Centralverbandes angelegen sein lassen, vermittelnd einzugreifen.

Bereits im Jahre 1903 hatte das Reichsamt des Innern ein Verzeichnis der im Deutschen Reiche bestehenden Vereine gewerblicher Unternehmer zur Wahrung wirtschaftlicher Interessen veröffentlicht, das in industriellen Kreisen mit besonderem Danke begrüßt worden war. Bei der raschen Entwickelung des Organisationsgedankens im ganzen wirtschaftlichen Leben Deutschlands ist dieses Nachschlagebuch aber längst von der Zeit überholt und leidet vor allem auch unter dem Mangel, daß die jetzt streng durchgeführte Scheidung zwischen Arbeitgeberverbänden und wirtschaftlichen Vereinen in ihm noch nicht zur Richtschnur genommen ist. Mit Rücksicht darauf, daß vom Herrn Reichskanzler bereits eine Erhebung über das Kartell- und Syndikatswesen eingeleitet worden ist, hat sich der Centralverband veranlaßt gesehen, den Herrn Staatssekretär des Innern in einer Eingabe vom 3. Oktober 1912 um eine amtliche Neubearbeitung des im Jahre 1903 herausgegebenen Verzeichnisses zu bitten. Auf diese Eingabe hat der Herr Staatssekretär dem Centralverbande mitgeteilt, daß die erneute Zusammenstellung des veralteten „Verzeichnisses der im Deutschen Reiche bestehenden Vereine gewerblicher Unternehmer", welche einem vielfach auch im Dienstbetriebe der Behörden empfundenen Bedürfnisse zu entsprechen scheine, seit längerem erwogen werde. Da jedoch die Frage der Ausgestaltung der Erhebungen noch näherer Erörterung gegebenenfalls in mündlicher Besprechung in weiteren Interessentenkreisen bedürfe, so sei die Entschließung über Beginn und Umfang der Erhebungen noch vorbehalten.

Die Bedeutung der Reichstagswahlen für die **allgemeinen Interessen der Industrie** und für die Fortentwicklung unseres ganzen nationalen wirtschaftlichen Lebens ist in einem Rundschreiben vom 16. September 1911 eingehend gewürdigt worden. Es war hier davor gewarnt worden, daß die Industrie wegen ihrer schwierigen Lage auf dem Auslandsmarkt und gegenüber dem allzu großen Drucke des allgemeinen direkten Wahlrechts auf die einzelnen Fraktionen ihre Interessen lediglich den Führern einer Partei anvertraue. Mit der Begründung des industriellen Wahlfonds habe der Centralverband die Absicht betätigt, auf die Wahl von Industriellen und industriefreundlichen Männern möglichst in allen bürgerlichen Parteien hinzuwirken. Nur wenn in allen bedeutenderen bürgerlichen Fraktionen des Reichstags künftig mehr Männer aus der Industrie selbst und aus der Industrie nahestehenden Kreisen mitwirkten, die durch ihre persönliche Eigenschaft und Erfahrung Gewähr dafür böten, daß die Fraktion über ihre Darlegungen nicht achtlos hinweggehen könne, würde es zu erreichen sein, daß das Interesse der Industrie im Parlamente eine stärkere Berücksichtigung fände, als es bisher vielfach der Fall war. Nach diesen Grundsätzen hat die vom Ausschuß des Centralverbandes eingesetzte Kommission für die Verwaltung und Verwendung des industriellen Wahlfonds in kollegialen Beratungen positive Arbeit für die Wahrung der industriellen Interessen innerhalb der bürgerlichen Parteien geleistet. Auch in dieser Beziehung ist der Centralverband wie überall bei der Erfüllung seiner satzungsgemäßen Aufgaben nicht parteipolitisch tätig geworden, sondern völlig neutral geblieben. Durch die Tätigkeit der Wahlfondskommission ist bei den Reichstagswahlen trotz der ungewöhnlich ungünstigen Verhältnisse, die infolge der derzeitigen

Parteikonstellation der vollen Wirksamkeit des Wahlfonds entgegenstanden, dennoch ein erfreulicher Erfolg erzielt worden. Von den 120 Kandidaten, deren Wahl durch Zuwendungen aus dem industriellen Wahlfonds an die betreffenden Wahlkomitees unterstützt worden war, sind 41 Abgeordnete, d. h. 34 pCt. gewählt worden, und es ist hiermit der Beweis erbracht, daß die Industrie sehr wohl in der Lage ist, bei den Wahlen selbständig ihre Interessen zu vertreten.

Aufs eingehendste hat sich das Direktorium des Centralverbandes schon im Dezember 1910 mit der Frage der Fleischteuerung und den Maßnahmen zu ihrer Linderung beschäftigt und hat hierzu in der Erkenntnis der außerordentlichen und weittragenden Bedeutung dieser Frage für unsere gesamte Volkswirtschaft und insbesondere für Deutschlands Industrie in den Sitzungen vom 23. Oktober und 11. Dezember 1912 auf Grund eines eingehenden und umfassenden Gutachtens der Geschäftsführung erneut Stellung genommen. Die der Versammlung der Delegierten am 12. Dezember 1912 bekannt gegebene Entschließung des Direktoriums (vgl. Geschäftsbericht S. 37) gründet sich auf die Erwägung, daß die Unterlagen, insbesondere die statistischen, zu objektiv exakter Beurteilung der schwierigen Materie zurzeit als nicht ausreichend angesehen werden können, und daß zu einem endgültigen Urteil das Ergebnis der Untersuchungen der vom Reichstage eingesetzten Kommission abzuwarten ist.

Von der **Hauptstelle für Syndikatswesen** des Centralverbandes waren die dem Centralverbande angeschlossenen Kartelle und Syndikate zu einer Versammlung auf den 10. Dezember 1910 eingeladen worden. Auf der Tagesordnung standen Vorträge über die Rechtsprechung im Kartellwesen und über die deutschen Ziegeleiverkaufsvereinigungen. Die Aussprache hatte eine Reihe von Anträgen auf Erstattung von Gutachten und Schiedssprüchen zur Folge, welche sämtlich von der Geschäftsführung erledigt wurden. Zwecks Förderung der Vereinigung der deutschen Ziegeleiverbände, die aus beteiligten führenden Kreisen schon seit mehreren Jahren angestrebt ist, wurde von einem Mitgliede der Geschäftsführung des Centralverbandes auf Veranlassung des Verbandes deutscher Tonindustrieller im Juni 1911 zu Dresden in der Versammlung der deutschen Ziegeleiverbände ein Referat erstattet, dem sich weitere Vorträge über das Kartellwesen anschlossen, so z. B. bei dem dritten wirtschaftswissenschaftlichen Hochschulkurse in der Königl. Technischen Hochschule zu Danzig. Infolge einer aus der Kartellversammlung vom 10. Dezember 1910 ergangenen Anregung wurden am 18. Februar 1911 in einem engeren Kreise von Sachverständigen verschiedene für Kartelle und Syndikate wichtige Rechtsfragen behandelt und zu weiterer Prüfung bestimmt. Sie betrafen vornehmlich Vereinbarungen bei Submissionen, Vertragskonstruktionen und Schiedsgerichte, zu deren eingehender Erörterung eine besondere Kommission gebildet und eine Umfrage bei den interessierten Mitgliedern des Centralverbandes veranstaltet wurde. In sehr dankenswerter Weise übernahmen die verschiedenen Vorstände und Geschäftsführer bedeutender Verbände die Mitarbeit. Mit entsprechender Tagesordnung wurde sodann am 10. Februar 1912 eine weitere Kartellversammlung abgehalten, die zahlreich besucht war, und in der fünf Redner zu den vorgenannten Gegenständen referierten. Die Veröffentlichung der Referate sowie der sich daran anschließenden Diskussion ist im Heft 3 des Jahrgangs 1912 der zu Düsseldorf erscheinenden „Kartellrundschau" und in Heft 125 der Berichte des Centralverbandes erfolgt. Auf Grund der in dieser Versammlung ergangenen Anregungen wurde zur Ausarbeitung einer Schiedsgerichtsordnung geschritten und eine Eingabe an den preußischen Justizminister mit dem Antrage auf Aufhebung des § 270 des alten preußischen Strafgesetzbuchs gefertigt. Diese Eingabe befindet sich im Abdruck auf S. 199 dieses Heftes.

Auch sonst ist die Geschäftsführung des Centralverbandes in der Berichtsperiode bemüht gewesen, öffentlich aufklärend auf dem Gebiet des Verbandswesens zu wirken, sowie durch Ratschläge und Ueberlassung von Material zur Gründung und Stärkung von Kartellen und Syndikaten behülflich zu sein. Besonders wurde die Materialsammlung bezüglich der Rechtsprechung durch eine größere Anzahl von wichtigen Urteilen bereichert, wobei die seitens des Reichsamts des Innern dem Centralverbande freundlichst gewährte Unterstützung mit Dank hervorzuheben ist.

Ueber die Tätigkeit des **Instituts für ausländisches Recht** verweisen wir auf die Mitteilungen in Heft 123 der Berichte S. 70 und Heft 125 der Berichte S. 161. Die Geschäftsführung des Instituts, das dem Centralverbande als besondere Abteilung angegliedert ist, liegt in den Händen des Geschäftsführers des Centralverbandes. Alle Anfragen sind an die Geschäftsführung des Centralverbandes zu richten. Das Institut erteilt Auskünfte und erstattet Gutachten in allen ausländischen Rechtsfragen des öffentlichen und privaten Rechts, insbesondere gibt es auch im einzelnen Ratschläge darüber, ob sich eine Angelegenheit zur Rechtsverfolgung im Auslande eignet, und an welcher Stelle sie gegebenenfalls dort anhängig zu machen ist. Die in der Berichtsperiode erteilten Auskünfte erstrecken sich insbesondere auf folgende Länder: Belgien, Bulgarien, England, Frankreich, Griechenland, Italien, Norwegen, Oesterreich-Ungarn, Rumänien, Rußland, Serbien, Spanien, Türkei, Argentinien, Vereinigte Staaten von Amerika. Ferner werden von dem Institut für ausländisches Recht zuverlässige auswärtige Rechtsanwälte empfohlen und auch Honorare mit diesen vereinbart. Um möglichst weiten Kreisen die Vorteile des Instituts zugängig machen zu können, ist ein Abonnement eingeführt worden, das mit 100 M. beginnt. Hierfür werden 5 Auskünfte oder Gutachten erteilt. Abonnent kann jedes Einzelmitglied des Centralverbandes, auch jedes Mitglied einer ihm angeschlossenen Vereinigung werden. Wir machen auch an dieser Stelle alle Mitglieder des Centralverbandes auf die Vorteile aufmerksam, die dieses Institut, insbesondere durch sein Abonnement bietet.

Die **Zollauskunftsstelle** des Centralverbandes ist in der abgelaufenen Berichtsperiode in sehr umfangreicher Weise von den Mitgliedern in Anspruch genommen worden. Es wurden schriftlich wie auch mündlich Auskünfte erteilt über die bestehenden Handelsverträge, die Zollverhältnisse und Zollsätze der nachstehenden Länder: Belgien, Bulgarien, Finnland, Frankreich, Griechenland, Großbritannien, Italien, Niederlande, Norwegen, Oesterreich-Ungarn, Portugal, Rumänien, Rußland, Schweden, Schweiz, Serbien, Spanien, Türkei. Von den außereuropäischen Ländern kamen bei den Anfragen insbesondere folgende Staaten in Betracht: Argentinien, Cuba, Peru, Vereinigte Staaten von Amerika, Syrien, Japan, Tunis, Australischer Bund.

Die **Geschäftsführung** des Centralverbandes hatte wiederholt Gelegenheit, in der innerhalb der Berichtsperiode besonders brennend gewordenen Frage „Fabrik und Handwerk“ die Interessen der Industrie zu vertreten. Die im Reichsamt des Innern am 7. April 1911 abgehaltene Handwerkerkonferenz, an der der stellvertretende Geschäftsführer des Centralverbandes teilnahm, verlief leider ergebnislos. Dagegen hatte eine weitere, am 3. Juni 1912 im Reichsamt des Innern veranstaltete Besprechung über die Abgrenzung von Fabrik und Handwerk, bei der der Centralverband wiederum durch seinen stellvertretenden Geschäftsführer vertreten war, im Sinne erfolgreicher Geltendmachung der industriellen Interessen einen befriedigenden Verlauf. Der Geschäftsführer des Centralverbandes nahm hieraus Veranlassung, sowohl die grundsätzliche Stellung der Industrie wie ihre besonderen Interessen an der in Rede stehenden Frage in einer Schrift, betitelt „Förderung des Handwerks auf Kosten der Industrie“ darzulegen.

Ein bemerkenswerter Schriftwechsel erwuchs der Geschäftsführung durch verschiedene buchhändlerische Unternehmungen, für welche in den Kreisen der Mitglieder des Centralverbandes um Beitritt und Beteiligung geworben wurde. Nach den angestellten Ermittelungen hatten jedoch fast alle diese Unternehmen die angeblich groß angelegte Schilderungen aus Deutschlands Industrie besonders ihrer sozialen Einrichtungen geben wollten, mehr oder weniger rein geschäftsmäßigen Charakter, und der Centralverband hat daher auf Grund dieser Tatsache eine Beteiligung hieran seinen Mitgliedern nur in den seltensten Fällen empfehlen können.

Hinsichtlich der laufenden täglichen Arbeiten der Geschäftsführung sei hier besonders hingewiesen auf den in der Berichtsperiode sehr lebhaften Verkehr des Centralverbandes mit den Behörden. Die dem Centralverbande zugegangenen Mitteilungen seitens des Herrn Reichskanzlers, des Auswärtigen Amts, des Reichsamts des Innern, des Reichskolonialamts, des Kaiserlich Statistischen Amts, des Ministeriums für Handel und Gewerbe usw., sind, wo es angezeigt erschien, durch besondere Rundschreiben verbreitet oder auch im Organ des Centralverbands der „Deutschen Industrie-Zeitung" bekanntgegeben worden. Wo der vertrauliche Charakter eine solche Verbreitung nicht zuließ, ist den Interessenten in anderer Weise von den behördlichen Erlassen Kenntnis gegeben worden. Es sind ferner in sehr zahlreichen Fällen behördlicherseits Gutachten vom Centralverbande eingefordert worden, die in entsprechender Weise erstattet wurden.

Zur Förderung des deutschen Exports konnte der Centralverband auch in der Berichtsperiode dadurch erheblich beitragen, daß von seiner Geschäftsführung eine außerordentlich große Zahl englischer Anfragen — mehr als 350 —, welche in der Hauptsache auf amtlichem Wege übermittelt worden sind, durch Angabe deutscher Bezugsquellen beantwortet wurde und hierdurch deutsche Firmen mit ausländischen, vor allem englischen, in Verbindung gebracht wurden. Auch den maßgebenden Behörden in Oesterreich-Ungarn, in der Schweiz, in Spanien usw. hat der Centralverband im Interesse der Förderung des deutschen Exports deutsche Bezugsquellen von Industrieerzeugnissen wiederholt namhaft gemacht.

Auf dem Gebiet der Gewerbeordnung, der Arbeiterschutzgesetzgebung, des Gewerbegerichtsgesetzes, des Arbeiterversicherungsgesetzes, der Angestelltenversicherung usw. hat der Centralverband seinen Mitgliedern durch die Geschäftsführung fortlaufend Auskunft erteilt und ist ihnen mit Rat und Tat in wichtigen Fragen zur Seite gestanden.

Gleichfalls wurden in einer großen Reihe von Fällen auf Anfrage von Mitgliedern Gutachten über Tarif- und sonstige Eisenbahnangelegenheiten seitens der Geschäftsführung des Centralverbandes erstattet.

Im übrigen wurden nach eingehenden Erhebungen in den Kreisen der Mitglieder außer den schon in Vorstehendem erwähnten Eingaben noch solche über folgende Materien ausgearbeitet und an die zuständigen Stellen geleitet: Ueber den Handelsvertrag mit Japan; die zollfreie Einfuhr von Kalkstickstoff nach Rußland; den Ausschluß deutscher Fabrikate bei staatlichen wie kommunalen Lieferungen des Auslandes; über die Konkurrenzklausel; über das Hefemischverbot. Zu diesen Eingaben wurden fast in allen Fällen aufklärende Rundschreiben an die Mitglieder versandt. Hingewiesen sei endlich noch auf die den Mitgliedern zugegangenen Broschüren: die schon erwähnte Abhandlung des Geschäftsführers „Förderung des Handwerks auf Kosten der Industrie", die ebenfalls von dem Geschäftsführer verfaßten Schriften „Centralverband und Fertigindustrie" und „Eine Zusammenstellung der Initiativanträge der einzelnen Fraktionen des Reichstags"; die Arbeit des stellvertretenden Geschäftsführers über „Die Lage der deutschen Tuchindustrie und der deutsche Wettbewerb".

Die Vorträge, die der Geschäftsführer im Laufe der Berichtsperiode auf den Tagungen der dem Centralverbande angeschlossenen Verbände oder in wissenschaftlichen Vereinigungen über wirtschafts- und sozialpolitische Fragen gehalten hat, sind gleichfalls zumeist von den Verbänden in Druck gegeben und stehen, wie die Vorträge über „Die Reichsversicherungsordnung", „Die Sozialpolitik des Jahres 1910", „Industrielle Zolltarifpolitik und Handelsverträge", „Die Aufgaben und Ziele des Centralverbandes Deutscher Industrieller", soweit noch vorrätig, den Mitgliedern des Centralverbandes zur Verfügung.

Der Deutsche Baumwollgarnkontrakt.

Von Dr. Erhard Büttner,
Geschäftsführer des Vereins Süddeutscher Baumwoll-Industrieller in Augsburg.

Die deutsche Baumwollspinnerei ist im wesentlichen auf vier Industriebezirke verteilt, von denen jeder eine von den übrigen Gebieten ziemlich unabhängige Entwickelung genommen hat: Sachsen, Süddeutschland (umfassend Bayern, Württemberg und Baden), Elsaß, Rheinland-Westfalen. Der verschiedenartige Gang der Entwickelung drückt sich zu einem Teil schon in der Betriebsform aus. Während in Rheinland und Sachsen der ausschließlich oder doch nur mit Zwirnerei verbundene Spinnereibetrieb vorwiegt, findet sich in Süddeutschland und Elsaß neben dem ausschließlichen Spinnereibetrieb vielfach und zwar gerade bei den großen Unternehmen die Betriebsform der Spinnweberei, welche entweder ihr ganzes oder doch den Großteil ihrer eigenen Produktion selbst verarbeitet.

Auch in fabrikatorischer Hinsicht bestehen erhebliche Unterschiede. In Süddeutschland und Elsaß werden in der Hauptsache Copsgarne hergestellt. Die Industrie ist dort in einem großen Umfang auf die Fabrikation der sog. mittelfeinen Garne in der Nummernlage 28—50 engl. übergegangen. Die rheinisch-westfälische Spinnerei hat ihr Schwergewicht in der Herstellung der sog. Grobgarne. Die Fabrikation von Bündelgarnen, ferner gezwirnter Garne spielt bei ihr eine besonders wichtige Rolle. Die vielseitige sächsische Spinnereiindustrie weist alle möglichen Fabrikationsarten auf. Sachsen besitzt gleich dem Elsaß endlich diverse Spinnereien, welche Garne der höchsten Nummernklassen, die eigentlichen Feingarne (Nr. 60 engl. und darüber), herstellen.

Diese Unterschiede in der industriellen Entwickelung haben bislang auch eine zentrale Organisation der deutschen Baumwollspinnerei verhindert. Wie es vier getrennte Gebiete dieser Industrie gibt, so bestehen auch vier besondere Verbände; in Bayern, Württemberg und Baden der Verein Süddeutscher Baumwoll-Industrieller in

Augsburg, gegründet im Jahre 1870, also zu einer Zeit, als das Elsaß noch außerhalb des Reichsverbandes stand, woraus sich erklärt, daß der Verein die „süddeutschen" Baumwoll-Industriellen ohne das Elsaß umfaßt, das Elsaß-Lothringische Industrielle Syndikat in Mülhausen mit der ihm organisch angegliederten Vereinigung Elsässischer Baumwollspinnereibesitzer, der Verband Rheinisch-Westfälischer Baumwollspinner in M.-Gladbach und die Vereinigung Sächsischer Spinnereibesitzer in Chemnitz.

Der süddeutsche und der elsässische Verein sind nicht bloß Organisationen der Spinnereiindustrie. Sie umschließen auch einen erheblichen Teil der deutschen Weberei. So gehören dem Verein Süddeutscher Baumwoll-Industrieller nicht nur $3\frac{1}{2}$ Millionen Spindeln, sondern auch 58 400 Webstühle an, wovon 41 300 in mit Spinnerei kombinierten Betrieben, 17 100 in Unternehmungen, welche ausschließlich Weberei betreiben, laufen. Der süddeutsche und der elsässische Verein sind daher — auf das Verhältnis zwischen Garnerzeuger und Garnverbraucher hingesehen — als paritätische Organisationen anzusprechen. Ein großer Teil der in ihnen zusammengefaßten Unternehmungen steht, weil sie nicht nur Spinnerei, sondern gleichzeitig Weberei betreiben, mit den Nur-Webern des betreffenden Bezirks in den zahlreichen Fragen, welche den Absatz der Webereierzeugnisse und die Wahrnehmung der Interessen des Tücherverkäufers gegenüber dem Tücherkäufer betreffen, in einer natürlichen, überdies durch den gemeinschaftlichen Verband repräsentierten Interessengemeinschaft.

Alle diese Verhältnisse sind nicht ohne Einfluß auf die Regelung der Bedingungen für den Absatz und den Handel mit Baumwollgarnen geblieben. Die Unterschiede in der Fabrikationsweise, das Bestehen von vier besonderen Verbänden und die enge Verbindung, die in Süddeutschland und Elsaß zwischen den Garnerzeugern und Garnverbrauchern obwaltet, haben dazu geführt, daß in den vier Spinnereigebieten Deutschlands sich bis heute einheitliche Konditionen für den Handel mit rohen Baumwollgarnen nicht herausgebildet hatten, daß vielmehr in den einzelnen Gebieten abweichende Funktationen in Anwendung waren. Einer nahezu ausnahmslosen Anwendung und Anerkennung seitens der süddeutschen Industrie erfreuen sich die Bedingungen, welche der Verein Süddeutscher Baumwoll-Industrieller schon vor langen Jahren aufgestellt und im Jahre 1906 nach einer zeitgemäßen Revision gemeinschaftlich mit einheitlichen Konditionen für den Handel mit rohen Baumwollgeweben herausgegeben hatte. Beide Gruppen der „süddeutschen Bedingungen", welche als Anlage I und II hier mit abgedruckt sind, beschränken sich auf die Regelung der kommerziellen Seite des Garn- bzw. Tüchergeschäftes, während sie von einer Ordnung der einschlägigen technischen und Qualitäts-Fragen absehen. Sie enthalten die obligatorische Verweisung aller aus den Kontrakten entstehenden Streitigkeiten an ein Schiedsgericht, für welches eine besondere Ordnung erlassen und im Reichsanzeiger vom 7. Oktober 1909 bekanntgegeben wurde (vgl. Anlage III).

Die Wünsche der süddeutschen Baumwoll-Industriellen sind nun stets dahin gegangen, hinsichtlich der Lieferungs- und Zahlungsbedingungen des Garngeschäftes eine Einheitlichkeit über ganz Deutschland herzustellen. Parallel mit diesem Bestreben zeigte sich seit längerer Zeit bei den Garnverbrauchern, besonders in Sachsen und in den Rheinlanden der lebhafte Wunsch, zu einer einheitlichen Ordnung der technischen Grundlagen des Garngeschäftes, also zu Normen für die zulässige Gewichts- und Nummernabweichung, für den zulässigen Feuchtigkeitsgehalt usw. und für die Geltendmachung der Ansprüche aus Verstößen gegen diese Regeln, zu gelangen.

Im Jahre 1909 gab der Plan, bei der höheren preußischen Fachschule für Textil-Industrie in M.-Gladbach eine Konditionieranstalt einzurichten, der dortigen Handelskammer, die mit Recht der Meinung war, daß der Errichtung einer solchen Anstalt die Feststellung einheitlicher Grundlageu für den Baumwollgarnhandel vorauszugehen habe, Anlaß, solche Grundlagen auszuarbeiten. Ein im Sommer 1909 bekannt gewordener Entwurf wurde in der Sitzung der Handelskammer M.-Gladbach vom 2. Juni 1910 zum Beschluß erhoben und publiziert.

Durch einen Fall aus der Praxis sah sich ferner die Handelskammer Sorau Ende Dezember 1909 zu einer Umfrage bei den maßgebenden Verbänden und Handelskammern veranlaßt, ob im Verkehr mit rohen Baumwollgarnen anerkannte Handelsgebräuche über Nummernabweichung bestehen. Diese Umfrage ergab, daß dies nicht der Fall ist, daß aber bei den Garnverbrauchern der Wunsch bestand, die Frage einheitlich geregelt zu sehen. Die Handelskammer Sorau arbeitete dann selbst einen Vorschlag für eine solche Regelung aus. Dieser löste jedoch erhebliche Meinungsverschiedenheiten aus, so daß die Kammer eine Konferenz betreffend Handelsgebräuche im Verkehr mit rohen Baumwollgarnen auf den 7. Dezember 1910 nach Berlin einberief.

Im Interesse der historischen Wahrheit sei bei dieser Gelegenheit konstatiert, daß der Centralverband Deutscher Industrieller bereits durch ein an die Spinnerverbände gerichtetes Schreiben des Herrn H. A. Bueck vom 7. März 1910 die Anregung gegeben hatte, es möchten die interessierten Verbände zu einer gemeinsamen Aussprache über die Feststellung allgemeiner Bedingungen für den Handel mit rohen Baumwollgarnen im Centralverband zusammentreten, daß aber damals die Spinnerverbände dieser Anregung eine Folge nicht zu geben vermocht hatten.

Auch an der Konferenz vom 7. Dezember 1910 nahmen sie nicht teil, nachdem eine tags zuvor abgehaltene Vorbesprechung ergeben hatte, daß unter den Spinnerverbänden die Auffassungen über die Art und den Inhalt einer Regelung der für den Garnhandel maßgebenden Bedingungen ganz erheblich auseinandergingen.

Es wurde jedoch der Konferenz die schriftliche Erklärung der Spinnerverbände behändigt, daß sie bereit seien, an einer Verständigung mit den Verbrauchern unter dem Gesichtspunkte möglichster Ausgleichung der beiderseitigen Interessen mitzuarbeiten, daß es hierzu jedoch eingehender Vorarbeiten bedürfe, daß insbesondere eine vorherige Verständigung unter den Spinnerverbänden herbeizuführen sei und daß nur auf diesem Wege ein ersprießliches Verhandeln ermöglicht werden könne. Gleichzeitig erklärten sich die Spinnerverbände bereit, einen Entwurf auszuarbeiten und über ihn in gemeinschaftliche Verhandlungen mit den Verbraucherverbänden einzutreten.

Der weitere Gang der Dinge hat nicht nur die Ernstlichkeit der Absichten der Spinnerverbände — entgegen mancher damals von der anderen Seite gefallenen agitatorischen Aeußerung — sondern auch die Zweckmäßigkeit des von ihnen beabsichtigten Vorgehens erwiesen. Die Konferenz vom 7. Dezember 1910 hatte im wesentlichen auch nichts anderes zu tun vermocht, als eine Kommission der Verbraucherverbände zur Ausarbeitung eines Entwurfes der Bedingungen einzusetzen. Der Wert der von Spinnerseite in der Konferenz abgegebenen Erklärung ist übrigens schon bei der Berliner Konferenz von deren Vorsitzenden, Herrn Dr. James Simon, richtig gewürdigt worden. Er äußerte sich nach Bekanntgabe der Spinnererklärung: Er glaube, daß die Baumwoll-Industriellen allen Grund hätten, die Erklärung der Spinner zu begrüßen, denn in derselben sei klar und deutlich zum Ausdruck gebracht, das Möglichste zur Lösung der angeschnittenen Frage beizutragen.

Im Auguste 1911 übermittelte die Handelskammer Sorau dem mit der Führung der Geschäfte der Spinnerverbände betrauten Verein Süddeutscher Baumwoll-Industrieller den Entwurf der Verbraucher, worauf Delegiertenversammlungen der Spinnerverbände am 5. und 6. November in Berlin, am 18. Dezember 1911 in Wiesbaden, am

22. März 1912 in Bremen sich mit der Ausarbeitung eines Gegenentwurfes befaßten, der im Mai 1912 den Verbrauchern behändigt wurde.

Daraufhin traten erstmals am 28. Juni 1912 die Delegierten der Spinner- und Verbraucherverbände in Wiesbaden und ein weiteres Mal am 22. und 23. November 1912 in Berlin zu einer Konferenz zusammen. Vertreten waren von Spinnerseite: der Verband Rheinisch-Westfälischer Baumwollspinner, die Vereinigung Sächsischer Spinnereibesitzer, das Elsaß-Lothringische Industrielle Syndikat und der Verein Süddeutscher Baumwoll-Industrieller; von Verbraucherseite: der Bergische Fabrikantenverband, der Verband Bergischer Eisengarnfabrikanten, beide in Barmen, der Verband Deutscher Baumwollgarnverbaucher in Dresden, der Verband Deutscher Buntwebereien und verwandter Betriebe in Düsseldorf, der Verband Schlesischer Textil-Industrieller in Breslau, der Verband Süddeutscher Baumwollgarnverbraucher in Stuttgart, der Verein Deutscher Seidenwebereien in Düsseldorf und die Zanella-Konvention in Elberfeld. Der gemeinschaftlichen Beratung wurde der Entwurf der Spinnerverbände zugrunde gelegt. Um die Leitung der Verhandlungen als unparteiischer Vorsitzender war in allgemeiner Uebereinstimmung Herr Landrat Rötger, Vorsitzender des Centralverbandes Deutscher Industrieller, ersucht worden. Bei der wirtschaftlichen Wichtigkeit der zur Beratung stehenden Fragen gestalteten sich die Verhandlungen naturgemäß nicht nur sehr ausgedehnt, sondern teilweise auch recht lebhaft.

Wie von den Beteiligten beider Lager einstimmig anerkannt wird, ist es vorzugsweise der umsichtigen, vornehmen und streng sachlichen Leitung der Verhandlungen durch Herrn Landrat Rötger zu danken, daß es gelang, schließlich zum Ziel zu kommen.

Heute steht die Baumwollgarn erzeugende und verbrauchende Industrie vor der erfreulichen Tatsache, daß nicht nur die kommerziellen Bedingungen für den Garnhandel, sondern auch die Feststellung der technischen Grundlagen für das Garngeschäft einheitlich geordnet sind. Damit ist für eine außerordentlich umfangreiche und wichtige Industrie eine einheitliche Grundlage des Geschäftes durch freiwillige Verständigung der an ihm Beteiligten geschaffen worden. Es ist das ein Vorgang, der sowohl nach dem Umfang und der wirtschaftlichen Bedeutung der von ihm erfaßten Industriezweige als auch nach seinem Charakter als einer freundschaftlichen und vertraglichen Regelung zwischen Lieferanten und Abnehmer im deutschen Industrieleben vereinzelt dastehen dürfte.

Sache der beteiligten Verbände wird es nun sein, ihre Mitglieder zur praktischen Anwendung des Kontraktes zu veranlassen. Wenn dieser seinen Zweck erfüllen soll, so muß darauf hingearbeitet werden, daß seine Anwendung eine möglichst ausgedehnte, eine tunlichst ausnahmslose wird. Hierzu wird es ja wohl noch einer gewissen Arbeit bedürfen. Bei dem Einfluß, den die an der Feststellung des Kontraktes beteiligten Verbände auf die einzelnen Garnerzeuger und -Verbraucher besitzen, darf aber erwartet werden, daß die neugeschaffene Form auch Leben und Wirksamkeit erhält.

Der Kontrakt zerfällt in zwei Teile. Teil A regelt die geschäftlichen, Teil B die technischen Bedingungen des einzelnen Garnlieferungsgeschäftes. Schon ein flüchtiger Blick zeigt, daß der erste Teil den bisher in Süddeutschland üblich gewesenen Konditionen nachgebildet ist. Ihnen sind die Bestimmungen über das Ziel von 30 Tagen mit 2 pCt. Kassenskonto, über die obligatorische „Lieferung ab Fabrik", ferner die volle Gegenseitigkeit verbürgende Streik- und Betriebsstörungsklausel, endlich die Schiedsvereinbarung für Streitfälle entlehnt. Aus den am 26. April 1911 ausgearbeiteten Vorschlägen der Verbraucher sind zweckmäßige Vorschriften über die Lieferungs- und Abnahmepflicht übernommen.

Der Teil B — Technische Grundlagen — bot für ein Uebereinkommen die denkbar größten Schwierigkeiten. Die darin behandelten Fragen sind teilweise selbst in dem alten Spinnerlande Lancashire noch nicht endgiltig geregelt. Für verschiedene Bestimmungen sind dagegen die an der Wiener Börse festgelegten Usancen mit Erfolg herangezogen worden. Der Inhalt dieses Teiles stellt selbstverständlich ein Kompromiß sehr weit auseinandergehender, schwer vereinbarer Interessen dar. Kein Wunder, wenn er alle Vorteile, aber auch alle Nachteile besitzt, die einem Kompromiß eigen zu sein pflegen. Die Nachteile wird man darin erblicken dürfen, daß manche Bestimmungen allzu verklausuliert ausfallen, daß allzuviele Ausnahmen zugelassen und manchmal auf eine großzügige Regelung verzichtet werden mußte, Dagegen ist nicht der Vorteil zu verkennen, daß trotz allem Wider nunmehr eine Basis geschaffen ist, auf welcher sich Garnerzeuger und Garnverbraucher ohne empfindliche Beeinträchtigung ihrer wirklichen und vermeintlichen Interessen zu treffen vermögen. Zudem ist die Hoffnung berechtigt, daß in Zukunft noch manche Veinfachung wird durchgeführt werden können.

Neben der begrifflichen Festlegung der Garnnummerierung enthält Teil B Vorschriften über Gewicht der Bündelgarne (§§ 2 und 3),

Bestimmungen über die außerordentlich strittige Frage der Hülsenvergütung (§ 4), über Warpcops (§ 5), sodann die unzweideutige Festlegung des Feuchtigkeitsgehaltes der Baumwollgarne auf 8½ pCt., Vorschriften über die Bemusterung und Konditionierung von Baumwollgarnen (§§ 7, 8, 9, 10, 13), Festsetzung der zulässigen Nummernabweichung (§§ 11 und 12), Regeln über die Bemängelung der Qualität und über die Fristen für Bemängelungen.

Den beiden materiellen Teilen des Kontraktes schließt sich als Ergänzung des Teils A die Schiedsgerichtsordnung der deutschen Spinner- und Verbraucher-Verbände an, welche der in der Praxis bereits bewährten süddeutschen Schiedsgerichtsordnung nachgebildet ist.

Der ganze Vertrag tritt am 1. April 1913 in Kraft. Als Zentrale der Organisation ist bis auf weiteres die Geschäftsführung des Vereins Süddeutscher Baumwoll-Industrieller bestimmt worden.

Neben ihrem unmittelbaren praktischen Ergebnis haben die langwierigen und schwierigen Verhandlungen über den deutschen Baumwollgarnkontrakt noch einen anderen, ideellen Erfolg gezeitigt. Jede der beiden Interessentengruppen hat aus den Erörterungen den Standpunkt des Gegners würdigen und achten gelernt. Sie sind sich sachlich und persönlich näher gekommen. Man wird hiervon für die Zukunft noch weitere Früchte erhoffen dürfen. Es wäre lebhaft zu begrüßen, sollten sich die beiden Interessentengruppen, die sich auf einem wichtigen Gebiet praktischer Geschäftsabmachungen begegnet sind, auch weiterhin zu freundschaftlichen Auseinandersetzungen zusammenfinden, wenn es gilt, auf anderen Gebieten eine billige Ausgleichung der gegenseitigen Interessen vorzunehmen. Wenn sich bei den bevorstehenden Arbeiten zu Vorbereitung eines neuen Zolltarifs und neuer Handelsverträge Garnerzeuger und Garnverbraucher über das Maß ihrer gegenseitigen Ansprüche einigen könnten, so möchte das beiden Teilen reichen Nutzen bringen und würde wohl auch manche zwecklose, häßliche und oft der eigenen Sache schädliche Auseinandersetzung in der Oeffentlichkeit vermeiden helfen.

Deutscher Baumwollgarnkontrakt.

Vereinbart zwischen den Deutschen Spinner- und den Deutschen Baumwollgarn-Verbraucher-Verbänden am 22. und 23. November 1912.

Bedingungen für den Handel mit rohen Baumwollgarnen.

A. Lieferungs- und Zahlungsbedingungen.

Preis: Die Preise verstehen sich für Copsgarne per Kilogramm, für Bündelgarne und Rohwarps (ungeschlichtet) per engl. Pfund bzw. für Bündelgarne bei metrischer Numerierung per Kilogramm. Für Kreuzspulen ist jeweils Vereinbarung zu treffen.

Ziel und Skonto: Das Ziel sind 30 Tage vom Tage der Faktura an gerechnet mit 2 pCt. Kassaskonto oder mit Genehmigung des Verkäufers 3 Monate netto.

Bei Zahlung vor dem 30. Tage wird außerdem bis zum 30. Tage der jeweilige Reichsbankdiskont, mindestens aber 5 pCt. p. a. gewährt.

Nach dem 30. Tage wird kein Skonto, dagegen bei Gewährung eines 3monatlichen Zieles bei Zahlung vor Ablauf desselben 5 pCt. Zins p. a. gewährt.

Bei Lieferung westdeutscher Spinner nach Rheinland-Westfalen und Hannover darf wahlweise mit vorstehender Bestimmung als Ziel und Skonto auch 1½ pCt. bei Barzahlung innerhalb 10 Tagen nach Lieferung oder 90 Tage Ziel vereinbart werden.

Zahlung: Die Zahlung hat zu erfolgen in barem Gelde, Schecks, Bank-, Giro- oder Postscheckübenweisungen. Coupons und Wechsel auf Nebenplätze werden nicht in Zahlung genommen. Bankfähige Wechsel, nicht aber eigene Akzepte, können unter Vergütung des jeweiligen Reichsbankdiskontos, fremde Devisen zum Berliner Tageskurs gutgeschrieben werden.

Werden mehrere Lieferungen gleichzeitig berechnet, so ist deren Durchschnittsvaluta maßgebend.

Packung: Ballenpackung ist frei, Säcke- und Kistenpackung unterliegt besonderer Vereinbarung.

Erfüllungsort: Der Erfüllungsort für Lieferung ist die Verladestation, für Zahlung der Sitz der Firma des Verkäufers.

Versand: Den Versand besorgt der Verkäufer ab Verladestation auf Rechnung und Gefahr des Käufers. Frankolieferung ist nur gestattet bei Versendung mit Achse ab Spinnerei.

Lieferungs- und Abnahmepflicht: Ist eine Lieferungsfrist bei Abschluß eines Geschäftes nicht bedungen worden, so gilt die Ware als prompt lieferbar, d. h. die Erfüllung kann innerhalb einer angemessenen, zur Herstellung des Garnes erforderlichen Lieferfrist verlangt sowie jederzeit geleistet werden.

Ist Lieferung in Teilmengen innerhalb einer bestimmten Frist bedungen, so hat die Lieferung und Abnahme in annähernd gleichen Monatsmengen zu erfolgen. Wurde Lieferung in Teilmengen ohne Angabe des Endtermins vereinbart, so hat die Lieferung und Abnahme innerhalb 6 Monaten vom Tage des Abschlusses gerechnet, in annähernd gleichen Monatsmengen zu erfolgen. Das Gleiche gilt bei Kauf auf Abruf.

Ist ein Abschluß mit offener Liste getätigt, so ist dieser Schluß in annähernd gleichen Mengen, Nummern und Aufmachungen wie der unmittelbar vorausgegangene zu liefern, bzw. abzunehmen, falls nicht bei Abschluß des neuen Auftrags entsprechende Vorbehalte gemacht werden.

Die Lieferungsverpflichtung des Verkäufers gilt für erfüllt, wenn er das Garn spätestens am letzten Tage der Lieferfrist ab Spinnerei bzw. ab Lager zur Verfügung des Käufers stellt.

Im Falle zwei oder mehrere Abschlüsse bestehen, ist der Verkäufer berechtigt, den ältesten zuerst voll auszuliefern.

Ist der Verkäufer seinen Lieferungsverpflichtungen oder der Käufer seiner Abnahmepflicht nicht nachgekommen, so ist zunächst eine Nachfrist von 3 Wochen zu gewähren. Nach fruchtlosem Ablauf derselben gelten hinsichtlich der Rechtsfolgen die Bestimmungen des bürgerlichen und des Handelsrechtes.

Spinneinteilung: Bei Kontrakten mit offener Nummern- und Sortenaufgabe ist der Käufer verpflichtet, 6 Wochen vor Beginn des Liefermonats die Spinn-Einteilung zu geben. Bei späterer Aufgabe übernimmt der Verkäufer keine Verbindlichkeit bezüglich der Lieferzeit.

Bleibt der Käufer auf zweimalige Aufforderung mit der Spinn-Einteilung über die vorgeschriebene Zeit im Rückstand und läßt er auch eine ihm vom Verkäufer gestellte Nachfrist von 3 Wochen unbeachtet, so ist der Verkäufer berechtigt, die betreffende Lieferung nach billigem Ermessen vorzunehmen und zu berechnen.

Streik und Betriebsstörung: Durch höhere Gewalt verursachte Betriebsstörungen sowie Streik und Aussperrung berechtigen den davon betroffenen Vertragsteil, die Lieferung bzw. die Abnahme desjenigen Quantums, dessen Lieferung oder Abnahme durch die Störung unmöglich gemacht wird, um die Zeit der Störung hinauszuschieben. Bei laufenden Verträgen wird die Zeit für die Lieferung oder Abnahme jeder einzelnen folgenden Rate entsprechend verschoben.

Dauert die Verzögerung in der Lieferung oder Abnahme länger als 3 Wochen, so hat der von der Störung nicht betroffene Vertragsteil das Recht, innerhalb dreier Geschäftstage nach dieser Frist hinsichtlich der Lieferung bzw. Abnahme des durch die Störung ausgefallenen Quantums vom Vertrage zurückzutreten. Er ist jedoch verpflichtet, für das ausfallende Quantum dem anderen Vertragsteile eine zu dessen Ungunsten am ersten Werktag nach Eingang der Regulierungserklärung bestehende Differenz zwischen dem Abschlußpreis und dem Marktpreis des Fabrikats zu vergüten.

Schadenersatzansprüche wegen Nichterfüllung oder nicht rechtzeitiger Erfüllung finden hierbei nicht statt.

Erklärungen der Parteien auf Grund dieser Streikklausel haben eingeschrieben zu erfolgen.

Streitigkeiten: Alle aus diesem Vertrage etwa entstehenden Streitigkeiten sind mit Ausschluß der ordentlichen Gerichte durch ein Schiedsgericht zu entscheiden, für welches die im Reichsanzeiger Nr............ vom 7. Oktober 1909 veröffentlichte, einen Bestandteil des Kontrakts bildende Schiedsgerichtsordnung der deutschen Spinner- und Verbraucherverbände maßgebend ist.

B. Technische Grundlagen.

Auf Zweizylinder- und Imitatgarne, ebenso auf im Vorgespinnst gebleichte Garne unter Nr. 14 englisch, sowie auf nach dem Spinnen gebleichte und gefärbte, endlich auf gasierte und mercerisierte Garne finden die nachstehenden Bestimmungen keine Anwendung.

§ 1.
Allgemeine Bestimmungen.

Für rohe und in der Flocke gebleichte, einfache Baumwollgarne sowie für zweifache Zwirne mittlerer Drehung ist die englische bzw. metrische Numerierung maßgebend. Die Anzahl Stränge von 840 Yards, welche bei normalem Feuchtigkeitsgehalt (§ 6) auf ein Pfund engl., bzw. von 1000 Metern, die auf $^{1}/_{2}$ kg gehen, geben die Nummer des Garnes an.

Unter 2fachen Zwirnen mittlerer Drehung sollen auch verstanden werden die sog. sewings mit 18—21 Drehungen für Nr. 20 Water auf den englischen Zoll.

§ 2.
Bündelgarne.

Das gepreßte Bündel von 10 Pfund engl. rohen Baumwollgarnes darf bei normalem Feuchtigkeitsgehalt, (§ 6) ohne Schnüre, Deckel und Papier nicht weniger als $9^{7}/_{8}$ Pfund engl. (4,480 Kilogramm) oder bei metrischer Numerierung 4,938 kg netto an Garn wiegen. Abweichungen im Gewicht der einzelnen Bündel untereinander bis zu 3 pCt. nach unten und nach oben sind gestattet, doch muß die ganze Sendung zusammengewogen volles Gewicht haben.

§ 3.
Gewicht.

Wenn Bündelgarne das in § 2 vorgesehene Gewicht nicht erreichen und das Mindergewicht nicht mehr als 3 pCt. beträgt, so ist der Käufer verpflichtet, die Garne gegen Vergütung des Mindergewichtes zu übernehmen. Uebersteigt jedoch das Mindergewicht 3 pCt., so kann der Käufer, wenn der Verkäufer sich nicht innerhalb drei Tagen nach empfangener Aufforderung bereit erklärt, bei Garnen bis Nr. 50 engl. und Mengen bis zu 1000 Pfund engl. innerhalb zwei Wochen, bei größeren Mengen innerhalb spätestens vier Wochen im Sinne dieses Paragraphen vollwichtiges Garn zu liefern, nach seiner Wahl auf Vergütung des Abganges bestehen oder die Garne gegen Ersatz aller Spesen zurückgeben. Bei Garnen über Nr. 50 engl. wird die $1^{1}/_{2}$ fache, bei Garnen über Nr. 100 die doppelte Zeit gewährt. Die Ersatzleistung ist nur einmal zuläßig.

§ 4.
Garne auf Cops und Kreuzspulen.

Bei Hülsengarnen gelten die nachstehenden Bestimmungen über Hülsentara:

Das Gewicht der Papierhülsen darf bei Warpcops und Mulecops auf kurzen Hülsen $1^{1}/_{2}$ pCt., bei Pincops von normaler Größe und darüber, ferner bei Trosselcops auf leichten Hülsen und bei Kreuzspulen 2½ pCt. des berechneten Copsgewichtes (Gewicht von Garn und Hülse) nicht übersteigen.

Als Pincopse von normaler Größe gelten Copse, bei denen die Hülsenlänge 140 mm, der Durchmesser des Copses 24 mm (Mindestgewicht 16 Gramm) beträgt.

Ueberschreitet das Hülsengewicht die in Abs. 1 festgesetzten Grenzen, so ist die Differenz zwischen dem erlaubten und dem tatsächlichen Hülsengewicht zum vollen Garnpreis zu vergüten.

Für Warpcops und Mulecops auf durchgehenden Hülsen, ferner für Pincops auf durchgehenden Hülsen von Nr. 10 abwärts, für Garne auf Hülsen besonderer Art einschließlich der durchlochten und für Garne außergewöhnlicher Ausmachungen haben die vorstehenden Bestimmungen keine Geltung.

Trosselgarne und Zwirne auf schweren Hülsen werden brutto für netto, die Hülsen also zum Garnpreis berechnet. Wenn ¾ der Hülsen einer Garnsendung spätestens binnen 3, der Rest spätestens binnen 6 Monaten nach Empfang in brauchbarem Zustande franko zurückkommt, werden die Hülsen dem Käufer zum Garnpreise netto ohne Zinsvergütung mit der Maßgabe gutgeschrieben, daß für die zurückgelieferten Hülsen 4 Wochen Vordatierung, jedoch nicht über das Datum der Faktura hinaus gewährt wird. Nach Ablauf dieser Frist ist der Verkäufer zur Rücknahme der Hülsen nicht mehr verpflichtet.

Sämtliche Bestimmungen über Hülsentara gelten nur, wenn nicht besondere Vereinbarungen bestehen oder getroffen werden.

§ 5.

Rohwarps (ungeschlichtet).

Rohwarps, einfach und gezwirnt, werden nach dem Kalkulationsgewicht verkauft und berechnet, doch muß der Verkäufer dem Käufer ein etwaiges Mindergewicht, soweit es 2½ pCt. übersteigt, vergüten.

§ 6.

Feuchtigkeitsgehalt.

Als handelsüblicher Feuchtigkeitsgehalt bei den in § 1 genannten Baumwollgarnen und -Zwirnen gilt bis auf weiteres der Satz von 8½ pCt. als Durchschnitt einer Serie. Das rechtmäßige Handelsgewicht ergibt sich also, indem auf das bei 105—110° C. ausgetrocknete Gewicht 8½ pCt. zugeschlagen werden.

Auf Vereinbarung naßgezwirnte Garne fallen nicht unter diese Bestimmung.

Für die Ermittlung des Feuchtigkeitsgehaltes sind die öffentlichen, unter staatlicher Aufsicht stehenden Konditionieranstalten maßgebend.

Als unter staatlicher Aufsicht stehend werden auch die der Aufsicht einer Handelskammer unterstehenden Konditionieranstalten angesehen.

§ 7.*)

Bemusterung.

Im Falle der Beanstandung einer Sendung haben Käufer und Verkäufer oder deren Vertreter zunächst gemeinschaftlich das Bruttogewicht und sodann die Tara derjenigen vorher nicht geöffneten Packungen (Ballen, Kisten, Säcke) festzustellen, aus denen die Muster entnommen werden sollen. Bereits in Angriff genommene Packungen können nicht mehr Gegenstand einer Bemusterung sein, soferne sie nicht etwa den ganzen Gegenstand einer

*) Siehe Anmerkung auf Seite 175.

Sendung ausmachen. Sodann sind ebenfalls gemeinschaftlich vom Käufer und Verkäufer bzw. deren Vertretern — soferne sich die Parteien nicht vorher über ein anderes Quantum verständigt haben — aus 20 Bündeln von möglichst normalem Gewicht je eine Docke, aus jeder Kiste aus verschiedenen Lagen derselben je 2—5 Stück Cops oder Spulen als Muster zu ziehen. Die Mustercops oder Spulen müssen zusammen mindestens 500 Gramm wiegen.

Die Musterentnahme hat innerhalb 3 Werktagen, vom Tage der Beanstandung an gerechnet, zu erfolgen.

Im Falle der Verkäufer bezüglich der Musterentnahme das Nötige nicht veranlaßt, ist der Käufer berechtigt, innerhalb der nächstfolgenden drei Werktage im Sinne dieser Bestimmungen die Muster unter Zuziehung eines Unbeteiligten zu ziehen oder durch einen Beamten einer etwa im Kaufvertrag bezeichneten Konditionieranstalt ziehen zu lassen. Die dadurch etwa entstehenden Kosten gehen zu Lasten des Verkäufers.

Macht der Käufer bei einer Sendung ein Fehlgewicht geltend, so hat der Verkäufer das Recht, die Konditionierung zu verlangen.

§ 8.*)

Konditionierung.

Für die Feststellung des Feuchtigkeitsgehaltes und die Nummerbestimmung, welche sowohl vom Käufer als auch vom Verkäufer veranlaßt werden können, gelten folgende Vorschriften:

Jede Qualität und Garnnummer hat eine Serie zu bilden.

1. Für die Bemusterung zum Zwecke der Konditionierung und Nummerbestimmung gelten, wenn nicht die ganze Serie angefahren wird, folgende Bestimmungen:

Die Bemusterung und die Feststellung des Bruttogewichts und der Tara hat gemäß § 7 zu erfolgen.

Bei im verpackten Zustande versandten Garnen werden bei Serien bis zu 5 Kisten (Fässer) 3 Kisten, bei größeren Serien von je 5 Kisten 2 Kisten bemustert, wobei von dem durch 5 nicht teilbaren Reste der Kistenzahl ebenfalls eine Kiste zu bemustern ist. Die Muster im Gewicht von ungefähr 1000 Gramm für jede zur Bemusterung herangezogene Kiste sind verschiedenen Lagen zu entnehmen.

Bei verpackt oder unverpackt gelieferten Bündeln sind von höchstens 40 Bündeln à 10 Pfund engl. bzw. bei metrischer Numerierung à 5 kg aus 40 verschiedenen Bündeln je nach der Garnnummer je 1—3 Stränge für die Bemusterung zu entnehmen.

In allen Fällen sind die Muster in luftdicht schließenden Blechbehältern der Konditionieranstalt einzusenden.

An jedem Muster ist ersichtlich zu machen:

a) Zeichen und Nummer des Ballens oder der Kiste oder des Fasses.

---

*) Die endgiltige redaktionelle Fassung des § 8 ist einer besonderen Kommission übertragen worden, welcher technische Sachverständige beigegeben sind. § 8 wurde in den Grundzügen des obigen Wortlauts genehmigt, doch soll statt der Bezeichnung der Mengen durch „Kisten" eine andere Mengeneinheit (300 kg) gewählt werden. Die Kommission ist ermächtigt, auch an den §§ 7 bis mit 11 solche Aenderungen vorzunehmen, welche sich durch die systematische Neufassung des § 8 als nötig erweisen.

b) Höhe des vom Verkäufer berechneten und des von den Parteien oder ihren Vertretern festgestellten Nettogewichtes.

Auf Wunsch des Käufers oder Verkäufers müssen doppelte Muster gezogen und sorgfältig in luftdicht schließenden Behältern verwahrt werden; diese dienen eventuell zu einer zweiten Konditionierung, welche von jeder Partei verlangt werden kann.

Im Falle eine zweite Konditionierung stattfindet, ist das Durchschnittsergebnis beider Konditionierungen maßgebend.

2. Im Uebrigen ist das Verfahren folgendes:

Feststellung der Länge: Soll die Länge einer Partie baumwollener Bündelgarne festgestellt werden, so müssen, falls nicht die ganze Partie angefahren wird, der Konditionieranstalt 10 Bündel übergeben werden, deren Gewicht im richtigen Verhältnis zum Gewicht der ganzen Partie steht. Auf einer Wage, die bei einer Belastung von 100 kg eine Genauigkeit von 10 g hat, werden die Bündel gewogen und durch Entfernen der Tara das Nettogewicht festgestellt. Jedem dieser Bündel werden 4 Stränge entnommen und auf einer bis auf ein Zentigramm genauen Wage sofort gewogen, damit der Feuchtigkeitsgehalt der Bündel und der Stränge ein möglichst gleicher ist. Diese Stränge werden gemessen und nach Feststellung der Länge der Stränge die Länge der ganzen Partie berechnet.

Die gefundene Länge der Stränge, das Gewicht derselben und das Nettogewicht der 10 Bündel wird der Berechnung zu Grunde gelegt.

Garne auf Cops oder Kreuzspulen werden in der Weise behandelt, daß der Partie an den verschiedenen Stellen Proben im Gewicht von etwa 1000 g entnommen werden. Zur Feststellung des Nettogewichts werden die Hülsen der abgehaspelten Cops oder Kreuzspulen genau gewogen und dadurch die Tara berechnet. Im Uebrigen geschieht die Feststellung der Länge wie bei Bündelgarnen.

Spannung des Fadens. Je nach der Nummer des Garnes läuft der Faden über 1—4 Glasstangen. Die Schnelligkeit des Ablaufes muß so bemessen sein, daß 840 Yards in etwa 200 Sekunden ablaufen. Der Haspel muß mechanisch getrieben werden.

Feststellung der Nummer. Zur Feststellung der Nummer müssen der Partie Proben im Gewicht von etwa 1000 g an den verschiedenen Stellen entnommen werden, deren Fadenlänge festgestellt wird. Alsdann werden die Proben bei einer Temperatur von 105—110° C vollständig getrocknet. Dem ermittelten Trockengewicht ist der festgestellte Feuchtigkeitsgehalt, oder falls dersebe mehr als 8½ pCt. ausmacht, der zulässige Feuchtigkeitsgehalt (8½ pCt.) zuzurechnen, wonach dann die Nummerberechnung erfolgt.

Feststellung des Handelsgewichts. Die zur Feststellung des Handelsgewichts übergebenen Bündelgarne, Cops oder Kreuzspulen werden zunächst brutto gewogen, die Tara bestimmt und das Nettogewicht festgestellt. Bei Bündelgarnen wird die Tara von drei Bündeln entfernt, gewogen und danach, sowie nach der Anzahl der Bündel das Gewicht der ganzen inneren Verpackung berechnet. Bei Garnen auf Cops oder Kreuzspulen werden die Proben abgehaspelt, das Gewicht der Hülsen festgestellt und danach das Gewicht der Hülsen der ganzen Partie berechnet. Das Gewicht der so ermittelten inneren Tara ist auf den Bescheinigungen gesondert anzugeben. Bei der Entnahme der Proben ist nicht allein darauf zu achten, daß sie aus allen

Teilen der Partie entnommen werden, sondern auch, daß die aus den verschiedenen Teilen der Partie entnommenen Proben möglichst gleichmäßig in drei Lose verteilt werden. Das Gewicht der Probe muß 1000 g betragen. Die drei Lose werden unmittelbar nach der Auswahl auf einer Wage gewogen, die bei einer Belastung von 750 g bis auf ein Zentigramm genau ist.

Zwei der vorhandenen drei Lose werden in zwei Apparaten bei 105 bis 110° C der Austrocknung unterworfen. Der höchste zulässige Unterschied zwischen den beiden ersten Austrocknungen wird für Garn auf 1/2 pCt. festgesetzt.

Findet sich, daß der Gewichtsverlust der beiden Lose bis auf ein 1/2 pCt. übereinstimmt, so wird die Austrocknung als genügend angesehen. Dem so gefundenen Trockengewicht wird der zulässige Feuchtigkeitsprozentsatz von 8 1/2 pCt. zugerechnet und danach das Handelsgewicht der ganzen Partie bestimmt.

Ist der Unterschied zwischen den Gewichtsverlusten der beiden Lose mehr als 1/2 pCt., aber weniger als 1 pCt., so wird auch das dritte Los getrocknet. Ueberschreitet alsdann der größte Unterschied der drei Austrocknungen nicht 1 pCt., so wird das Mittel derselben der Berechnung des Handelsgewichts zu Grunde gelegt.

Alle Berechnungen werden doppelt, und zwar nach verschiedenen Verfahren ausgeführt. Alle Gewichts- und Meßbestimmungen werden doppelt abgelesen.

Die jedem Ballen, Faß oder jeder Kiste entnommene Probe wird bei 105—110° C zur absoluten Trockenheit gebracht und aus dem Trockengewicht das Handelsgewicht durch Hinzurechnung des zulässigen Feuchtigkeitsgehaltes berechnet.

§ 9.*)

Die Partei, welche die Konditionierung veranlaßt, hat der anderen Partei den Antrag auf Konditionierung anzuzeigen. Die Konditionieranstalt hat von dem Ergebnis der Untersuchung beiden Parteien sofort Kenntnis zu geben. Die andere Partei hat das Recht, telegraphisch eine Nachkontrolle durch dieselbe Anstalt oder auch durch eine andere Konditionieranstalt anzuordnen. Macht sie hievon innerhalb zweier voller Werktage nach Empfang des Konditionierscheines keinen Gebrauch, so gilt die Konditionierung als abgeschlossen.

§ 10.*)

Ueberschreitet bei einer Beanstandung des Feuchtigkeitsgehaltes durch den Käufer im Wege der Konditionierung die bei der Konditionierung gefundene Feuchtigkeit im Durchschnitt der ganzen Serie 8 1/2 pCt., so hat der Verkäufer dem Käufer, bleibt sie unter 8 1/2 pCt., so hat der Käufer dem Verkäufer die Differenz zum Garnpreis zu vergüten.

Ausgenommen von der Einbeziehung in diese Durchschnittsberechnung sind die Ergebnisse jener Ballen oder Kisten bzw. Fässer, deren Inhalt einen höheren Feuchtigkeitsgehalt als 11 pCt. aufweist. Der Käufer ist befugt, solche Ballen bzw. Kisten und Fässer gegen Ersatz der darauf entfallenden Spesen zur Verfügung zu stellen. Dem Verkäufer steht das Recht einer Ersatzlieferung in der in § 3 erwähnten Frist zu. Diese Ersatzleistung ist nur einmal zulässig.

Bei Feuchtigkeit von mehr als 11 pCt. ist die Ware als nicht lieferbar zu betrachten.

---

*) Siehe Anmerkung auf Seite 175.

§ 11.*)

Im Falle der Bemängelung der Nummer ist diese in der Weise zu ermitteln, daß bei Bündelgarnen mindestens 20 Stränge à 840 Yards oder 10 Doppelstränge à 1680 Yards abgemessen und gewogen werden und daraus die Nummer berechnet wird. Bei Cops und Spulen sind von mindestens 20 Cops oder Spulen

bei Garnen unter Nr. 8	10 Stränge	zu 840 Yards
„ „ über Nr. 8 bis einschl. Nr. 11	15 „	
„ „ über Nr. 11	20 „	

abzuhaspeln, abzuwiegen und daraus die Nummer zu berechnen.

Der Durchschnitt der auf diese Weise von der Konditionieranstalt vorgenommenen Numerierung gilt als Nummer für den betreffenden Ballen (Bündel) oder die betreffende Kiste (Faß).

Alle vorhandenen Kolli müssen den Bestimmungen der §§ 7 und 8 entsprechend der Numerierung unterzogen werden, und gilt sodann das Ergebnis als Durchschnitt der Numerierung für die ganze der Musterziehung unterzogene Menge der angefochtenen Garnsendung.

Ausgenommen von der Einbeziehung in diese Durchschnittsberechnung sind jedoch die Ergebnisse jener Ballen oder Kisten bzw. Fässer, deren Inhalt bei Garnen:

bis einschließlich Nr. 5		mehr als	10 pCt.,
über Nr. 5	bis einschließlich Nr. 10	mehr als	8 pCt.,
„ „ 10	„ „ „ 14	„ „	7 „
„ „ 14	„ „ „ 22	„ „	6 „
„ „ 22	„ „ „ 30	„ „	5 „
„ „ 30	. . . .	„ „	$4^1/_2$ pCt.

nach oben oder unten von der zu liefernden Nummer abweicht. Der Käufer ist befugt, diese auszuscheidenden Ballen oder Kisten bzw. Fässer dem Verkäufer gegen Ersatz der darauf entfallenden Spesen zur Verfügung zu stellen. Dem Verkäufer steht das Recht einer Ersatzlieferung in den in § 3 erwähnten Fristen zu. Diese Ersatzleistung ist nur einmal zulässig.

§ 12.

Bei feiner gelieferten Garnen findet eine Vergütung nicht statt.

Die Grenze, innerhalb welcher in bezug auf zu grobe Numerierung eine Vergütung nicht stattfindet, wird mit 3 pCt. bestimmt. Beträgt der Nummernunterschied im Durchschnitt mehr als 3 pCt., so ist das Plus über 2 pCt., nach Maßgabe des Mehrverbrauchs bei Verarbeitung der Garne zu vergüten, doch braucht der Verkäufer eine Vergütung nicht zu leisten, wenn er die bemängelten Mengen innerhalb der im § 3 bedungenen Fristen spesenfrei gegen, im Sinne dieses Paragraphen, richtig numerierende Garne umtauscht.

§ 13.

Die Kosten der Konditionierung hat der unterliegende Teil zu tragen.

§ 14.

Bemängelung der Qualität.

Kommt im Falle der Bemängelung der Qualität des gelieferten Garnes eine gütliche Vereinbarung nicht zustande, so obliegt die Entscheidung dem im Teil A der Bedingungen vereinbarten Schiedsgericht.

---

*) Siehe Anmerkung auf S. 175.

Für Qualitätsunterschiede bei Baumwollgarnen, welche nicht nach Mustern sondern nach den Benennungen bestimmter, vor Abschluß besonders namhaft gemachter Spinner verkauft werden, haftet der Verkäufer dem Käufer nur insofern, als letzterer nachweisen kann, daß das gelieferte Garn wesentlich abweicht von der Qualität, welche die betreffende Spinnerei unter der betreffenden Marke während der letzten zwölf, dem Geschäftsabschluß vorangegangenen Morate geliefert hat.

Wenn Garne nach Mustern verkauft werden, so muß das Kaufmuster, auf Grund dessen eine Bemängelung angebracht werden soll, in einer jede Vernechselung ausschließenden Weise erkennbar gemacht sein und mindestens drei Monate nach der ersten Lieferung aufgehoben werden.

§ 15.

Bemängelungen, welche das Bruttogewicht betreffen, müssen innerhalb 8 Tcgen, solche anderer Art spätestens innerhalb 3 Wochen, Bemängelungen von Aettgarnen innerhalb 6 Wochen nach Empfang der Ware angezeigt werden, es sei denn, daß es sich um heimliche Fehler handelt, für welche, unbeschadet der Verpflichtung zur sofortigen Anzeige bei Entdeckung des Fehlers, eine Ausschlußfrist von 6 Monaten gewährt wird.

Bemängelungen sind, von heimlichen Fehlern abgesehen, nicht zulässig, sowet sich die Garne nicht mehr im gelieferten Zustand befinden, sondern bereis einer Bearbeitung oder Verarbeitung zugeführt worden sind, sofern nicht der Beweis erbracht wird, daß dieselben auf eine bestimmte Sendung zurüegeführt werden können.

Schiedsgerichtsordnung für den Deutschen Baumwollgarn-Kontrakt.

1.

Alle aus Lieferungsgeschäften, die auf der Grundlage des Deutschen Bannwollgarn-Kontraktes abgeschlossen sind, entstehenden Streitigkeiten sind mit Ausschluß der ordentlichen Gerichte durch ein Schiedsgericht zu entscheiden.

2.

Beide Parteien haben zu dem Schiedsgericht je einen im praktischen Geschiftsleben stehenden oder im Ruhestand lebenden Kaufmann oder Industrillen der Baumwollbranche als Schiedsrichter zu ernennen

Die betreibende Partei hat den von ihr bestellten Schiedsrichter der Gegenpartei schriftlich mit der Aufforderung zu bezeichnen, ihr innerhalb dreier Geschiftstage nach dem Tage des Empfangs des Schreibens den von ihr bestellen Schiedsrichter zu benennen. Leistet die Gegenpartei dieser Aufforderung nicht rechtzeitig Folge, so hat der Präsident der Handelskammer des Bzirks, zu welchem die betreffende Firma gehört, oder wenn sie zu keiner Handskammer gehört, die ihrem Sitz am nächsten liegt, den betreffenden Schiedsrichter zu ernennen.

3.

Die von den beiden Parteien aufgestellten Schiedsrichter haben unverzüglich einen Obmann zu erwählen.

Können sie sich über einen solchen nicht einigen, so hat ihn der Präsident der Handelskammer des Bezirks der betreibenden Partei zu ernennen.

4.

Falls ein Schiedsrichter sein Amt niederlegt, so hat er dies beiden Parteien schriftlich anzuzeigen. Die Partei, welche den Schiedsrichter ernannt hatte, hat innerhalb dreier Geschäftstage nach dem Empfang der Anzeige einen andern Schiedsrichter zu ernennen und der Gegenpartei zu bezeichnen.

5.

Das Verfahren vor dem Schiedsgericht ist folgendes:

Jede der Parteien übermittelt dem von ihr ernannten Schiedsrichter unter Schilderung des Sachverhaltes den Vertrag, sowie Abschriften des Schriftwechsels, welcher zwischen den Parteien in der strittigen Angelegenheit geführt wurde, samt ihren Anträgen.

Beide Schiedsrichter übersenden ihre Schriftstücke dem Obmann und bestimmen gemeinsam mit diesem zur eventuellen Vornahme von Besichtigungen oder zu gemeinsamer Beratung einen Tag, welcher innerhalb zwei Wochen vom Tage der Ernennung des Obmannes liegen muß.

Die Schiedsrichter haben ihre Entscheidung mit tunlichster Beschleunigung unparteiisch und nach bestem Wissen und Gewissen zu fällen und dürfen sich nicht als Vertreter einer Partei ansehen. Sie haben ihrer Entscheidung zunächst die vertraglichen Abmachungen der Parteien, sodann die allgemein anerkannten Gebräuche des Handels und im übrigen das geltende bürgerliche und Handelsrecht zugrunde zu legen.

Der Austausch der vorgenannten Schriftstücke kann unterbleiben, wenn beide Parteien damit einverstandeu sind.

6.

Die Entscheidung im Schiedsgericht erfolgt nach Stimmenmehrheit. Sind drei abweichende Meinungen vertreten, so entscheidet innerhalb der Anträge der Schiedsrichter die Ansicht des Obmannes.

7.

Der Schiedsspruch ist von den Schiedsrichtern schriftlich abzugeben. Derselbe soll enthalten:

1. die genaue Bezeichnung der Parteien nach Namen, Stand, Wohnort und Parteistellung;
2. die Namen der Schiedsrichter;
3. eine gedrängte Darstellung des Tatbestandes unter Hervorhebung der Anträge der Parteien;
4. die Entscheidungsgründe;
5. die von der Darstellung des Tatbestandes und den Entscheidungsgründen äußerlich zu sondernde Entscheidungsformel.

Der Schiedsspruch muß von sämtlichen Schiedsrichtern unter Angabe des Tages der Abfassung unterschrieben werden.

8.

Der Schiedsspruch ist durch den Obmann den Parteien in einer von den Schiedsrichtern unterschriebenen Ausfertigung zuzustellen und unter Beifügung der Beurkundung der Zustellung auf der Gerichtsschreiberei des zuständigen Gerichts niederzulegen.

Als zuständiges Gericht im Sinne der Vorschriften der Zivilprozeßordnung über das Schiedsgerichtsverfahren gilt das Amtsgericht Berlin-Mitte.

9.

Auf Bestellung eines Obmannes kann seitens der Parteien verzichtet werden. Ebenso sind die beiden Schiedsrichter berechtigt, von der Wahl eines Obmannes abzusehen, falls sie über die Entscheidung des Streitfalles einig sind. Die vorstehenden Vorschriften über das Verfahren finden auch in diesen Fällen sinngemäße Anwendung.

10.

Der Schiedsspruch hat unter den Parteien die Wirkungen eines rechtskräftigen gerichtlichen Urteils.

11.

Die Kosten sind von den Schiedsrichtern in der Entscheidungsformel festzusetzen und der Partei aufzuerlegen, gegen welche die Entscheidung ausfällt. Wird ein geltend gemachter Anspruch vom Schiedsgerichte nur teilweise anerkannt, so sind die Kosten auf beide Parteien entsprechend zu verteilen.

12.

Die in der vorstehenden Schiedsgerichtsordnung vorgesehenen Parteierklärungen haben sämtlich mit eingeschriebenem Brief zu erfolgen.

Schlußbestimmung.

Die beteiligten Verbände bzw. ihre Konferenzvertreter verpflichten sich, die Annahme des Deutschen Baumwollgarnkontraktes in der vorliegenden Fassung in ihren Bezirken durchzusetzen.

Der Vertrag tritt am 1. April 1913 in Kraft. Nach Ablauf von 2 Jahren wird auf Antrag eine Revision dieses Kontraktes vorgenommen. Als Zentrale der Organisation gilt bis auf weiteres die Geschäftsführung des Vereins Süddeutscher Baumwoll-Industrieller.

Anlage I.

Bedingungen
des
Vereins Süddeutscher Baumwoll-Industrieller
für den
Handel mit rohen Baumwollgarnen.

Preis: Die Preise verstehen sich per Kilogramm für Copsgarne, per Englisch Pfund für Bündelgarne.

Ziel und Skonto: Das Ziel sind 30 Tage vom Tage der Faktura an gerechnet mit 2 pCt. Kassaskonto oder mit Genehmigung des Verkäufers 3 Monate netto. Bei Zahlungen vor Verfall werden 5 pCt. p. a. Zins vergütet. Bei Zahlung nach dem 30. Tage wird kein Skonto gewährt.

Zahlung: Die Zahlung hat in verlustfreier Anschaffung zu erfolgen. Koupons und Wechsel auf Nebenplätze werden überhaupt nicht in Zahlung genommen.

Sortenaufgabe: Die Sortenaufgabe hat 6 Wochen vor Beginn des Lieferungsmonats zu geschehen. Bei späterer Aufgabe übernimmt der Verkäufer keinerlei Verbindlichkeit bezüglich der Lieferzeit.

Packung: unterliegt besonderen Vereinbarungen.

Hülsenvergütung: Das tatsächliche Hülsengewicht darf das vergütete nicht um mehr als $2^1/_2$ pCt. des berechneten Garngewichts überschreiten.

Erfüllungsort: Der Erfüllungsort für Lieferung ist die Fabrik, für Zahlung der Sitz der Firma des Verkäufers.

Versand: Den Versand besorgt der Verkäufer auf Rechnung und Gefahr des Käufers.

Streik und Betriebsstörung: Durch höhere Gewalt verursachte Betriebsstörungen sowie Streik und Aussperrung berechtigen den davon betroffenen Vortragsteil, die Lieferung bzw. die Abnahme desjenigen Quantums, dessen Lieferung oder Abnahme durch die Störung unmöglich gemacht wird, um die Zeit der Störung hinauszuschieben. Bei laufenden Verträgen wird die Zeit für die Lieferung oder Abnahme jeder einzelnen folgenden Rate entsprechend verschoben.

Dauert die Verzögerung in der Lieferung oder Abnahme länger als 3 Wochen, so hat der von der Störung nicht betroffene Vertragsteil das Recht, innerhalb dreier Geschäftstage nach dieser Frist hinsichtlich der

Lieferung bzw. Abnahme des durch die Störung ausgefallenen Quantums vom Vertrage zurückzutreten. Er ist jedoch verpflichtet, für das ausfallende Quantum dem anderen Vertragsteile eine zu dessen Ungunsten am ersten Werktag nach Eingang der Regulierungserklärung bestehende Differenz zwischen dem Abschlußpreis und dem Marktpreis des Fabrikats zu vergüten.

Schadensersatzansprüche wegen Nichterfüllung oder nicht rechtzeitiger Erfüllung finden nicht statt.

Erklärungen der Parteien auf Grund dieser Streikklausel haben eingeschrieben zu erfolgen.

Streitigkeiten. Alle aus diesem Vertrage etwa entstehenden Streitigkeiten sind mit Ausschluß der ordentlichen Gerichte durch ein Schiedsgericht zu entscheiden, für welches die im Reichsanzeiger Nr. 237 vom 7. Oktober 1909 veröffentlichte Schiedsgerichtsordnung des Vereins Süddeutscher Baumwoll-Industrieller maßgebend ist.

Anlage II.

Bedingungen
des
Vereins Süddeutscher Baumwoll-Industrieller
für den
Handel mit rohen Baumwollgeweben.

Preis und Skonto. Die Preise verstehen sich per Meter. Der Kassa-Skonto ist 2 Prozent.

Ziel. Das Ziel sind 30 Tage vom Tage der Faktura an gerechnet. Zahlt der Käufer vor Verfall oder mit Genehmigung des Verkäufers erst nach Verfall, so werden vom Verfalltage ab 5 pCt. Zinsen verrechnet.

Zahlung. Die Zahlung hat in verlustfreier Anschaffung zu erfolgen. Rimessen auf Nebenplätze werden nur gegen Vergütung der Inkassospesen und ohne alle Verbindlichkeit, fremde Geldsorten und Devisen nur zum hiesigen Geldkurse, Kupons überhaupt nicht in Zahlung genommen.

Sortenaufgabe. Die Sortenaufgabe hat spätestens 6 Wochen vor Beginn des Lieferungsmonats zu geschehen. Bei späterer Aufgabe übernimmt der Verkäufer keinerlei Verbindlichkeit bezüglich der Lieferzeit.

Erfüllungsort. Der Erfüllungsort ist der Wohnort bzw. die Fabrik des Verkäufers.

Lieferung. Die Lieferung wird dadurch erfüllt, daß die Ware am bedungenen Termin (Tag) dem Käufer zur Verfügung gestellt wird.

Versand. Den Versand besorgt der Verkäufer auf Rechnung und Gefahr des Käufers.

Streik- und Betriebsstörung. Durch höhere Gewalt verursachte Betriebsstörungen, sowie Streik und Aussperrung berechtigen den Verkäufer zur verhältnismäßigen Hinausschiebung der Lieferungen. Dauert deren Verzögerung länger als 3 Wochen, so hat der Käufer sich innerhalb dreier Tage nach dieser Frist zu erklären, ob er eine weitere Lieferfrist zugesteht, oder ob er den nicht rechtzeitig gelieferten Teil des Kontraktes annulliert. Schadensersatzansprüche wegen Nichterfüllung oder nicht rechtzeitiger Erfüllung finden nicht statt.

Vom Eintritt solcher Umstände, die den Verkäufer zur Hinausschiebung der Lieferungen berechtigen, ist dem Käufer umgehend Mitteilung zu machen.

Streitigkeiten. Alle aus diesem Vertrage etwa entstehenden Streitigkeiten sind mit Ausschluß der ordentlichen Gerichte durch ein Schiedsgericht zu entscheiden, für welches die im Reichsanzeiger Nr. 237 vom 7. Oktober 1909 veröffentlichte Schiedsgerichtsordnung des Vereins Süddeutscher Baumwoll-Industrieller maßgebend ist.

Schlußschein.

(Firma) ....

verkauft durch ....

an ....

....

zum Preise von ....

und zu den umstehenden Bedingungen des Vereins Süddeutscher Baumwoll-Industrieller.

Lieferung: ....

....

Versandvorschriften sind noch zu geben.

....

Stücklänge: Die Länge der Stücke ist .... Meter

" " " Doppelstücke .... "

" " " Weben .... "

" " " Doppelweben .... "

(Datum) .... den 19

Anlage III.

Schiedsgerichtsordnung
des
Vereins Süddeutscher Baumwoll-Industrieller.

Veröffentlicht im Reichsanzeiger Nr. 237 vom 7. Oktober 1909.

1.

Alle aus Lieferungskontrakten, die zu den Bedingungen des Vereins Süddeutscher Baumwoll-Industrieller abgeschlossen sind, entstehenden Streitigkeiten sind mit Ausschluß der ordentlichen Gerichte durch ein Schiedsgericht zu entscheiden.

2.

Beide Parteien haben zu dem Schiedsgericht je einen im praktischen Geschäftsleben stehenden Kaufmann oder Industriellen der Baumwollbranche als Schiedsrichter zu ernennen.

Die betreibende Partei hat den von ihr bestellten Schiedsrichter der Gegenpartei schriftlich mit der Aufforderung zu bezeichnen, ihr innerhalb dreier Geschäftstage nach dem Tage des Empfangs des Schreibens den von ihr bestellten Schiedsrichter zu benennen.

3.

Die von den beiden Parteien aufgestellten Schiedsrichter haben unverzüglich einen Obmann zu erwählen.

Können sie sich über einen solchen nicht einigen, so hat ihn der Präsident der Handelskammer des Bezirks der betreibenden Partei zu ernennen.

4.

Falls ein Schiedsrichter sein Amt niederlegt, so hat er dies beiden Parteien schriftlich anzuzeigen. Die Partei, welche den Schiedsrichter ernannt hatte, hat innerhalb dreier Geschäftstage nach dem Empfang der Anzeige einen andern Schiedsrichter zu ernennen und der Gegenpartei zu bezeichnen.

5.

Das Verfahren vor dem Schiedsgericht ist folgendes:

Jede der Parteien übermittelt dem von ihr ernannten Schiedsrichter unter Schilderung des Sachverhaltes den Vertrag, sowie Abschriften des Schriftwechsels, welcher zwischen den Parteien in der strittigen Angelegenheit geführt wurde, samt ihren Anträgen.

Beide Schiedsrichter übersenden ihre Schriftstücke dem Obmann und bestimmen gemeinsam mit dem Obmann zur eventuellen Vornahme von Besichtigungen oder zu gemeinsamer Beratung einen Tag, welcher innerhalb zwei Wochen vom Tage der Ernennung des Obmannes liegen muß.

Die Schiedsrichter haben ihre Entscheidung mit tunlichster Beschleunigung unparteiisch und nach bestem Wissen und Gewissen zu fällen und dürfen sich nicht als Vertreter einer Partei ansehen.

6.

Die Entscheidung im Schiedsgericht erfolgt nach Stimmenmehrheit. Sind drei abweichende Meinungen vertreten, so entscheidet innerhalb der Anträge der Schiedsrichter die Ansicht des Obmannes.

7.

Der Schiedsspruch ist von den Schiedsrichtern schriftlich abzugeben. Derselbe soll enthalten:

1. die genaue Bezeichnung der Parteien nach Namen, Stand, Wohnort und Parteistellung;
2. die Namen der Schiedsrichter;
3. eine gedrängte Darstellung des Tatbestandes unter Hervorhebung der Anträge der Parteien;
4. die Entscheidungsgründe;
5. die von der Darstellung des Tatbestandes und den Entscheidungsgründen äußerlich zu sondernde Entscheidungsformel.

Der Schiedsspruch muß von sämtlichen Schiedsrichtern unter Angabe des Tages der Abfassung unterschrieben werden.

8.

Der Schiedsspruch ist durch den Obmann den Parteien in einer von den Schiedsrichtern unterschriebenen Ausfertigung zuzustellen und unter Beifügung der Beurkundung der Zustellung auf der Gerichtsschreiberei des zuständigen Gerichts niederzulegen.

Als zuständiges Gericht im Sinne der Vorschriften der Zivilprozeßordnung über das Schiedsverfahren gilt das Amtsgericht Augsburg.

9.

Auf Bestellung eines Obmannes kann seitens der Parteien verzichtet werden. Ebenso sind die beiden Schiedsrichter berechtigt, von der Wahl eines Obmannes abzusehen, falls sie über die Entscheidung des Streitfalles einig sind. Die vorstehenden Vorschriften über das Verfahren finden auch in diesen Fällen sinngemäße Anwendung.

10.

Der Schiedsspruch hat unter den Parteien die Wirkungen eines rechtskräftigen gerichtlichen Urteils.

11.

Die Kosten sind von den Schiedsrichtern in der Entscheidungsformel festzusetzen und der Partei aufzuerlegen, gegen welche die Entscheidung ausfällt. Wird ein geltend gemachter Anspruch vom Schiedsgerichte nur teilweise anerkannt, so sind die Kosten auf beide Parteien entsprechend zu verteilen.

12.

Den Schiedsrichtern sind die wirklichen Auslagen einschließlich der Reisekosten zu ersetzen. Außerdem fällt für jeden Schiedsspruch eine Gebühr von 20 M. an, welche in die Kasse des Vereins Süddeutscher Baumwoll-Industrieller abzuführen ist.

13.

Die in der vorstehenden Schiedsgerichtsordnung vorgesehenen Parteierklärungen haben sämtlich mit eingeschriebenem Brief zu erfolgen.

Eingaben.

1.

Zur Ausführung der revidierten Pariser Uebereinkunft vom 2. Juni 1911.

I.

An den Herrn **Reichskanzler.**

Berlin, 13. September 1912.

Eurer Exzellenz beehrt sich das unterzeichnete Direktorium des Centralverbandes Deutscher Industrieller unter Bezugnahme auf den Erlaß vom 12. Juli d. J. die nachstehenden Mitteilungen sehr ergebenst zu unterbreiten.

Eine den Kreisen unseres Verbandes vorgelegte Rundfrage wurde zum größten Teil dahin beantwortet, daß gegen den „Entwurf eines Gesetzes zur Ausführung der revidierten Pariser Uebereinkunft vom 2. Juni 1911 zum Schutze des gewerblichen Eigentums" Einwendungen nicht zu erheben seien.

Der Geschäftsführung sind indessen auch Wünsche und Anregungen hinsichtlich der Modifikation einiger Vorschriften zugegangen. Diese betreffen in der Hauptsache folgende Punkte:

1. Zu Artikel II des Entwurfes

wird darauf hingewiesen, daß es oft mit Schwierigkeiten verbunden sein wird, die Prioritätsbelege gleichzeitig mit Abgabe der Prioritätserklärung beizubringen, namentlich, wenn der Anmeldende seinen Wohnsitz in einem Staate hat, der das Institut der Vorprüfung nicht kennt. Auch im Hinblick auf inländische Verhältnisse wird behauptet, die durch den Unionsvertrag gewährleistete zwölfmonatige Prioritätsfrist könne nicht ausgenutzt werden, wenn der Anmeldende die Prioritätsbelege sofort vorzulegen hätte, da die betreffenden Urkunden häufig erst nach Ablauf mehrerer Wochen vom Patentamt ausgeliefert würden. Um nun eine entsprechende Kürzung der Prioritätsfrist zu vermeiden, solle für die Einreichung der Prioritätsbelege eine kurze Nachfrist von etwa 1—3 Monaten gewährt werden. Eine dahingehende Bestimmung würde einerseits dem Anmeldenden eine wünschenswerte Erleichterung bringen, andererseits aber auf das Verfahren der Neuheitsprüfung keinerlei nachteilige Einwirkungen ausüben, da im Geschäftsgange des Patentamtes eine Anmeldung erfahrungsgemäß erst nach längerer Zeit in die Hände des Vorprüfers gelangt.

Aus gleichen Erwägungen wird auch angeregt, lediglich für die Abgabe der Erklärung, daß die Priorität beansprucht wird, eine Frist festzulegen, nicht aber für die Beibringung der Prioritätsbelege. Die Einreichung dieser Urkunden solle erst dann gefordert werden dürfen, wenn sich die Vorlage derselben für den Prioritätsbeweis als notwendig herausstellt. Dies entspreche der bisherigen Uebung des Patentamtes, die sich in der Praxis als durchaus zweckmäßig erwiesen habe. Daher genüge die fakultative Vorlage der Prioritätsbelege. Diese Bestimmung müsse im Gesetz ausdrücklich festgelegt werden.

2. Zu Artikel III, § 24b, Abs. 2

wird nahezu übereinstimmend erklärt, daß die Höhe der Gebühren für die Anmeldung eines Verbandszeichens nicht gerechtfertigt erscheine. Da die Gebühr für Einzelzeichen nur 30 M. betrage, Prüfung und Eintragung von Verbandszeichen jedoch keine erhebliche Mehrarbeit fordere, so wäre die doppelte Einzelzeichengebühr, also 60 M., für ausreichend zu erachten. Der Einwand, Verbandszeichen könnten, da sie für einen größeren Kreis von Einzelbetrieben bestimmt seien, mit Recht höher bewertet werden, treffe nicht zu: das Verbandszeichen sei nicht einem besonderen Zeichen für jedes Mitglied gleich zu erkennen, da die Jahresbeiträge der Verbandsangehörigen häufig sehr gering seien und somit die volle Jahreseinnahme in vielen Fällen allein schon für die Anmeldung des Verbandszeichens aufgehen würde. Andererseits müßten solche Mitglieder, die ihre Spezialartikel kennzeichnen wollen, aus besonderen Geschäftsrücksichten oft noch ein Einzelzeichen benutzen.

Trotzdem das Patentamt im Jahre 1911 einen Ueberschuß von mehr als 5,5 Millionen erzielt habe, seien die Gebühren nicht ermäßigt worden. Wenn es nicht möglich wäre, die geltenden Gebührenvorschriften zu ändern, so sollten wenigstens neuzuschaffende Sätze von vornherein niedriger bemessen werden.

3. Zu Artikel III, § 24d

wird bemerkt, daß die ausnahmslose Unübertragbarkeit des Rechtes aus dem Verbandszeichen eine zu starke Einengung für die in Betracht kommenden gewerblichen Verbände herbeiführen müsse, weil sie häufig gewissen Wandlungen und Neubildungen unterworfen seien. Es wäre daher zweckmäßig und auch unbedenklich, die Uebertragung von Verbandszeichen soweit zuzulassen, als dadurch nicht eine Täuschung ermöglicht wird.

4. Zu Artikel III, § 24g

wird bemerkt, daß es einer ausdrücklichen Erklärung darüber bedürfe, ob die Umschreibung gebührenfrei erfolgen solle oder ob die vollen Gebühren einer Neuanmeldung zu zahlen seien und ob in letzterem Falle die früher entrichtete Gebühr für die Anmeldung des Einzelzeichens in Abzug gebracht werde.

Endlich wird angeregt, im Gesetz möge ausdrücklich bestimmt werden, daß ein nicht als „Verbandszeichen" eingetragenes Zeichen nur von dem betreffenden Verein, nicht aber von jedem Mitglied verwendet werden darf, da die Verbände sonst in der Lage seien, das Einzelzeichen als Verbandszeichen auszunutzen, indem sie ihren Mitgliedern die Verwendung gestatten.

II.

An den Herrn **Reichskanzler.**

Berlin, 24. September 1912.

Eurer Exzellenz

beehrt sich das Direktorium des Centralverbandes Deutscher Industrieller sehr ergebenst mitzuteilen, daß der Geschäftsführung des Centralverbandes nachträglich noch eine Anzahl von Aeußerungen zugegangen ist, deren Inhalt sich folgendermaßen darstellt:

1. Zu Artikel II des Entwurfes

wird bemerkt, es erscheine im Interesse einer übersichtlichen Darstellung der Materie durch den Gesetzestext ratsam, die Vorschriften über die zeitliche Begrenzung der Prioritätserklärung in das Gesetz aufzunehmen, dieselben mithin nicht zum Gegenstand besonderer Verordnungen zu machen. Da gemäß Artikel 4 Abs. d des Unionsvertrages der Prioritätsvermerk in alle Veröffentlichungen der zuständigen Behörde aufzunehmen sei, so werde folgerichtig die Bekanntmachung der Anmeldung als der letzte für die Abgabe der Prioritätserklärung zulässige Zeitpunkt angesehen werden müssen. Deshalb sei eine diesbezügliche Einzelverordnung außerhalb des geplanten Ausführungsgesetzes nicht erforderlich; es möge vielmehr die Bestimmung über die Frist zur Abgabe der Prioritätserklärung bereits im Gesetze selbst festgelegt werden.

2. Zu Artikel III, § 24 b des Entwurfes

wird der Wunsch ausgesprochen, daß gegen einen Mißbrauch der Verbandszeichen noch wirksamere Vorkehrungen getroffen werden mögen. Da die Zeichensatzungen den Gebrauch des Verbandszeichens voraussichtlich häufig an Bedingungen knüpfen werden, die das Zeichen als eine Garantie für die Güte oder die Herkunft der Ware erscheinen lassen, so müssen die Verbände auch einem satzungswidrigen, die Kundschaft täuschenden Gebrauch des Zeichens entgegentreten. Deshalb sei es notwendig, zu verordnen, das die Zeichensatzung auch ausreichende Bestimmungen darüber enthält, wie der Verband einem Mißbrauch des Zeichens durch seine Mitglieder entgegenzutreten gedenkt. Falls nach den Verhältnissen des Verbandes nicht zu erwarten sei, daß er einem Mißbrauch wirksam werde steuern können, so solle das Patentamt die Eintragung verweigern dürfen.

2.

Verkehr durch den Panamakanal.

Eingabe an den Herrn **Reichskanzler.**

Berlin, 14. Oktober 1912.

Der Schiffsverkehr durch den Panamakanal soll Aeußerungen der zuständigen Bauleitung zufolge bereits vor der für 1915 geplanten offiziellen Eröffnung in bestimmtem Umfange freigegeben werden, und zwar wird mit dieser Freigabe für den Monat August des kommenden Jahres gerechnet. Die Baukosten des Kanals schätzt man gegenwärtig schon auf 2 Milliarden Mark, d. h. ungefähr das Dreifache des ursprünglichen Anschlages, sie werden im Laufe der Zeit wohl noch eine weitere Steigerung erfahren, da die Wasserstraße nach sachkundigem Urteil wahrscheinlich erst in 10 Jahren den Anforderungen des Weltverkehrs vollkommen entsprechen wird. Es ist daher anzunehmen, daß, je teurer sich die Ausgaben für die Anlage stellen werden, desto höher auch die Gebühren für die Benutzung des Kanals werden bemessen werden und eine von den gesetzgebenden Körperschaften der Union kürzlich erlassene Bestimmung, welche die inländische Küstenschiffahrt von den Durchfahrtsabgaben befreit, erfordert umso ernstere Beachtung. Diese Bestimmung sowie der Umstand, daß der Verkehr zwischen den amerikanischen Hafenplätzen kraft Gesetzes der heimischen Flagge vorbehalten ist, lassen jedenfalls eine Benachteiligung europäischer Wirtschaftsinteressen befürchten, die auch für Deutschlands Handel und Industrie schwerwiegende Folgerungen nach sich ziehen muß.

Abgesehen davon, daß die einseitige Begünstigung der amerikanischen Reedereien aller Voraussicht nach ein intensives Anwachsen ihrer Flotte und damit eine Beeinträchtigung der deutschen Schiffahrtsinteressen herbeiführen wird, entstehen auch ernste wirtschaftliche Gefahren für unsere heimische Industrie. So wird der Salpetertransport von der Küste des Stillen Ozeans nach den atlantischen Häfen der Union und nach Europa voraussichtlich fast ausschließlich durch den Panamakanal geleitet werden und sich für die europäischen Importeure im Vergleich zu den Aufwendungen der amerikanischen Unternehmen so unverhältnismäßig teuer gestalten, daß von einem Wettbewerb mit der überseeischen Konkurrenz fortan kaum noch ein nachhaltiger Erfolg zu erwarten ist.

In besonderem Maße aber wird die Stellung der deutschen Montanindustrie auf dem Weltmarkt, vornehmlich die unserer gesamten Eisenindustrie, durch die Begünstigung der amerikanischen Schiffahrt geschädigt werden. Die bisher an der pacifischen Küste Amerikas veranstalteten Forschungen nach Erzvorkommen haben trotz ihrer durch äußere Umstände gebotenen Lückenhaftigkeit erwiesen, daß in dem Landstrich zwischen der Insel Vancouver im Norden und Valdivia im Süden Erzlager vorhanden sind, die ein vorzügliches Material für die Gewinnung von Roheisen enthalten. In den Veröffentlichungen des Internationalen Geologischen Kongresses zu Stockholm (The Iron Ore Resources of the World) finden sich hierüber nähere Angaben. Für die hervorragende Qualität dieser westamerikanischen Bodenschätze spricht auch die Tatsache, daß seit längerer Zeit — ungeachtet der hohen Transportkosten — chilenische Eisenerze auf dem Wege um das Kap Horn nach Deutschland eingeführt werden.

Es besteht sonach für unsere heimische Eisenindustrie das lebhafteste Interesse, an der Erschließung dieser Gebiete beteiligt zu werden und in den Mitgenuß der durch die Verkürzung des Transportweges zu erwartenden Verbilligung der Produktion zu treten. Diese wirtschaftlichen Vorteile werden indessen in Zukunft fast ausschließlich der amerikanischen Konkurrenz zugute kommen, falls sie, neben dem Vorzuge, durch Zeit, Kosten und Risiko der Materialbeförderung über den Atlantischen Ozean nicht betroffen zu werden, außerdem noch in den Genuß der eingangs erwähnten Vergünstigung gegenüber dem europäischen Wettbewerb treten wird.

Diese Vergünstigung wird, da die Abgaben für die Durchfahrt durch den Panamakanal auf 5,25 M. (1 1/4 Dollar) für die beladene Registertonne und auf 3,15 M. (= 60 pCt.) für die Tonne Ballastfahrt angesetzt worden sind, nicht weniger als 8,40 M. für die Registertonne betragen. Durch eine solche Verringerung der Gestehungskosten für die amerikanischen Hüttenwerke wird naturgemäß die Wettbewerbsfähigkeit der deutschen Eisenindustrie aufs schwerste getroffen, und es wird diese Wettbewerbsfähigkeit auch noch durch einen weiteren Umstand voraussichtlich stark erschwert werden.

Es ist eine durch das Vorgehen der Suezkanalkommission bewiesene Tatsache, daß die Kanalbehörden für die Berechnung der Kanalabgaben eine von den sonstigen Schiffsvermessungsarten abweichende Spezialmethode zu schaffen pflegen. Die Suezkanalkommission hat in dieser Hinsicht durch Anwendung eines eigenen Vermessungsverfahrens einen Nettoregisterinhalt bestimmt, der um 25 pCt. höher ist, als er sich nach dem von allen Staaten für die Vermessung von Handelsschiffen angenommenen Moorsomschen Nettoregisterverfahren ergeben würde. Es ist zu befürchten, daß die Panamakanalbehörde in gleicher Weise die Sonderstellung ihres Verkehrsweges ausnutzen wird, zumal in dem Panamakanalgesetz die Schiffsvermessungsart nicht festgelegt worden ist. Es würden sich in diesem Falle die Kanalgebühren auf 10 M. bis 10,50 M. für die Registertonne oder auf 4 M. für die Tonne transportierten Erzes stellen und neben der Abgabenfreiheit der amerikanischen Schiffahrt würde es vor allem das Spezialverfahren für die Schiffsvermessung sein, durch welche die Position der deutschen Hüttenwerke empfindlich benachteiligt werden würde. Die amerikanischen Produzenten, welche neben diesen beiden Vorteilen auch noch den Vorzug des billigeren Transports vom Erzlager zum Hochofen genießen würden, wären somit in der Lage, die Tonne Roheisen um etwa 8 M., die Tonne Stahl um etwa 10 M. billiger herzustellen, als unsere einheimischen Unternehmer, und hiermit würde der Wettbewerb der deutschen

Erzeugnisse auf dem Weltmarkt gegenüber den amerikanischen Erzeugnissen zur Unmöglichkeit gemacht.

Schon jetzt hat die Statistik des amerikanischen Außenhandels für das Exportgeschäft ganz besonders günstige Ziffern aufzuweisen: der Ausfuhrüberschuß betrug 253 Millionen im Jahre 1909, stieg 1910 auf 303 Millionen und erreichte im vergangenen Jahre nahezu die Höhe von 560 Millionen. Hierbei hat die industrielle Ausfuhr bereits seit mehreren Jahren die Oberhand über den landwirtschaftlichen Export gewonnen und der Wert der Ausfuhr nach Europa allein betrug im Jahre 1911 1293 Millionen Dollar, während er sich hinsichtlich der Ausfuhr nach den nichteuropäischen Ländern nur auf 800 Millionen Dollar stellte.

Diese starke Aktivität der amerikanischen Handelsbilanz trifft in ihren nachteiligen Wirkungen auf die europäische Wirtschaft in erster Linie das aufstrebende deutsche Erwerbsleben und hier wohl zunächst die deutsche Industrie, die zu gewärtigen hat, daß mit der Eröffnung des Panamakanals insbesondere durch das Verhalten des Gesetzgebers bei der Regelung des Kanalverkehrs die Export- und Konkurrenzkraft der amerikanischen Industrie aufs neue gesteigert werden wird. Wohl hat sich bereits in maßgebenden Kreisen der Vereinigten Staaten die Ansicht geltend gemacht, daß die einseitige Begünstigung des Inlandes zu folgenschweren handelspolitischen Spannungen führen kann und es verlautet, daß der Kongreß bei der Wiederaufnahme seiner Sitzungen im Dezember d. J. das Gesetz einer Durchsicht unterziehen wird. Es ist indessen nicht vorauszusehen, ob eine solche Revision zu befriedigenden Ergebnissen gelangen wird, und es dürfte daher der Anlaß gegeben sein, daß auch von seiten des Deutschen Reichs auf eine Regelung der Verkehrsverhältnisse hingewirkt wird, die den Grundsätzen der allgemeinen Billigkeit in zureichenderem Maße entspricht.

Das unterzeichnete Direktorium des Centralverbandes Deutscher Industrieller richtet demgemäß an Eure Exzellenz die ergebenste Bitte, bei der Bundesregierung der Vereinigten Staaten von Amerika dahin vorstellig zu werden, daß die Abgabenfreiheit für die amerikanische Küstenschiffahrt in dem in Rede stehenden Gesetz wieder beseitigt und hinsichtlich der Schiffsvermessungsart nachträglich eine Bestimmung in das Gesetz eingefügt wird, auf Grund deren das Moorsomsche Nettoregisterverfahren ausnahmslos zur Anwendung gelangt.

3.

Pensionsberechtigung der Handelssachverständigen.

An den Herrn **Staatssekretär des Auswärtigen Amts.**

Berlin, 16. November 1912.

Die wirtschaftliche Lage der zu den deutschen Konsularämtern entsandten Handelssachverständigen gilt seit Jahren als ungünstig, sowohl im Hinblick auf die mangelnde Sicherheit des Anstellungsverhältnisses als auch wegen der in vielen Fällen unzureichenden Dienstentschädigung. Es hat sich daher mit Rücksicht darauf, daß die Tätigkeit der Handelssachverständigen besonders geeignet ist, die heimische Ausfuhr in erheblichem Umfange zu befestigen und zu fördern, in den Kreisen der am Export beteiligten Industrie der Wunsch nach einer Besserung der Verhältnisse immer stärker geltend gemacht.

Aus diesem Anlaß richtete der Centralverband Deutscher Industrieller bereits am 1. März 1909 an den Reichstag die Bitte, einem Beschlusse der Budgetkommission, den zur Besoldung von Handelssachverständigen ausgeworfenen Betrag um 100 000 M. zu kürzen, die Zustimmung zu versagen, und es wurde in den Kreisen der Industrie mit Genugtuung begrüßt, daß bei der zweiten Beratung des Reichshaushaltsetats das Plenum unter Ablehnung des Kommissionsantrages seinerzeit die Regierungsvorlage wieder herstellte.

Gleichzeitig wurde damals durch Annahme einer von dem Abgeordneten von Hertling eingebrachten Resolution der Herr Reichskanzler ersucht, „alsbald die erforderlichen Anordnungen für eine Umgestaltung der Einrichtung der Sachverständigen für Landwirtschaft und Handelsangelegenheiten bei den konsularischen Behörden zu treffen". Auf Grund dieser Resolution unterbreitete das Direktorium des Centralverbandes Deutscher Industrieller dem Herrn Staatssekretär des Auswärtigen Amts in der Eingabe vom 25. Oktober 1909 eine Reihe von Anregungen, welche die bessere Ausgestaltung des Institutes der Handelssachverständigen durch Festlegung der Anstellungsverhältnisse betrafen.

Unter erneutem Hinweis auf diese Darlegungen bittet der Centralverband Deutscher Industrieller Eure Exzellenz, die Frage einer erhöhten wirtschaftlichen Sicherung der konsularischen Sachverständigen in wohlwollende Erwägung zu ziehen.

Nach gegenwärtigem Brauch werden die Sachverständigen vom Reiche für die Dauer einer Reihe von Jahren angestellt. Sie haben während dieser Zeit ihre Arbeitskraft unter Hintansetzung aller persönlichen Geschäftsinteressen der Erforschung der Wirtschaftsverhältnisse ihres Bezirkes sowie dem verantwortlichen Nachrichtendienst in vollem Umfange zu widmen. Nach Ablauf des Anstellungsvertrages scheiden sie aus dem Reichsdienst wieder aus, ohne daß ihr ferneres Fortkommen in irgendeiner Weise von Amts wegen gesichert ist. Die Vergütung für ihre Tätigkeit — in der Regel ein Pauschalbetrag, von dem auch sämtliche dienstlichen Aufwendungen zu bestreiten sind — ermöglicht den Sachverständigen keinerlei Rücklage für die Zeit nach ihrem Ausscheiden und reicht häufig nicht einmal zur Lebensführung während der Anstellungsperiode aus. Seit längerem hat man daher in den Kreisen der Handelssachverständigen eine Gehaltserhöhung angestrebt und hierbei auf die Besoldungsverhältnisse im amtlichen Konsulardienst verwiesen. So sehr nun auch ein Erfolg dieser Bemühungen, im Interesse der Sachverständigen selber wie mit Rücksicht auf die tatkräftige Förderung unserer kommerziellen Interessenvertretung, zu wünschen sein würde, so kann andererseits doch nicht verkannt werden, daß hierin der Verfügungsfreiheit des Auswärtigen Amtes durch den Etat gewisse Beschränkungen auferlegt sind, die der Bereitwilligkeit, Verbesserungen einzuführen, hindernd entgegenstehen mögen.

Für die Hebung der wirtschaftlichen Lage der Konsularsachverständigen würde es indessen schon von besonderer Bedeutung sein, wenn ihnen nach Ablauf einer bestimmten Frist die Berechtigung zum Pensionsbezuge gewährt werden würde. Durch eine solche Maßnahme würden u. E. in weit größerem Umfange als dies zurzeit der Fall ist, für den Sachverständigendienst bei den deutschen Konsulaten geeignete Kräfte gewonnen werden, die sich gegenwärtig von dieser Laufbahn im Hinblick auf die ungünstigen Anstellungsbedingungen zurückhalten müssen.

Da es wohl ohne Zweifel ist, daß das konsularbehördliche Sachverständigenwesen seinem Zwecke desto besser entsprechen wird, je erfahrener und tüchtiger die Persönlichkeiten sind, die sich dieser Betätigung widmen, so glauben wir im allgemeinen Interesse der deutschen Volkswirtschaft zu handeln, wenn wir Eure Exzellenz bitten, geneigtest dahin wirken zu wollen, daß die bei den deutschen Konsularbehörden angestellten Handelssachverständigen in analoger Anwendung der geltenden Bestimmungen über das Ruhegehalt für Reichsbeamte die Anwartschaft auf den Bezug einer Pension erhalten.

4.

Sonntagsruhe im Handelsgewerbe.

An den Herrn **Staatssekretär des Innern.**

Berlin, 18. November 1912.

Der Centralverband Deutscher Industrieller hat bereits im Jahre 1907, als der Beirat für Arbeiterstatistik bei dem Kaiserlichen Statistischen Amt mit Vorschlägen zur Arbeitsregelung in Kontoren und sonstigen kaufmännischen Betrieben ohne offene Verkaufsstellen hervortrat, in einer Eingabe vom 8. November zu der Frage der Sonntagsruhe im Handelsgewerbe Stellung genommen. Es war damals nach eingehenden Erhebungen von seiten der Reichsregierung erklärt worden, daß ein gesetzliches Einschreiten nach den im allgemeinen vorliegenden Verhältnissen nicht geboten sei, wenn auch in einzelnen Betrieben die Arbeitskraft der Angestellten über Gebühr stark in Anspruch genommen werde. Da es hiernach berechtigten Zweifeln unterliegen mußte, ob wegen dieser doch immerhin nur geringen Ausnahmefälle für den Erlaß eines neuen Gesetzes ein genügender Grund vorlag, sprachen wir uns in der erwähnten Eingabe grundsätzlich gegen eine Aenderung der bestehenden gesetzlichen Bestimmungen aus, und glaubten nur, als dennoch eine weitere Beschränkung der an Sonn- und Feiertagen zulässigen Arbeitszeit in Kontoren usw. in Aussicht genommen werden sollte, eine gesetzliche Regelung dahin empfehlen zu sollen, daß allgemein eine zweistündige ununterbrochene Arbeitszeit in Kontoren usw. gestattet werde.

Der im Frühjahr d. J. herausgegebene Entwurf eines Gesetzes über die Sonntagsruhe im Handelsgewerbe erklärt nun — abgesehen von Ausnahmen — an Sonn- und Festtagen in den offenen Verkaufsstellen eine Beschäftigung noch bis zu drei Stunden zulässig, will aber eine gesetzliche Sonntagsarbeit in Kontoren und den nicht mit offenen Verkaufsstellen verbundenen Betrieben ganz abschaffen und gibt lediglich den höheren Verwaltungsbehörden sowie auf Grund statutarischer Bestimmungen den Gemeinden oder weiteren Kommunalverbänden die Befugnis, eine Beschäftigung bis zur Dauer von zwei Stunden zuzulassen.

Auf die Regelung der Sonntagsruhe in offenen Verkaufsstellen versagen wir uns weiter einzugehen. Die Industrie ist in dieser Beziehung weniger beteiligt als bei der Kontorarbeit. Auch kann man sich unseres Erachtens mit einer allgemein gesetzlich zulässigen

Sonntagsarbeit von drei Stunden in offenen Verkaufsstellen abfinden, wenn Ausnahmen entsprechend zugelassen und gehandhabt werden.

Wir müssen es indessen nach den mehr als zwei Jahrzehnte hindurch bestehenden rechtlichen und tatsächlichen Verhältnissen als unbillig ansehen, wenn in Zukunft offene Verkaufsstellen und Kontore, für die bisher gleichmäßig vom Gesetz eine fünfstündige Sonntagsarbeit zugelassen war, nach den Vorschlägen des neuen Gesetzentwurfs so sehr verschieden behandelt werden sollen. Es wird durchaus anerkannt, daß, wenn dem sozialen Zuge der Zeit folgend, unsere Gesetzgebung auch nach dieser Richtung hin einzugreifen wiederum einmal Anlaß nimmt, weite Teile der deutschen Industrie von einer gesetzlichen Herabsetzung der in den Kontoren bisher zulässigen Sonntagsarbeit nicht sehr stark werden betroffen werden, da manche industrielle Betriebe, selbst besorgt für das Wohl ihrer Angestellten, die Sonntagsarbeit auf das äußerste bereits eingeschränkt haben. Aber auch aus diesen Kreisen wird darauf hingewiesen, daß ein völliges Verbot der Sonntagsarbeit in den Kontoren, namentlich der mittleren und kleineren Unternehmungen, schwer durchführbar sein wird, und daß selbst für bedeutendere Industriezweige, namentlich im Saisongewerbe, in Gewerben, die wesentlich am Schiffsverkehr interessiert sind, bei der Lebensmittelherstellung usw. für Sonntagsarbeit eine gewisse Notwendigkeit besteht. Wenn daher diese Tatsache in dem neuen Entwurf grundsätzlich bezüglich der offenen Verkaufsstellen anerkannt und für diese eine Sonntagsarbeit bis zu drei Stunden gesetzlich zugelassen wird, so dürften die gleichen Erwägungen auch hinsichtlich der Kontore im allgemeinen maßgebend und auch für diese eine gleiche oder mindestens eine zweistündige Sonntagsarbeit gesetzlich zu gestatten sein.

Es kann einem Zweifel kaum unterliegen, daß es von wesentlicher Bedeutung ist, ob das Gesetz die Sonntagsarbeit als Regel gewährt, wie bei den offenen Verkaufsstellen, oder nur als Ausnahme, wie es bei den Kontoren vorgesehen ist. Ganz abgesehen davon, daß in letzterem Falle die Bestrebungen auf gänzliche Abschaffung der Sonntagsarbeit immer mehr erstarken werden und das gesetzliche Verbot derselben auch zugunsten der Angestellten in den offenen Läden über kurz oder lang wird gefordert werden, kann es auch nicht zugegeben werden, daß die Verwaltungsbehörden und Gemeinden, selbst wenn sie bemüht sind, nach bestem Wissen und Gewissen ihre Entscheidungen zu treffen, überall derart mit den Verhältnissen und Bedürfnissen der Industrie vertraut sind, daß es sich empfiehlt, die Regelung so wichtiger Fragen lediglich in ihre Hände zu geben. Unbillig wirkende Verschiedenheiten in den einzelnen Betrieben werden zu befürchten sein, zu deren Vermeidung, wie auch im Interesse der wünschenswerten Rechtseinheit die Gestattung einer gewissen Sonntagsarbeit in Kontoren durch das Gesetz selbst dringend wünschenswert ist.

Gegen die Gewährung von Ausnahmen von seiten der Verwaltungsbehörden und Gemeinden sind Bedenken nicht zu erheben. Wenn das Gesetz indessen diesen Behörden Vollmacht erteilt, die Sonntagsarbeit über die gesetzlichen Einschränkungen hinaus noch weiter zu untersagen, so wird, um den in entgegengesetzten Richtungen bestehenden Ausnahmebedürfnissen des praktischen Lebens Genüge zu tun, nur billig erscheinen, wenn auch eine Erweiterung der Sonntagsarbeit zugelassen wird. Der Entwurf erkennt die Notwendigkeit für offene Verkaufsstellen auch an, indem er bestimmt, daß die höhere Verwaltungsbehörde für Orte, in denen die Bevölkerung aus der weiteren Umgegend an Sonn- und Festtagen die offenen Verkaufsstellen aufzusuchen genötigt ist, eine Beschäftigung bis zur Dauer von vier Stunden, und daß ferner die Polizeibehörde für jährlich höchstens sechs Sonn- und Festtage in offenen Verkaufsstellen eine Beschäftigung bis zu zehn Stunden zulassen kann. Eine ähnliche Ermächtigung dürfte auch für die Beschäftigung in den Kontoren angebracht sein.

Wir beantragen daher, den Entwurf eines Gesetzes betreffend Sonntagsruhe im Handelsgewerbe geneigtest dahin abändern zu wollen, daß in den Kontoren und nicht mit offenen Verkaufsstellen verbundenen Betrieben des Handelsgewerbes an Sonn- und Festtagen durch das Gesetz als Regel eine zweistündige Beschäftigung gestattet wird und daß den höheren Verwaltungsbehörden und Gemeinden überlassen bleibt, gewisse Ausnahmen im Sinne des Gesetzes festzusetzen.

5.

Aufhebung des § 270 des preußischen Strafgesetzbuches — Verbot von Verabredungen bei Submissionen. —

An den
Königlich preußischen Justizminister Herrn Dr. Beseler, Exzellenz.

Berlin, 23. Dezember 1912.

Die aus den Kreisen des praktischen Erwerbslebens wiederholt gemachten Anstrengungen zwecks Beseitigung des § 270 des preußischen Strafgesetzbuches von 1851, welcher das Abhalten vom Mitbieten bei von öffentlichen Behörden oder Beamten vorgenommenen Versteigerungen unter Strafe stellt, verdienen u. E. nach Lage der Dinge einen baldigen Erfolg. Euer Exzellenz haben schon in der Sitzung des Abgeordnetenhauses vom 20. Februar 1906 die Berechtigung solcher Bestrebungen anerkannt und ihnen Unterstützung angedeihen lassen mit der Erklärung: „Jene Gesetzesvorschrift sei Euer Exzellenz selbst in Ihrer Praxis häufiger als eine Unbequemlichkeit begegnet; denn man wäre sich im Unklaren darüber, welche Bedeutung sie noch habe, nachdem das neue Recht in Kraft getreten war; die Anregung, diese preußische alte Bestimmung im Wege der Gesetzgebung zu beiseitigen, sei dankenswert." Was die auf diesem Gebiet besonders wichtige Rechtsprechung anlangt, so hat zwar das Reichsgericht vom juristischen Standpunkt, da das Reichsstrafgesetzbuch diese Materie nicht geregelt habe, sich für die Weitergeltung des § 270 in seiner landesrechtlichen Wirksamkeit entschieden (vgl. Entscheidung des ersten Strafsenats des Reichsgerichts in Strafsachen Band 10 S. 221 ff. des 3. Zivilsenats des Reichsgerichts Band 18 S. 219 u. a.), in der Praxis aber den Verhältnissen und Bedürfnissen des modernen Geschäftswesens in anerkennenswerter Weise Rechnung getragen, indem es den § 270 nicht streng ausgelegt und nicht oft angewendet hat. Nach wie vor jedoch veranlaßt die Vorschrift Rechtsunsicherheit, Verwirrung und Unbilligkeiten. Auch entspricht das Verbot von Abreden bei Submissionen nicht dem in unserem modernen Wirtschaftsleben immer mehr durchgeführten und anerkannten Grundsatz, wonach, insbesondere zum Schutz der schwächeren Elemente, ein regelloser, unwirtschaftlicher Geschäftsbetrieb der Einzelnen nach Erfordernis und Tunlichkeit durch Vereinbarungen und gemeinsames Vorgehen zu bessern oder zu ersetzen ist. Deshalb wurde in einer vom Centralverband Deutscher Industrieller abgehaltenen Versammlung der ihm angeschlossenen Kartelle und Syndikate einmütig der Anregung Folge gegeben, von neuem Schritte zur Aufhebung des § 270 zu unternehmen. Wenn hierbei auch wohl die Möglichkeit einer Regelung dieser Frage durch das im Werk befindliche neue Reichsstrafgesetzbuch in Betracht zu ziehen ist, so erscheint ein so langes Zuwarten dennoch untunlich, da bis zum Inkrafttreten des neuen Gesetzbuches voraussichtlich noch Jahre vergehen werden. Es bleibt demnach, um dieser Anregung zu entsprechen, nur ein Vorgehen der Landesgesetzgebung gegen die schon reichlich veraltete Strafvorschrift zu erhoffen.

Der § 270 des preußischen Strafgesetzbuchs beruht auf einer preußischen Verordnung vom Jahre 1797. Bei der Schaffung des Reichsstrafgesetzbuchs wurde regierungsseitig die Aufnahme einer ähnlichen Bestimmung angestrebt. Der Reichstag (Sitzung vom 7. April 1870) erklärte sich indessen mit großer Mehrheit dagegen. Es wurde hierbei geltend gemacht, daß es außerordentlich bedenklich sei, eine Kriminalstrafe eintreten zu lassen für solche Handlungen, die zu begehen auch ein ganz rechtlich denkender Mann in die Lage kommen könne. Der Paragraph stehe mit den Rechtsanschauungen der Bevölkerung im Widerspruch; bei seiner Entstehung hätten die wirtschaftlichen Verhältnisse, der Wettbewerb usw. ganz anders gelegen. Namens der Bundesregierungen gab damals Bundeskommissar Dr. Friedberg zu, daß der Paragraph im Reichsstrafgesetzbuch vielleicht entbehrt werden könne. Mit der Strafgesetznovelle von 1876 wurde alsdann ein neuer Versuch gemacht, der aber wiederum vom Reichstage abgelehnt wurde. Das Reichsstrafgesetzbuch enthält also keine dem § 270 des preußischen Strafgesetzbuchs ähnliche Bestimmung; es hat der Reichstag vielmehr mehrfach ausdrücklich seinen Willen dahin kundgegeben, sie abzuschaffen, und die verbündeten Regierungen haben diese Stellungnahme des Reichstags mit ihrer Zustimmung zum Reichsstrafgesetzbuch sanktioniert. Infolgedessen hat die damalige höchste Gerichtsinstanz, das preußische Obertribunal, den § 270 nicht mehr als geltendes Recht angesehen. (Vgl. Stenographischen Bericht des Hauses der Abgeordneten, 20. Legislaturperiode, 2. Bd. Spalte 1888; Entscheidungen des Reichsgerichts in Strafsachen Bd. 10 Seite 228.)

Diese Anschauung ist auch noch viele Jahre später, trotz entgegenstehender Reichsgerichtsentscheidungen, gelegentlich selbst von Regierungsvertretern geteilt worden. Als nämlich im Abgeordnetenhause (Sitzung vom 12. Februar 1898) der Abgeordnete Dr. Beumer die bei staatlichen Holzverkäufen aus dem § 270 für die Interessenten erwachsenden Mißstände zur Sprache brachte, erklärte der Oberlandforstmeister Donner: „Der § 270 sei in das neue Strafgesetzbuch nicht aufgenommen; außerdem sei es doch auch immer mißlich, den Strafrichter anzurufen, wenn es sich um den Verkehr mit Holzkäufern handle, mit denen das Geschäft in kulanter Weise abzuwickeln, durchaus wünschenswert sei. Wenn sich in dieser Beziehung Uebelstände bemerkbar gemacht hätten, so müsse er sagen, daß sie zur Kenntnis der Zentralbehörde nicht gelangt seien.“ Hier erachtete also noch im Jahre 1898 ein Regierungskommissar den § 270 als nicht mehr rechtsgültig und seine Tendenz als mißlich. Daß nicht bloß bei staatlichen Holzverkäufen, sondern für alle Geschäfte eine kulante Abwickelung ohne Strafrichter anzustreben ist, bedarf keiner besonderen Darlegung. Eine Reihe von Jahren später (Sitzung vom 20. Februar 1906) begründete der Abgeordnete Eckels im Abgeordnetenhause eingehend den dringenden Wunsch der Beseitigung des § 270 mit den Worten, daß diese Bestimmung „in das Reichsstrafrecht nicht übernommen worden sei, lange Jahre in Vergessenheit geraten, wenigstens nicht mehr angewandt worden sei und dann merkwürdigerweise erst in neuester Zeit durch die Rechtsprechung des Reichsgerichts wieder aufgalvanisiert wurde". Die in jener Sitzung vorgebrachte Bitte, die Angelegenheit nochmals in Erwägung zu ziehen, fand, wie schon eingangs bemerkt, Euer Exzellenz geneigtes Entgegenkommen, blieb aber ebenso wie andere Schritte, namentlich Petitionen der Vereinigung Hannoverscher Handelskammern und der Handelskammer Düsseldorf, bisher ohne praktischen Erfolg, wenigstens was das erforderliche gesetzliche Einschreiten anlangt.

Auf dem Verwaltungswege dagegen hat die Königliche Staatsregierung wiederholt das sehr dankenswerte Bestreben gezeigt, sich aus dem § 270 ergebende Härten abzumildern und von dem höheren Gesichtspunkte einer gesunden Mittelstandspolitik aus, gerade den kleineren und mittleren Unternehmern, welche zumeist durch jene Strafvorschrift bedroht werden, besonders dem Handwerk, zu helfen. Hier ist vor allem der Erlaß des Herrn Ministers der öffentlichen Arbeiten vom 6. September d. J. über das Verdingungswesen von besonderer Bedeutung. Der Erlaß, wie schon ein früherer vom Jahre 1905, geht von dem betreffenden und wohlwollenden Gedanken aus, daß der Staat und öffentliche Verwaltungen bei ihren Geschäften nicht nur geschäftsmäßig eigennützige, sondern auch öffentliche Interessen des Erwerbslebens zu berücksichtigen haben. Er stellt den hochwichtigen Grundsatz auf, daß für den Zuschlag keineswegs die niedrigste Forderung maßgebend sein soll; er weist ferner die Provinzialbehörden an, der Heranziehung von Handwerkervereinigungen und von für den einzelnen Fall gebildeten Lieferungsverbänden zur Ausführung und Lieferung ihre besondere Aufmerksamkeit zu widmen. Hier wird also den Behörden geradezu zur Pflicht gemacht, Vereinbarungen unter Bewerbern bei Submissionen zu fördern — obwohl sie möglicherweise nach § 270 einer harten Bestrafung verfallen können! Wenigstens stimmt der Geist dieser Ministerialerlasse, die außer dem Ministerium der öffentlichen Arbeiten auch in anderen Ressorts Gültigkeit erlangt haben, nicht mit dem Geist des § 270 überein. Auf eine gesetzliche Abschaffung des § 270 weisen daher nicht nur die von der Regierung, aus dem gewerblichen Leben und den Parlamenten im Laufe der Zeit zahlreich ergangenent Kundgebungen hin, sondern auch die Rechtsprechung selbst spricht dafür, insoweit sie bezüglich der Verabredungen bei Submissionen mangels eines dauernd gleichmäßigen und sicheren gesetzlichen Bodens maßgebend geworden ist.

Für das Reichsgericht gestaltete es sich zu einer schweren Aufgabe, nachdem es grundsätzlich den § 270 als in Preußen noch geltendes Landesrecht anerkannt und das Abhalten von Mitbieten bei Submissionen für strafbar erklärt hatte, doch den wirklichen Verhältnissen und Bedürfnissen des Erwerbslebens gerecht zu werden. Dieses Streben und sein Erfolg ist mit Dank anzuerkennen. Das Reichsgericht und mit ihm die deutsche Rechtsprechung haben demzufolge immer mehr den Standpunkt eingenommen, daß solche Verabredungen an sich erlaubt, ja unter Umständen geradezu wirtschaftlich geboten sind, daß also nur Mißbräuchen gebührend entgegenzutreten ist. So hat das Reichsgericht (Urteil des 6. Zivilsenats vom 11. Juli 1904; Entscheidungen Band 58 S. 393 ff.) unter ausdrücklichem Hinweis auf § 270 des preußischen Strafgesetzbuches erklärt: „es sei in der Literatur und Judikatur und insbesondere auch vom Reichsgericht ausgeführt worden, daß sogenannte pacta de non licitando nicht immer und nicht prinzipiell als sittlich verwerflich zu erachten seien, daß dieses vielmehr nur anzunehmen sei, wenn die besondere Beschaffenheit des Falles den Vertrag zu einem unsittlichen stemple". Das Reichsgericht hat weiter in verschiedenen Urteilen (Entscheidung des 3. Zivilsenats vom 24. November 1903, vom 11. Juli 1904, siehe Entscheidungen Bd. 58 S. 393 ff.; vom 7. März 1908, siehe Seufferts Archiv Bd. 63 S. 350, Entscheidungen Bd. 18 S. 222 u. a.) den praktischen Wirtschaftserfordernissen entsprechende Grundsätze dahin aufgestellt: Die Ausschreibung einer Konkurrenz drängt diejenigen Bewerber, welche veranlaßt werden, ihre Preise so niedrig zu stellen, daß sie nicht unterboten werden können, in eine wirtschaftlich schwächere Stellung. Wenn zwecks Ausgleichung dieser Lage die Bewerber zusammentreten und sich über die zu fordernden Preise einigen, damit sie noch einen angemessenen Verdienst erzielen, so ist eine solche durch die wirtschaftliche Notwehr gebotene Abmachung an sich durchaus erlaubt und verstößt nicht gegen die guten Sitten. Seitdem es in Staat und Gemeinde üblich geworden, Arbeiten usw. auf Grund von Ausschreibungen an den Mindestfordernden zn vergeben, bildet die dadurch entfesselte schrankenlose Konkurrenz durch unreelle Unterbietungen eine schwere Gefahr namentlich für den Handwerkerstand. Verständigungen der Bewerber wegen der Preisforderungen verstoßen deshalb nicht nur nicht gegen die guten Sitten, sondern verdienen im Gegenteil vom Standpunkt einer gesunden Wirtschaftspolitik Billigung.

Auch die Geheimhaltung solcher Vereinbarungen ist selbstverständlich, durch sie werden keine berechtigten Interessen verletzt. Behörden und sonstige Veranstalter eines Wettbewerbs haben keinen Anspruch darauf, Geschäftsgeheimnisse der Unternehmer mit den für die Stellung der Angebote bestimmenden Umständen zu erfahren. Nur wirkliche Täuschungen sollen nicht erlaubt sein; im Einzelfall ist zu prüfen, ob eine solche vorliegt.

In dieser Beziehung lauten allerdings auch die Urteile des Reichsgerichts nicht ganz einheitlich, stellenweise strenger, stellenweise weniger streng. Das ist hier ohne wesentlichen Belang. Die Hauptsache ist, daß grundsätzlich das Reichsgericht Vereinbarungen bei Submissionen, auch das vom § 270 des alten preußischen Strafgesetzbuches unter Strafe gestellte Abhalten vom Mitbieten, als berechtigt anerkennt. In dieser Tatsache kann, selbst wenn eine geschickte Interpretation die praktische Rechtsprechung des Reichsgerichts mit den juristischen Hemmnissen des § 270 im Einklang zu bringen sucht, die öffentliche Meinung nicht umhin, einen allgemeinen Widerspruch zwischen der herrschenden Rechtsanschauung und dem bestehenden Recht zu sehen, der noch verschärft wird durch die in einem wesentlichen Punkte strengere Rechtsprechung des Kammergerichts.

Im einzelnen ergibt sich aus dem § 270 des preußischen Strafgesetzbuches Rechtsungleichheit und Verwirrung besonders in der Richtung, daß gemäß seiner Fassung öffentliche Verdingungen vor privaten bevorzugt werden, die Strafe zu einseitig verhängt wird, und daß ein und dieselbe Handlung strafrechtlich verboten und zivilrechtlich gültig erscheint.

Das Abhalten vom Mitbieten usw. soll nur bestraft werden bei Versteigerungen, die von öffentlichen Behörden oder Beamten vorgenommen werden. Ein praktisches Beispiel mag die sich daraus ergebenden Unzuträglichkeiten erhärten. Heute hält ein Privatforsteigentümer eine Holzauktion durch seinen Privatförster ab, morgen ist Auktion im benachbarten fiskalischen Forst, die der Königliche Oberförster vornimmt. Am dritten Tage setzt der Privateigentümer seine Auktion fort, bedient sich aber statt seines inzwischen krank gewordenen Försters eines Gerichtsvollziehers, also eines öffentlichen Beamten. Die Holzinteressenten haben für diese drei Auktionen Vereinbarungen getroffen, um sich nicht gegenseitig die Holzpreise hinaufzutreiben. Diese Vereinbarungen sind nach § 270 am ersten Tage straffrei, an den beiden anderen Tagen strafbar. Solche Unterschiede wird der Laie nicht verstehen und eine auf diese Weise erlittene Strafe als Unrecht empfinden. Es ist deshalb öffentlich der Vorwurf erhoben worden, daß der § 270 einseitig dem fiskalischen Interesse diene. Das ist sicherlich nicht beabsichtigt, aber selbst ein solcher Schein sollte vermieden werden. Tatsächlich vermögen die Behörden sich vor etwaigen, durch Verabredungen der Wettbewerber ihnen drohenden Benachteiligungen auf die einfachste Weise zu schützen, indem sie die Gebote ablehnen.

Zu einseitig wirkt der § 270 insofern, als das Reichsgericht (Urteil des 3. Zivilsenats vom 17. Mai 1887, siehe Entscheidungen Band 18 S. 219 ff.) auch in dieser Beziehung, wohl geleitet von dem Bestreben, eine für die modernen Verhältnisse wenig passende Strafvorschrift in möglichst beschränktem Maße anzuwenden, gemäß dem Wortlaut des Paragraphen nur denjenigen für strafbar erklärt, welcher andere vom Mitbieten abhält. Das Reichsgericht betont, daß die Einseitigkeit der Verbotsübertretung zum Tatbestand der Strafbestimmung gehöre, und im Sinne dieser Bestimmung eine „wechselseitige Abhaltung" von einer Versteigerung nicht denkbar sei. Das Kammergericht als höchster Gerichtshof für landesrechtliche preußische Strafsachen hat jedoch seit 1906 dem entgegen die Ansicht vertreten, daß alle Abmachungen der Unternehmer bei öffentlichen Lieferungen über die Innehaltung bestimmter Minimalpreise strafbar seien, und gelangt daher zu verurteilenden Erkenntnissen, gleichviel ob nur ein Beteiligter den übrigen oder alle gemeinschaftlich sich Vorteile zugesichert und gleichviel in welcher Weise die Beteiligten den gegenseitigen Wettbewerb ausgeschlossen haben. (Siehe Kartellrundschau, Jahrgang 1909, 7. Heft S. 595 ff.)

In Wirklichkeit vollziehen sich heutzutage die Dinge meistens so, daß angesichts von Submissionen mehrere Interessenten in Verbindung treten und gemeinsame Verabredungen treffen derart, daß nicht ein einzelner die anderen abhält, sondern eine „wechselseitige Abhaltung" stattfindet. Jedenfalls wird nicht selten die Unterscheidung schwierig sein, ob ein einzelner verantwortlich zu macheu ist oder die Gesamtzahl der Beteiligten; sonach kann die Bestrafung eines einzelnen gegenüber der tatsächlichen „Mitschuld" der anderen ungerecht wirken. Die Rechtsprechung des Kammergerichts ist zwar weniger einseitig, aber noch weniger den Bedürfnissen des praktischen Lebens entsprechend, da sie alle Beteiligten und alle Abmachungen gleichmäßig bestraft. Das Reichsgericht zog in dem Urteil vom 17. Mai 1887 die Konsequenz seines Standpunktes dahin: „Weil derjenige, welcher sich vom Mitbieten abhalten läßt, sich nicht strafbar macht, und es ihm nicht verboten ist, den bezüglichen Vertrag einzugehen, so könne einer Klage ans diesem Vertrage auch nicht entgegengehalten werden, daß sie auf ein gesetzlich verbotenes, zivilrechtlich unwirksames Geschäft sich stütze." Später ergingen allerdings Entscheidungen in entgegengesetztem Sinne. U. a. erklärte der 6. Zivilsenat des Reichsgerichts durch Urteil vom 2. Juni 1902 (Entscheidungen Bd. 51 S. 401) unter Berufung auf § 134 des BGB., wonach ein Rechtsgeschäft, welches gegen ein gesetzliches Verbot verstößt, nichtig ist, und unter Berufung auf § 270 des preußischen Strafgesetzbuches einen Vertrag betr. Nichtmitbieten bei einer öffentlichen Versteigerung für nichtig. Infolge solcher Unstimmigkeiten erfolgte schließlich eine Entscheidung der Vereinigten Zivilsenate unter dem 12. März 1905 (Entscheidungen Bd. 60 S. 273 ff.), welche sich dahin aussprach, daß wegen des § 270 des preußischen Strafgesetzbuchs allein ein Vertrag in Gemäßheit des § 134 BGB. nicht nichtig sei. Es zeigt sich also hier der bedenkliche Zustand, daß ein unter Strafe gestelltes Geschäft zivilrechtlich gültig ist, und aus alledem erhellt, welche Schwierigkeiten und Widersprüche aus dem § 270 auch der Rechtsprechung erwachsen sind und noch erwachsen.

Aus dem allgemeinen Grundsatz des gleichen Rechts ergibt sich noch ein besonderer Grund, weshalb Vereinbarungen bei Submissionen von der Strafdrohung des § 270 befreit werden sollten. Sie beruhen auf demselben Boden, entspringen denselben Bedürfnissen, wie unser modernes Kartellwesen, ja sie sind als ein wesentlicher Teil dieser weiten Vereinbarungen zur Regelung des Marktes, zur Zügelung des unmäßigen Wettbewerbs und zur Erzielung angemessener Preise anzusehen. Die Kartelle im allgemeinen sind gesetzlich in keiner Weise behindert, sie haben keinen § 270 zu fürchten, Regierung und Rechtsprechung haben — abgesehen von Uebertreibungen und Mißbräuchen — ihre Nützlichkeit und Notwendigkeit anerkannt. Die öffentlichen Verwaltungen haben nicht selten direkt mit Kartellen und ähnlichen Vereinigungen und Vereinbarungen zu tun und machen mit ihnen Geschäfte, ohne daran zu denken, daß bei einer konsequenten Ausdehnung des § 270 auch hier Bestrafungen vorgenommen werden müßten. Was aber den Kartellen recht ist, muß als billig für die Vereinbarungen bei Submissionen erachtet werden. Solche Gleichheit vor dem Gesetz besteht jedenfalls in Frankreich, auf dessen Beispiel man sich wiederholt auch regierungsseitig, zugunsten der Beibehaltung des § 270 berufen hat, weil der Artikel 412 des französischen Strafgesetzbuchs eine ähnliche Bestimmung betreffs Versteigerungen enthält. Aber der schon über hundert Jahre alte Code pénal bringt in den Artikeln 419 und 420 auch ganz veraltete Verbote und Strafbestimmungen gegen Verabredungen und Vereinigungen zur Erhöhung des Preises von Waren, gegen Kartelle überhaupt. In dem eingehendsten und besten Kommentar über dieses sogenannte „accaparement" von Francis Laur wird (S. 14) gesagt, daß die Art. 419 und 420 die „Spekulation und die Koalition in der dunkelsten und ungeschicktesten Weise zu regeln suchen" (de façon la plus obscure et la plus gauche). In Frankreich paßt wenigstens der Art. 412 bezüglich Versteigerungen zu den Art. 419 und 420 betreffs Kartelle. Im Deutschen Reiche aber sind die Kartelle erlaubt, nicht wie in Frankreich verboten und deshalb sollte bei uns auch nicht eine einzelne Art von Kartellabreden unter Strafe stehen, zumal nicht in dem für das Erwerbsleben so überaus wichtigen Submissionswesen.

Jener Art. 412 des Code pénal gilt heute noch für die deutschen Reichslande. Sonst besteht nur noch für das Großherzogtum Hessen eine ähnliche Strafbestimmung, in anderen deutschen Staaten aber nicht und es ist wohl anzunehmen, daß, wenn Preußen mit der Aufhebung vorangeht, alsdann auch Hessen und Elsaß-Lothringen nachfolgen werden. Eine Notwendigkeit für die Aufrechterhaltung einer solchen Strafbestimmung besteht für das Deutsche Reich aber um so weniger, als die früheren gesetzlichen Mittel zu der nötigen Unterdrückung von Mißbräuchen, der Betrugsparagraph des Reichsstrafgesetzbuchs u. a., eine wesentliche Ergänzung und Verstärkung durch die neue Fassung des Gesetzes gegen den unlauteren Wettbewerb vom 7. Juni 1909 erhalten haben.

Wir fassen zusammen: Der § 270 des alten preußischen Strafgesetzbuches hat gegen den Willen der zuständigen Gesetzgebung des Reichs durch die Rechtsprechung des Reichsgerichts neue Geltung erlangt; diese Rechtsprechung selbst aber empfindet das Bedürfnis, jene veraltete Strafbestimmung dem modernen Erwerbsleben zu akkomodieren, was zu Schwierigkeiten und Widersprüchen führt; § 270 bedroht Handlungen mit Strafe, welche im Geschäftsleben üblich, anerkannt und notwendig sind; er trifft einseitig denjenigen, der die Initiative zu Vereinbarungen ergriffen hat und läßt die anderen Teilnehmer, welche zu deren Zustandekommen ebenso oder mehr gewirkt haben können, frei; er bevorzugt die öffentlichen vor den privaten Verdingungen; er ist, weil nur für Preußen gültig, der deutschen Rechtseinheit abträglich; er bringt Verwirrung und Rechtsunsicherheit auf dem so wichtigen Gebiet des Submissionswesens, dessen bessere Klärung und Regelung gerade jetzt allgemein angestrebt wird; er ist unnötig und tatsächlich selten angewendet worden, weil genug andere Gesetzesbestimmungen zur Abhilfe bestehender Mißstände vorhanden sind; er steht nicht im Einklang mit den in Deutschland für das

Kartellwesen geltenden Regeln; die Berufung auf eine ähnliche französische Strafvorschrift ist nicht beweiskräftig. Es ist aus diesen Gründen die Beseitigung der in Rede stehenden strafrechtlichen Bestimmung auf das lebhafteste zu wünschen. Dabei scheint ein Zuwarten bis zur Neuregelung des Reichsstrafrechts in Anbetracht der Größe der vorhandenen Mißstände und der Dringlichkeit des Abhilfebedürfnisses untunlich.

Wir bitten daher Euer Exzellenz ganz ergebenst, auf eine möglichst bald zu tätigende Aufhebung des § 270 des preußischen Strafgesetzbuches von 1851 geneigtest hinwirken zu wollen.

Rundschreiben.

Gegengeschäfte.

An die sämtlichen Mitglieder des
Centralverbandes Deutscher Industrieller.

Berlin, 14. November 1912.

Die stetig wachsende Intensität des gewerblichen Wirtschaftslebens hat im Verein mit der gleichzeitig fortschreitenden Entwickelung des technischen Produktionsprozesses den industriellen Wettbewerb auf das äußerste verschärft und dabei in bedauerlichem Umfange Vorgänge gezeitigt, welche dem Geschäftsgebaren einzelner Industriebranchen eine unerfreuliche und keineswegs gesunde Richtung gegeben haben. Es zeigt sich dies insbesondere in der systematischen Ausbildung der sogenannten „Gegengeschäfte".

Von jeher ist es im allgemeinen Erwerbsleben Gebrauch gewesen, daß Firmen, welche Aufträge erteilen, vom Lieferanten im Bedarfsfalle auch Gegenbestellungen erwarten und eine dementsprechende Abrede treffen; solche Vereinbarungen sind durchaus berechtigt und natürlich und tragen dem normalen Geschäftsverkehr Rechnung, solange sie den beiderseitigen Interessen, nicht aber nur den Interessen der einen Partei dienen. Als ein schwerwiegender Mißstand muß es indessen erachtet werden, wenn der Abschluß des Gegengeschäfts ohne Rücksicht auf die Kaufkraft und das Kaufbedürfnis des Verpflichteten einseitig zu dem Zwecke gefordert wird, um die eigenen Erzeugnisse möglichst gewinnbringend und mühelos abzusetzen. Dieser Mißstand wird noch erheblich dadurch verschlimmert, daß, wie es leider vorkommt, der Lieferant vom Besteller gezwungen wird, im Gegengeschäft Waren anzunehmen, die er in seinem Betriebe, sei es der Art oder der Masse nach, gar nicht verwerten kann und daß der Zwang in der Hauptsache von größeren Unternehmern ausgeht, die ihre wirtschaftliche Macht zuungunsten der kleinen und mittleren, weniger widerstandsfähigen Firmen vielfach in bedenklicher Weise ausnutzen. Es liegt auf der Hand, daß ein solches Vorgehen Verbitterung und Mißstimmung erzeugt und neben sachlicher Unwirtschaftlichkeit ein unerwünschtes persönliches Abhängigkeitsgefühl entstehen läßt.

So wird uns z. B. aus den Kreisen unserer Mitglieder mitgeteilt, daß ein großes deutsches Unternehmen von einer kleineren Firma, die von ihm einen Auftrag erhalten soll, verlangt, daß sie sich im Falle einer Auftragsbestätigung zu Gegenbezügen in bestimmten Artikeln in halber Höhe des Rechnungsbetrages innerhalb zweier Jahre verpflichtet. Dabei ist die Fabrik, von der der Bezug erfolgen soll, zurzeit überhaupt noch nicht in Betrieb, so daß das angebotene Fabrikat in seiner Qualität noch völlig unbekannt ist, und der betroffene Abnehmer hat ferner für das angebotene Material gar keine Verwertung, da er dasselbe in seinem Geschäfte nicht führt.

Es ist unter solchen Umständen nicht zu verwundern, daß die Klagen über ein derartiges Verfahren immer nachdrücklicher werden, die breite Oeffentlichkeit immer mehr beschäftigen und sogar den Ruf nach Staatshilfe und behördlichem Eingreifen ausgelöst haben, zumal es sich hierbei um eine Frage von allgemeiner Bedeutung für das gesamte deutsche Erwerbsleben handelt, dessen guter Ruf durch den beklagten Uebelstand leicht geschädigt würde. Einem solchen Verlangen nach gesetzgeberischen Maßnahmen kann aber das Wort nicht geredet werden, da der beregte Uebelstand nicht für die gesamte Industrie, sondern nur für bestimmte Branchen zutrifft und da eine Reglementierung dem gewerblichen Wirtschaftsleben mehr schaden wie nützen würde.

Der geeignete Weg zur Besserung der herrschenden Verhältnisse dürfte lediglich in der Selbsthilfe zu erblicken sein. Hierauf ist von den berufenen Vertretungen der vornehmlich unter der derzeitigen Sachlage leidenden Industriezweige bereits mehrfach hingewiesen und zu dem Zwecke ein engerer Zusammenschluß und ein solidarisches

Handeln der betroffenen Betriebe empfohlen worden: Nur auf diese Weise kann auch u. E. einem ungesunden Wettbewerb und dem Zwange, Geschäfte zu ungünstigen und unreellen Bedingungen anzunehmen, abgeholfen und die Durchführung gesunder Geschäftsgrundsätze aufrechterhalten werden.

Den Einzelfirmen und Interessenverbänden erwächst somit die gemeinsame Aufgabe, im Interesse der Allgemeinheit den Auswüchsen auf diesem Gebiete entgegenzuarbeiten, indem sie alle Zwangsabmachungen über Gegenaufträge, als unvereinbar mit einer gesunden wirtschaftlichen Moral, geschlossen zurückweisen.

Der Centralverband Deutscher Industrieller, der dieser Angelegenheit seit Jahren seine Aufmerksamkeit zuwendet, erachtet sich für verpflichtet, die geehrten Mitglieder erneut hierauf hinzuweisen und sie zu bitten, den vorgetragenen Gesichtspunkten die gebührende Aufmerksamkeit widmen zu wollen und zu ihrem Teile auf eine Beseitigung der Mißstände hinzuwirken, damit sich die deutsche Industrie durch möglichst einheitliches Vorgehen die Bedingungen verschafft, welche für ihre ersprießliche Weiterentwickelung unerläßlich sind.

Druck: Deutscher Verlag (G. m. b. H.), Berlin SW 48.

FSC
www.fsc.org
MIX
Papier | Fördert
gute Waldnutzung
FSC® C083411

Kolibri 360 GmbH
Ferdinand-Jühlke-Straße 7
99095 Erfurt, Deutschland
produktsicherheit@kolibri360.de